蒙古黃金史譯註

札奇斯欽・譯註

原序

這七、八年來，斯欽追隨姚師從吾先生，研究並重新漢譯蒙古秘史，為了多從蒙古文獻中，尋求旁證，我們就儘量多用幾本蒙古文的史書作參考。其中尤以羅卜桑丹津編著的黃金史（Altan Tobchi）一書，與蒙古秘史的關係，最為密切。所以斷斷續續的，前後共用了四年多的工夫，把它譯成漢文，並加註解，這項譯註工作，計分第一、第二兩個部分。第一部分是黃金史與蒙古秘史有關係的部分，也就是自成吉思汗的祖先，述說到斡歌歹可汗（元太宗）時代的一段。第二部分是自斡歌歹可汗的時代記述到林丹可汗的敗亡，和他兒子額哲歸降清太宗的那一段。

當這一項工作開始的時候，斯欽只想把黃金史與秘史有關係的那一段加以翻譯和註解，並沒有想到譯註全書。後來覺得既然着手，何不把它作完呢？於是就一鼓作氣，把這黃金史全部譯註出來。也因此第一部分與第二部分，在體裁上有些出入，請讀者原諒。

在第一部分的工作中，因黃金史中保存了百分之八十五左右的蒙古秘史，且因全部蒙古秘史又與姚先生譯註完了，不必再事徒勞，所以只把黃金史中所有，而爲蒙古秘史所無的部分，加以譯註。至於其他傳說，或與歷史本身沒有什麼關係的詩歌等項，一律刪略。因此把這一部分的譯註工作定名爲蒙古黃金史（Altan Tobchi）與蒙古秘史之關係及其異同。

第二部分則是全部的翻譯和註解，儘力使用各種蒙文的史料來作說明。

自從與姚先生共同研究蒙古秘史以來，直至今日，均蒙中國東亞學術研究計劃委員會的鼓勵和資助，使我們完成了對於蒙古秘史的初步研究，和若干有關元史的研究工作。其中這一部譯註黃金史的工作，也完全是在這項資助和鼓勵之下完成的。現在又承中國東亞學術研究計劃委員會的協助把這一篇拙稿，惠予出版，衷心至感，在此謹表謝意。

札奇斯欽　五十一年識於大屯山下

再版序

此一拙作早於五十二年曾蒙中國東亞學術研究計劃委員會資助研究，惠予在其年報第二期發表。嗣以册數有限，多數讀者未能閱及。此次拙作蒙古秘史新譯並註釋將行付梓，以黃金史一書與蒙古秘史關係最爲密切，互相參證之處亦多，玆特補充訂正，成爲專書，以供同好參考。

此次再版，承王民信先生鼎力協助，聯經出版事業公司同意出版，於玆謹致衷心的謝意。

這次付梓，因印刷上之便利，將羅馬字拼音之q，一律以kh代之，*Γ*以gh，Č以ch，Š以sh代之。尚希讀者諒察是幸。

札奇斯欽 識於六十七年二月十日

目錄

第一部　蒙古黃金史與蒙古秘史之關係及其異同

第一節　黃金史題解

蒙古黃金史一書，原名是：Erten-ü Khad-un Ündüsülegsen Törü Yosun Jokiyali-Tobchilan Khuriyaghsan Altan Tobchi。意思是：「記載古代〔蒙古〕可汗們的源流，並建立國家綱要的黃金史綱。」簡稱叫做 Altan Tobchi。Altan 是黃金。Tobchi 是綱要，也就是元史上所講的「脫必赤顏」㈠，和蒙古秘史蒙語標題的「脫〔卜〕察安」㈡。在蒙文史書中，除此書之外，還有以 Altan Tobchi 爲書名的其他史料，所以西方學者們多用 Altan Tobchi Nova 來稱此書，以便分別。我們把它譯做「黃金史」。

㈠ 元史察罕傳稱：「(察罕)嘗譯『貞觀政要』以獻，帝(仁宗)大悅。……又命譯『脫必赤顏』，名曰『聖武開天紀』，及『紀年纂要』，『太宗平金始末』等書。俱付史館。」(第一百三十七卷。)又元史虞集傳也說：「……請以國書『脫卜赤顏』增修太祖以來事蹟。承旨塔失海牙曰：『脫卜赤顏』非可外人傳者！」遂皆已。」(第一百八十一卷)。

㈡ 全文爲「忙豁侖・紐察・脫察安。」(Mongghol-un Ni'ucha Tobchi'an)

原書的編著人，名羅卜桑丹津 Lobsang-danjin ㊂。他是一位博學的喇嘛，可是研究這一本書的人，對於這一位學問淵博喇嘛的生平，所知道的都不甚多。他在著述這一部史書之外，曾參加編纂蒙文的五台山志（Utai-in Tabun Aghulan-u Oroshil Süsügten-ü Chikin Chimeg）㊃的工作。在本書的尾跋中，可以看到他有 Güüshi ㊄的尊稱。（詳第二部分，最後的發願文及註㊂。）

據蒙古學者札木薩喇諾（Zamzarano）氏及比利時田清波（A. Mostaert）神甫的考證，羅卜藏丹津是十七世紀後半期至十八世紀前半期的一位碩學高僧㊅。別據田神甫的研究，我們知道這本書的寫成，當在一六四九年至一七三六年之間㊆。

一九二六年，外蒙學術委員會主席札木養公(Jamyang Güng)，在車臣汗部的桑貝子(Sang Beise）旗（即今巴彥圖們 Bayan Tümen 地方），後來自察哈爾部的舊貴族永謝布台吉（Yüngshiyebü Taiji）處，得到此書。其後於一九三七年，在烏蘭巴托（Ulan Bator）（庫倫）

㊂ 若按正式藏文寫法，當拼為 blo.bzan bstan'jin。其漢譯為羅桑丹津。但按蒙古人的讀法則為羅卜桑丹津。

㊃ 見哈佛本黃金史田清波神甫序文第十三頁㊁。

㊄ 對於 Güüshi 或 Güshi 一詞，外人多有解為「國師」者（見田清波序文第十頁），此字蒙漢滿三合（第十二冊五十三頁下）蒙文作「güshi bagshi」同漢文作「師傅、儒、Shifu」（滿文即師傅）。此字原來或有國師之意。bagshi 一字在元代亦曾有帝師之義，但因人而異，不能一律視為帝師。清初青海蒙古之固始汗，即以此字為其尊稱。蒙地高僧中，有此稱謂者甚多，並非均為國師也。

㊅ 見田清波神甫序文十頁。

㊆ 同㊅。

出版。現在我們臺灣可以看到的這一本，是一九四四年拉鐵摩爾（O. Lattimore）教授自外蒙庫倫帶回美國；一九五二年，哈佛大學的柯立夫（F. W. Cleaves）教授自己寫了一篇序文，又請田清波神甫寫了一篇介紹的文字之後，由哈佛燕京學社所影印出版的。原庫倫版是分上下兩册的，哈佛影印出版的時候，把它合成一册。定名爲：「蒙古古文典之一」（Scripta Mongolica I, Altan Tobchi）。全書，上册一百六十一頁，下册一百九十三頁，共計三百五十四頁。

最初研讀黃金史的是札本薩喇諾氏。在他的「十七世紀蒙古諸編年史」(Mongolskie letopisi XVII Veka 一九三六年莫斯科出版）㈧一書第五章中，曾詳論此書。這才引起學術界的注意。在他的原書中，可以看到原手寫本的照片（札氏書英譯本有一段黃金史的蒙文，但非原手寫本的一段)。這照像本現存於蘇聯科學院東方學部。原手寫本則存於外蒙科學院的東方圖書館中。一九四一年，蘇俄的蒙古語文及史學家郭增（S. A. Kozin）氏在Sokrovennoe Skazanie中，以拉丁字音譯，發表了此書的一部份。一九五二年，柯立夫教授影印這本書的時候，田清波神甫寫了一篇專文介紹這本書的內容。伯希和（P. Palliot）氏的高足韓百詩（L. Hambis）氏也曾寫書評，在亞洲學報（Journal Asiatique）第二四一號予以發表。一九二六年，札木養公曾將其本文之手抄本一件送給伯希和氏；但我們還未聞伯氏對於此書有何專論發表。今此書存於巴黎國家圖書館（Bibliothéque Nationale de Paris）中㈨。一九五四年，日本小林高四郎氏

㈧ 一九五五年，Rudott Loewenthal 將它英譯，在德國 Wiesbaden 城的 Otto Harrassowitz 出版，書名爲：The Mongol Chronicles of the 17th Centry。

㈨ 見田清波氏序文十二頁。

在他的「元朝秘史之研究」中，曾闢一章論述此書與蒙古秘史的關係。東歐的 Shastina 曾作譯註，可惜筆者尚未讀到。

現存黃金史的版本似乎只有兩種：一是庫倫本，也就是柯立夫教授所影印的哈佛本；另一本便是郭增的拉丁字音譯本。這兩本在文字上多少有些出入。田清波神甫在他為哈佛本所寫的介紹文中曾作一簡單的比較⊕。

除我們現在所論的黃金史（Altan Tobchi Nova）一書之外，學術界對於其他以 Altan Tobchi——「黃金史」為名的史書之工作頗有成就。現在簡單的介紹於下：

早在一個世紀之前，一八五八年，帝俄喀山（Kazan）大學教授喇嘛噶勒桑・棍布業夫（Galsang Gomboev）在聖彼得堡首次刊印蒙古編年史——黃金史（Altan Tobchi Mongol's-kaya Letopis），並附俄文譯本。一九二五(乙丑)年，北京蒙文書社汪睿昌氏（蒙名Temgetü內蒙喀喇沁右旗人）曾刊印成吉思汗傳（Chinggis Khaghan-u Chidagh）一書。後又於一九二七（丁卯)年再版，改名為 Boghda Chinggis Khaghan-u Chidagh。全書本文計九十六中國頁。自第一頁至第六十四頁下，與棍布業夫所印的 Altan Tobchi 相同。自六十四頁以下則為數種其他史話的紀錄。可惜汪氏在丁卯年版之序文中，只說在甲子（一九二四）年獲得這書的原文，而未說明它的來源。一九三八年，小林高四郎氏把前述的成吉思汗傳和棍布業夫氏的 Altan Tobchi 互相參證譯成日文，以「Altan Tobchi——蒙古年代記」為書名，由日本外務省出

⊕ 田氏序文第二十頁。

版。三年後（一九四一），經改正後，再以「蒙古黃金史」之名重新刊印。一九五五年，英國鮑登（C. R. Bawden）教授又把它譯成英文，在德國威斯巴登（Wiesbaden）城出版。書名爲「蒙古編年史，黃金史」（The Mongol Chronicle, Altan Tobchi）。在這本書的緒論中，鮑登也曾提到他所譯的 Altan Tobchi，和我們所要討論的 Altan Tobchi Nova 兩書的關係⑪。此外在西部內蒙尚有稱爲「墨爾根活佛的黃金史」（Mergen Gegeen Tan-u Altan Tobchi）一書。一九四二年，德王（Demchügdüngrüb）在張家口，把它刊印過。但這些著作多與我們所論的這本黃金史（第一部分）沒有直接的關係。

我們所要討論的，這本黃金史的內容，按札木薩喇諾氏的分段法，田清波氏也曾在他的那篇論文中，作如下的排列⑫：

一、著者短序，和印度、西藏諸王世系（卷一，一至六頁）。

二、孛兒帖・赤那與其妻由西藏移來後之繁衍。阿闌・豁阿及其子孛端察兒，及諸汗之世系（六至十二頁）。

三、自孛端察兒至成吉思可汗之誕生（十二至二十六頁）。

四、自成吉思可汗之誕生至崩殂（卷一，二十六頁至卷二，一〇五頁）。

五、成吉思可汗之譜系，諸王，皇孫，公主，九將軍，拙赤及察合台之所屬，並諸王斡歌歹與拖雷。成吉思可汗的六個萬戶，及四大斡耳朵（卷二，一〇五頁至一〇七頁）。

---

⑪ 見鮑登（Bawden）書第五頁。

⑫ 見田清波氏序文十三至十四頁。原分段法見札木薩喇諾氏書英譯本五十九頁。

六、成吉思可汗傳之結語並概要（一〇七頁至一一一頁）。
七、斡歌歹、古余克（定宗，貴由）蒙哥及忽必烈諸可汗（一一一頁至一一六頁）。
八、自忽必烈至妥懽帖睦爾（一一六頁至一二四頁）。
九、妥懽帖睦爾之後裔，與明朝諸帝（一二四頁至一二七頁）。
十、達延汗以前之蒙古諸可汗（一二七頁至一六四頁）。
十一、自達延汗至林丹汗之殂歿（一六四頁至一八五頁）。
十二、補遺，全書簡單摘要（一八六頁）。
十三、成吉思可汗後裔，諸弟，及九將帥（一八六頁至一八八頁）。
十四、達延汗之後裔（一八八頁至一九一頁）。
十五、喀喇沁部之叛變，及其滿洲之同盟。林丹汗之敗亡（一九二頁）。
十六、跋（一九二頁至一九三頁）。

本書所記關於成吉思可汗之部分多與秘史相同，據田清波神甫的統計，秘史的記事，約有百分之八十左右，均轉錄在本書之內㈢。也有一部分是取自其他書籍，如成吉思可汗傳等書，轉錄而來的。因此這一本書中的文體，也就很明顯的看出有十三、四世紀，和十五、六世紀之文體的混雜。可見羅卜桑丹津氏編這本書時，曾用過種種年代不同的史料。可惜他沒有把所用過的史料書名寫下。可能這些史料已經散佚的很多了。但自所保留的大部分秘史文句看來，極可能也曾利用過拿蒙文所寫的或復原的蒙古秘史。關於這一點，學者們的見解不一，當另文論之。

㈢ 田清波序文十八至二十頁。札木薩喇諾書英譯本第五十九頁。

第二節　黃金史與蒙古秘史有關係的部分

自前面所介紹的本書內容看來，其十六章之中，僅有二、三、四章與秘史所記的大致相同；但是這三章的頁數，計二百六十頁，計佔總書的七分之五。據田清波氏的統計，秘史全書的二百八十二節之中，黃金史所轉錄的，計：一至三十八節，四十至一百七十六節，二百零八至二百五十四節，二百五十六至二百六十四節，二百六十六節及二百六十八節。所缺的是：三十九節，一百七十七至二百零七節，二百五十五節，二百六十五節，二百六十七節，二百六十九至二百八十二節。在黃金史中，所包括的計二百三十三節；所缺的計四十九節。在這二百三十三節之中，差不多都與秘史原文吻合，只有數節是經過修正的。同時在若干節中，也有不少錄自其他史料的文字攙加進去。田清波氏也曾將秘史各節之見於黃金史者，按其頁數列成一表。茲照錄於左，以供參考：

秘史節數	黃金史節數	秘史頁數	黃金史頁數
一	上冊六	二～四	七

五～九	八
一三～一八	一〇
二二～二三	一二
二八～三一	一四
三六～三八，四〇～四一	一六
四六	一八
五一～五三	二〇
五六	二二
五八	二四
六〇～六二	二八
六五～六七	三〇
七〇	三二
七四	三四
七七	三六
七九～八〇	三八
八二～八三	四〇
八六	四二
九一	四五
一〇～一二	九
一九～二一	一一
二四～二七	一三
三二～三五	一五
四二～四五	一七
四七～五〇	一九
五四～五五	二一
五七	二三
五九	二五
六三～六四	二九
六八～六九	三一
七一～七三	三三
七五～七六	三五
七八	三七
八一	三九
八四～八五	四一
八七～九〇	四三
九二～九三	四六

九四	四七
九五～九六	四八
九七～九九	四九
一〇〇	五〇
一〇一～一〇二	五一
一〇三	五二
一〇四	五三
一〇五	五四
一〇六	五六
一〇七～一〇八	五七
一〇七～一〇八	五七
一〇九	五八
一一〇	五九
一一一	六〇
一一二	六一
一一三	六二
一一四～一一六	六三
一一七	六四
一一八	六五
一一九～一二〇	六六
一二一	六八
一二二	六九
一二三	七〇
一二四	七一
一二五	七三
一二六～一二八	七四
一二九	七五
一三〇	七六
一三二	七七
一三二	七八
一三三	八〇
一三四～一三五	八二
一三六	八三
一三七	八四
一三八～一三九	八五
一四〇	八六

一四一	八七
一四三～一四四	九〇
一四六	九三
一四八	九六
一五〇	一一一
一五二	一一三
一五四	一一六
一五六	一一八
一五九～一六〇	一二〇
一六四	一二二
一六六	一二四
一六八	一二六
一七〇	一二八
一七二	一三三
一七四	一三五
一七六，二〇八	一三七
二一〇～二一一	一四〇
二一四	一四三

一四二	八九
一四五	九一
一四七	九五
一四九	一〇八
一五一	一一二
一五三	一一五
一五五	一一七
一五七～一五八	一一九
一六一～一六三	一二一
一六五	一二三
一六七	一二五
一六九	一二七
一七一	一三二
一七三	一三四
一七五	一三六
二〇九	一三九
二一二～二一三	一四一
二一五～二一六	一四五

二一七～二一八	一四六
二二〇	一四八
二二五～二二六	一五二
二二八～二二九	一五五
二三一～二三二	一五八
二三四	一六〇
二三六～二三八	下册二〇
二四〇	二三
二四二	二六
二四四	三六
二四六	四四
二四八	六九
二五〇～二五一	七二
二五三	七五
二五七	七九
二五九～二六〇	八二
二六四	八五
二六八	九九

二一九	一四七
二二一～二二四	一四九
二二七	一五三
二三〇	一五七
二三三	一五九
二三五	下册一九
二三九	二一
二四一	二四
二四三	二七
二四五	四〇
二四七	六八
二四九	七〇
二五三	七四
二五四，二五六	七八
二五八	八一
二六一～二六三	八四
二六六	九一

由上表看來，秘史的大部分，都可在黃金史中看得到；但是黃金史中所缺的部分，却是秘史中最精彩的部分。例如：從一七七節到二〇七節，這三十二節的脫落，是把成吉思可汗征服客烈亦惕和乃蠻，以及即可汗大位，封立九十五個千戶等極重要的紀事都丟掉了。這也就是把秘史卷六的大部分，卷七的全卷，和卷八的大部分都丟掉了，實在可惜！這一段是把秘史卷六第一百七十七節裡所記與客烈亦惕主力軍作戰的主兒扯歹，和秘史卷八，二〇七節成吉思可汗加封給功臣時的主兒扯歹，聯成一氣，以致發生了上述的缺憾。二百六十九節至二百八十二節的脫落，使太宗斡歌歹可汗一代的記事等於缺如。

第三節　補充蒙古秘史的部分

我們這裏所要談的，不是在黃金史中，喇嘛們因傳教關係所製造的那些神話，也不是它所記載關於成吉思可汗崩後，直到滿洲興起時代的那一段，而是專指與秘史所記之時代相同的部分而言。最初札木薩喇諾（C. Z. Zamcarano）氏在他的十七世紀蒙古諸編年史（Mongols'kie Letopisi XVII Veka）第五章中，說黃金史的著者曾自其他古文獻中抽選出若干資料來補充秘史。據田清波氏的統計共有二十七處，其中與秘史有關者計爲二十四處㊀。田氏在他爲哈佛版黃金史所寫的序文十四至十八頁中，雖列出其在黃金史中的頁數、行數及標題或大意外，並未說明這是補充秘史中的那些節，自然在一篇序文中也無法把它們都按原文翻譯。筆者認爲在這些補充部分之中，的確有些地方很有意義，特願多佔一些篇幅，把它們重新摘出（不一定合於田清波氏所摘的），一一漢譯，並註明其所補充的節目如下：

㊀ 見田清波氏序文十四至十八頁。惟其所列後三項似與秘史無關，從略。

一、關於孛兒帖・赤那（Börte-Chino'a）的記載

見黃金史上册六頁第十一行至七頁第三行，該當於秘史第一節（卽卷一首節）。黃金史說：「答來・速賓・阿勒壇・三答里禿汗（Dalai-Subin Altan Sandalitu Khan）有三個兒子。長爲孛羅出（Borochu）。次爲失巴兀赤（Shibaguchi）。三爲孛兒帖・赤那。因爲〔弟兄們〕不和，孛兒帖・赤那就向北走，渡過了騰吉思海（Tinggis Dalai），來到札惕（Jad）地方，取了一個還沒有丈夫的女子豁阿・馬闌勒（Go'a Maral）。就定居在札惕地方，成爲忙豁勒（蒙古）氏族（Mongghol Oboghtan）。奉上天之命，渡過騰吉思海而來的孛兒帖・赤那和豁阿・馬闌勒，就卜居在不兒罕山〔下〕。由他們兩人生了巴塔・察罕（Bata Chaghan）。」

「札惕」（Jad）一字見秘史四十節，卷一廿三頁下第二行處。旁譯作「世人」。當爲「外人」之意。海尼士（E. Haenish），伯希和（P. Pelliot）諸碩學均曾論及此字。伯氏認爲與突厥語 Yat 有關，乃「外族」之意。（見伯氏法譯蒙古秘史第一二六頁）。海氏則誤爲「世家」。（見海氏德譯蒙古秘史第六頁）。鮑登（C. R. Bawden）氏於其英譯之黃金史綱（Altan Tobchi）第一一三頁第四節註五，亦曾提及之。成吉思可汗傳第二頁下，第八行，作 Jid。喀喇沁本蒙古源流則作 Bete，見藤岡勝二氏羅馬字轉寫日本語對譯本第二部第1頁第十行。藤岡氏誤作 Bata。今以十九世紀蒙古文豪伊吉納希（Injinashi）氏的青史（Köke Sudur）證之，（見開魯石印本第一册第一頁第十一行）知其當爲 Bed。蓋均爲 Jad 的訛誤。

拿這一段的記述，和成吉思汗傳（第二頁下六至十行），蒙古源流（箋證卷三第一頁下），及秘史第一節來對照，可知孛兒帖・赤那和他的妻子豁阿（埃）・馬闌勒之爲蒙古族遠祖，和他們從一個大海的那邊來到不兒罕（Burkhan）山（肯特 Kente 山的支脈）居住的傳說，都是蒙古民間的一個共同承傳。若以蒙古人稱裏海爲 Köke Tinggis，及「札惕」（外族）一個字看來，孛兒帖・赤那一系，可能是來自中央亞細亞的一個氏族。也可能是從貝加爾湖西北地區來的。從成吉思可汗遠祖，與居住在貝加爾湖以東的，巴兒忽眞（Barghujin）族的來往看來，這一個假設也許有它的可能性。至於黃金史、蒙古源流及成吉思可汗傳等書所說，在孛兒帖・赤那之前，其祖先與西藏並印度之關係，顯然是喇嘛爲普及佛教而假做的虛構。陳寅恪先生在他的「彰所知論與蒙古源流」（見中央研究院史語所集刊第二本第三分，二十年四月刊印）中，已詳論之，茲不贅述。

二、古歹・薛禪（Güdei Sechen）對俺巴孩汗（Ambakhai Khan）諸子的談話

見黃金史上册二十四頁第四行至二十五頁第十行。這一段的記事可附於秘史卷一第五十八節之後。

古歹，薛禪說：

「俺巴孩可汗的十個兒子，你們聽着！

你們在荒山野地圍獵；
你們殺獲雌雄羱羊；
你們爲分雌雄羱羊的肉；
你們互相厮殺死拚，破裂！

你們在有濃霧的山地圍獵；
你們殺獲牡鹿、牝鹿；
你們爲分牡鹿、牝鹿的肉；
你們就互相騷擾，死拚，離散！

你們在有岩石的曠野圍獵；
你們殺獲黃羊、野驢；
你們爲分黃羊、野驢的肉；
你們互相砍殺，爭奪，破裂！

〔可是〕合不勒可汗的七個兒子是如此和睦的。
他們在古兒巴罕－合察兒（Gurbakhan Khachar）地方圍獵；
他們殺獲野馬駒和小鹿；

分野馬駒和小鹿肉的時候，他們聚會着分配；
他們互祝幸福、好運，然後散去。

他們在有煙霧的山地圍獵；
他們殺獲麝香鹿；
分麝香鹿肉的時候，他們彼此恭敬謙讓；
他們互以吉利的話語祝福，然後散去。

他們在有浪濤的河川圍獵；
他們殺死雉鷄、野兎；
分雉鷄和兎肉的時候，他們彼此禮讓尊重；
他們互以歡悅的話語祝福，然後散去。

你們這俺巴可汗的十個兒子呀！
〔你們〕性格都不大好。
怎能撫有衆多的屬民和臣下呢？
他們合不勒可汗的那七個兒子呢？
他們由於和衷協力。

將做萬民的可汗，國家的主人！
你們不要因我這愚昧的老人說了這話就忿怒！
你們衆兄弟們，可要互相親睦，好自爲之啊！」

這一段原是用韻文寫的，由這一段的史詩，我們可以看出在也速該的時代，蒙古族中的兩大統治貴族集團——合不勒汗系（也就是也速該所屬的那一系），與俺巴孩汗系（也就是泰亦赤兀惕系）之間已生矛盾，互爭雄長，以期統治全族。當然這詩的寫成，顯然是頌揚也速該所屬那一個家系；但在這種描寫中，我們可以看出圍獵是十二、三世紀蒙古人的一種重要行事。圍獵和分取獲物及離去等等，均有一定的習慣法。同時也常有因分配不均，演成氏族分裂的悲劇。這種敍述對我們了解當時的圍獵和社會制度，都是有所裨益。

這一段韻文，不知黃金史的編著人羅卜桑丹津氏從何書所採錄的。但這一段韻文中的動詞語尾，都以m爲尾音，似乎是十五六世紀的體裁。也可能是經過後人潤飾的結果，札木薩剌諾氏曾在他的書中把這一段譯成俄文，後來 R, Loewenthal 又把它英譯了，見札氏書英譯本六七——六八頁。

三、關於成吉思可汗生年月日時

黃金史在相當於秘史第五十九節之處，也就是在它的上册二十五頁末二行處說：「成吉思可汗是壬午年（一一六二）仲夏（四）月十六日的日月紅圓之日（Ula'an tergel edür）卯時所生的。」這與蒙古源流㈡所說的相同，可能這都是根據蒙古的一般傳說所寫的。

四、關於別勒古台母親的名字

黃金史在它的上册二十八頁第九行說：「從也速該勇士的另一個妻子，速赤格勒母親（Süchigel eke）生的，有別克帖兒（Begter）和別勒古台（Belgütei）兩個人。」這一段是加在秘史第六十節之中的。別勒古台之母的名字，不見於秘史。這是一個很好的補充。但墨爾根活佛所著的黃金史綱（Mergen Gegeen Tan-u Jokiyaghsan Altan Tobchi）則稱其名爲忙合剌（Mangghala）（見張家口版第六十七頁第七行），似屬不確。

五、成吉思可汗的尊稱，御璽的傳說，及卽位年代

黃金史上册七十一頁第二行至八行、及下册第二頁第一行，都有記載。它們應列於秘史第一二三節與一二四節（卷三）之間。黃金史上册七十一頁的記載是：

「〔可汗〕用馬湩向長生天灑奠祭祀，立起九斿白纛，龍王㈢向〔可汗〕獻〔美〕玉寶璽。

㈡ 見蒙古源流箋證卷三第六頁下。

㈢ 龍王蒙古語作 loos，乃地方神祇之稱，蒙古各地之「敖包」（oboo）卽其神社。

同時一個黑灰色的鳥飛臨穹廬的天窗之上，叫了兩聲「成吉思」「成吉思」。因爲這鳥叫的緣故，就稱爲成吉思，奉爲可汗。他在四十五歲，丙寅（一二〇六），在斡難河源，立起九斿白纛，卽了可汗大位。」

這一段裏所說「四十五歲，丙寅年…卽可汗大位」一事，顯然是把征服乃蠻後第二次卽大汗位之事，與第一次卽汗位之事，混爲一談。秘史二〇二節所記帖木眞卽大汗位之事，爲黃金史所遺漏（從一七七節至二〇七節）。成吉思可汗傳第十一頁上第三行所說的，也是四十五歲，丙寅年，卽大位。只有蒙古源流說：「特穆津年至二十八歲，歲次己酉（一一八九），於克嚕倫河北郊，卽汗位。」（見箋證卷三第十頁下）這當然是指帖木眞第一次卽汗位之事。

關於可汗御璽和靈鳥的傳說，黃金史除此處之外，在它上册第二十六頁第三行至二十八頁第四行也有記載。此外亞美尼亞史家葛里高爾（Grigor of Akan'c）所著的「弓手國族（蒙古）史」（The History of the Nation of Archers）也說：「上帝的使者化作金鷹，將上帝的旨意傳給了他們的領袖帖木眞。」（見哈佛亞州學報（H. J. A. S.）十二卷三、四兩期合訂本（一九四九年十二月）第二八九頁。）可見神鳥的傳說，在葛里高爾著書的年代，一二七一年，已經是一個在蒙古帝國中普遍的傳說，而非黃金史和蒙古源流（見箋證卷三第十頁下）的著者們，後日的杜撰㊃。

㊃　蒙古源流關於神鳥、玉璽更多潤飾之處，足證這是比較以後的記載了。

六、成吉思可汗和他六個將軍與泰亦赤兀惕族鏖戰的英雄史詩

這段韻文在黃金史上卷九十六頁第十一行至一〇六頁第七行之處，該當於秘史一四八節與一四九節之間（卷五）。這一段詩雖然沒有什麼歷史的意義，但的確是描寫古代英勇戰士們的一幅逼眞的圖畫，姑且把它譯在下邊：

「有洪福的成吉思可汗在邊境上紮營，帶了九個將軍去查看〔敵〕情，主公降上諭說：『不知道究竟從那一個方面將有敵人〔來襲〕？我的九位將軍，〔你們〕分成三班吧！』於是就按照上諭，者勒蔑（Jelme），搠・蔑兒堅（Chuu-Mergen）㊄，失吉・忽禿忽（Shigi Khutugh）三人成爲一班。孛斡兒出（Bo'orchu），孛羅忽勒（Boroghul）㊅，木華黎（Mukhali）㊆三人成爲一班。速勒都思氏的鎖兒罕失刺（Suldustai-yin Sorkhan-Shira）㊇，別速惕氏的者別（Besütei-yin Jebe），斡亦刺惕（Oirad）〔族〕的合刺・乞魯（Khara-kirü）㊈，三

㊄ 搠・蔑兒堅之名不見秘史，但見於其他蒙文史料之中。在蒙古學人中，有人認爲可能是指耶律楚材說的，似乎不甚可靠。

㊅ 孛羅忽勒，原文作 Bogurol（黃金史多處是如此的）。蒙古源流，成吉思汗傳則均與秘史相同，作 Boroghul。

㊆ 木華黎（Mukhali），原文作 Mukhalitai。其他蒙文史料中亦有作 Mukhulai 者。

㊇ 速勒都思氏的鎖兒罕・失刺原文作 Suldur tai-yin Torghun-Shira。Suldur 乃 Suldus 之訛，成吉思傳及若干書籍多有將 Sorkhan 一字寫做 Torkhun 者。

㊈ 合刺・乞魯（Khara-kiru）之名不見秘史，但散見於其他蒙文史書中。

個人成爲一班，在營中留守。可汗就領着六個將軍前去偵察情況。經過察合來汗（Chaghalai Klkan）山後面，快走到札勒蠻汗（Jalman Khan）山的時候，有〔一隻〕帶斑點大角野山羊從可汗前面跑過來。可汗就放開〔所騎的〕鐵青馬疾奔，從後邊追上前去。拉圓了弓，拿金叉箭立即〔把牠〕射死了。六個將軍們就下了馬，要把牠拴在馬鞍子後面〔馱〕走，可汗說：『你們把牠剝了皮，用火烤烤。我到失剌——荅卜桑（Shira Dabsang）㊉，山上去看看。』可汗上了失剌——荅卜桑〔山〕去瞭望，忽然瞌睡，就把馬鞭子支在那鐵青馬的鬃頸上，睡了一下。在恍惚之間做了一個夢。可汗就降上諭給他六個將軍說：

「我這個夢，
叫我的心硼硼跳，
我的肋骨都發抖！
在三個山岡⑪那邊的失剌——荅卜桑〔山〕上，
立起了三面黑色大纛旗，
〔我〕遇見了三百名頑强的勁敵！
他們的先鋒騎着棗騮白鼻樑的戰馬，
〔戰馬頭上〕套的是〔金光〕燦爛的鑾轡，

㊉ 失剌—荅卜桑（Shira Dabsang）山名，字義爲黃色的膀胱。

⑪ 原文作 güteri 不知何解。成吉思汗傳之十三頁下第五行首字，及喀喇沁本蒙古源流（藤岡本）附錄第二頁第二行第七字，均作 gütel 始知其爲山岡或丘陵之意。

〔戰馬胸前〕掛的是潔白發亮的纓絡。
少壯的戰士⑫，
留着連鬢短密的黑鬍鬚，
穿着全身的紅鎧甲。
〔我〕看了他一眼，
光芒刺目，好像針尖；
纏繞緊湊，好像線團！
假如我做的夢屬實，我這六位將軍們，你們將要怎麼辨呢？
失吉・忽禿忽說：
「〔我〕能瞭望遙遠的地方，
〔我去〕看看〔他們〕是不是蒙古人，
查查〔他們〕是不是蔑兒乞惕人，
認辨〔他們〕是不是泰亦赤兀惕人。」
者勒蔑說：
「人生有死，何必爲幾頭家畜勞神！
〔阻於〕橫索，就手持環刀殺進去；

⑫ 原文作 khara kümen。按現代語這是「俗人」，或「在家人」之意，似與此處文意不合，故譯爲黑臉色的戰士。

直向前進，把一條大路砍出來！
〔我去〕把那三個手持黑色纛旗的，一個個砍死；
〔殺上前去〕，把他們的纛旗俘擄過來！
跑到山頂，把他們的纛旗倒插下來；
我要把像大海一般的圓陣給你拉緊！」
撥・蔑兒堅說：
「我雖然懦弱，却能突然走脫，你們管轄我，責難我，使喚我，我也要去一趟回來，〔絕〕
不能丟掉我主命令我做事的好機會！」
孛斡兒出說：
「〔迎戰〕由前面〔殺〕出的人；
阻擋由後邊〔襲〕來的敵人！
保衞你那畏懼中的性命；
絕不離開我主的黃金統馭！」
孛羅忽勒說：
「有箭射來，我當盾牌；
箭聲啾啾，我當摭護；
不使敵箭，中我主的金軀！」
木華黎說：

「把你的〔衆〕敵人給壓制住；
把你的戰利品給擄獲來！
要從〔我們〕的馬尾騎起雲霧；
要從〔我們〕的馬鬃昇出太陽！
殺得敵人，戰馬失途；
盡忠效力，不避艱苦！」

可汗聽了六位將軍們的話，趕緊吃了一些烤好的野山羊肉，就叫失吉・忽禿忽騎上自己的淡黃馬，說：「在這三個山崗的那邊，就是失剌—荅卜桑〔山〕，你去照我的夢查看來！」說着就叫他走了。

失吉・忽禿忽，騎上〔那〕淡黃馬，放開了步，拉緊了韁，跑到失剌—荅卜桑〔山〕上，猛然一看，那持有三面黑纛的敵人已經逼近了。他們一直把失吉・忽禿忽追趕到可汗所在的地方。主上問失吉・〔忽禿忽〕說：「怎麼樣？」失吉・忽禿忽說：「到了失剌—荅卜桑〔山〕上，剛一看，就不料有三百個敵人突然來襲。

是不是泰亦赤兀惕人，不及認辨；
是不是蔑兒乞惕人，不及查看；
是不是蒙古人，也不及看清；
我趕緊向後看了一眼，果眞與可汗所夢見的一般！
如果是蔑兒乞惕人，必是那尚未知名的勇士；

如果是蒙古人，必是那勇不可當的勇士；
看來好像是泰亦赤兀惕人，〔他們〕緊緊的逼上來了！」

於是那六個大臣立刻整備戰馬，此時敵人已經迫近，孛斡兒出騎上了他的白戰馬追上前去，問：「你們是什麼人？我們是正主〔可汗〕的〔部屬〕！你們若是講禮節的人，趕快講明你們的道理。如果有姓有名，報上名來！」他們說：「我們還會有什麼響亮的名字，趕快交戰！」孛斡兒出壓着〔陣〕，呵責〔他們〕說：「那話對你們不適合。有什麼本領，〔我們〕可以在太陽〔西〕斜以前較量一番！」那邊的敵人說：「我們沒有什麼響亮的名字，〔我們〕是捉魚的是捉土播鼠的！」

失吉・忽禿忽說：「向他們有什麼好問的！〔他們〕就是頑敵泰亦赤兀惕人。殺進去吧！」〔於是孛羅忽勒下了馬，拿下棕色馬韂，拿起他的盾牌，毫不顧忌的站在可汗的前面。」〔這一段不見黃金史，却見於成吉思汗傳六十五頁上七至九行，喀喇沁本蒙古源流（藤岡本）附錄第四頁末行至五頁第二行，茲轉錄於此。〕

者勒蔑拿着刀，衝進了橫在面前的敵陣裏，砍出〔一〕條血路，殺進陣去，把那拿着三面黑旗的人，一個一個的砍死，搶過來他們的軍旗，跑到高處，把軍旗頭向下〔倒〕插起來。果然拉穩了海洋般的大圓陣。

捌・蔑兒堅〔這時候〕已經逃走了，孛斡兒出正在向前衝殺，一回頭看見了捌・蔑兒堅就喊着說：「喂！捌・蔑兒堅站住！在咱們主人面前，就這樣効力嗎？你怎麼能像剛出洞的松鼠一樣逃跑呢？」捌・蔑兒堅轉過來笑着說：「我主啊！我還沒有插上箭頭呢。主上，從你的箭筒裏

〔給我些吧〕！」可汗就從他金箭囊中，抽出朱紅色的箭給了他。撒・蔑兒堅就挾在胳下，疾馳〔向前〕，用力拉滿了弓，把可汗所指給他的，不曾錯過一個，全給射死了。

射中〔那〕敏捷的顎下咽喉，叫他翻滾〔落馬〕；

射中〔那〕矯健的頭盔鄂紐，叫他身受重傷。

追上前去把那匹棗騮白鼻樑的戰馬奪來，叫可汗騎上。可汗一騎〔果然〕是個如飛似風的〔快馬〕，可汗也笑了。

交綏的敵人已經窮促了；衝殺的敵人只賸了一半。正在這個時候，孛羅忽勒的頭忽然被〔流〕矢所中，墜下馬來。〔他〕站起來之後，用手摸着〔頭〕，用弓支着臉，拿着盾牌慢慢的走。孛斡兒出向前衝殺，回頭看見了，他就說：「喂！孛羅忽勒！男子漢是一箭就能射倒的嗎？你怎麼能像犄角挨了打的山羊羔一般，脆弱的倒了下去呢？在主人的前面就這樣効力麼？」孛羅忽勒〔聽了〕這話，就從左邊翻上馬去⑬，拿起盾牌，不顧一切的〔衝入陣中〕。

那時候已經把敵人殺得拖着屍體轉身逃跑。可汗降聖旨說：「把敗退的敵人怎麼辦呢？」孛斡兒出說：「俗語說：『拿福分來送成佛的善人，拿利箭來送敗退的敵人。』追吧！」〔可汗〕同意他的話，就去追趕。追到察亦禿—察罕（Chayitu Chaghan）平原，就像狼進羊羣似的砍死一百名敵人。有二百名逃出去了，擄獲戰馬百匹，鎧甲五十具。

木華黎緊緊的追趕敵人；

---

⑬ 上馬都是從右邊，所謂從左邊上馬，乃是表示不等轉到右邊，就急忙的從左邊上了馬的意思。

不斷的擄獲戰利品。
叫戰馬的鬃上昇出太陽；
叫戰馬的尾巴騰起雲霧。
殺得敵方戰馬迷途；
盡力效忠不避艱苦！

這次戰役，連一根已斷的線頭，一把已折的匙子，都沒有損失。平平安安將要回家的時候，可汗說：「叩〔謝〕在上的天父吧！」就上了山崗，展開鞍韂，把衣帶掛在頸項上，祝禱說：

「我並非靠我體力過人做了〔國〕主；
我是靠着〔我〕父上天的〔恩〕命才當的。
我不是靠我賢明異常做了可汗；
我是靠着皇天我父的〔恩〕命才當的。
〔上天〕給〔我〕制服了外族敵人！」

這樣說着就〔拜〕謝〔上天〕，出發的時候，可汗依次誇獎他的六個將軍。首先誇獎失吉・忽秃忽說：

「給〔我〕辨認泰亦赤兀惕人，
察出蔑兒乞惕人，
看清蒙古人的，
是我塔塔兒的失吉・忽秃忽。」

誇獎者勒蔑說：

「獵狡獸，〔你〕當燻煙⑭；
臨強敵，〔你〕做先鋒。
沒有戰馬，〔你〕給找來坐騎；
〔喉嚨〕乾渴，你給拿來乳酪⑮。
宵旰勤勞不息，
赤膽忠心不變。
在衆人以前首先出力的，
是我兀良合（Uriyangkha）族的好者勒蔑！」

誇獎搠・蔑兒堅說：

「按我旨意所指示的，
你不丟掉任何機會。
射穿敏捷人的咽喉；
射穿矯健人的盔紐。
把交綏的敵人殺成殘兵的，
把衝殺的敵人殺成半數的，

---

⑭ 打獵時用煙把躲在洞中的野獸燻出來，謂之燻煙。

⑮ 見秘史第一四五節（卷四）。

是我主兒乞惕（Jürkid）⑯的搠・蔑兒堅。」
誇獎斡羅忽勒說：
「敵矢飛來，你做盾牌，
箭聲啾啾，你做掩護。
頭部雖受箭傷，
仍能不失鞍韂。
不驚不慌，
無所畏懼。
〔這〕是我古申（Güshin）族的好孛羅忽勒。」
誇獎木華黎說：
「急追衆敵的，
擄獲戰利品的，
叫馬鬃上昇出太陽的，
叫馬尾上吐入雲霧的，
使敵人戰馬迷途的，

⑯　成吉思汗傳六十七頁上第七行第七字作Ügüshin。喀喇沁本蒙古源流（藤岡本）附錄第八頁第八行第七字作Küküshin或Kügüshin。惟按秘史，孛羅忽勒應爲主兒乞惕族（見一三七節卷四）。

使我軍平安凱旋的，
是我札剌亦兒（Jalayir）族的好木華黎。」
誇獎孛斡兒出說：
「在尋找八匹銀合馬的時候，
在太陽纔〔射〕出晨光的時候，
相逢以來，
終生效力的，
是納忽・伯顏（Nakhu Bayan）的兒子，我的俊傑，好孛斡兒出！
與鄰人往來，性情〔馴順〕，好像一隻花牛犢，
和敵人厮殺，向不顧及自己性命身體的，
是我的俊傑孛斡兒出；
與人交友，性情〔馴順〕，好像一隻黑牛犢，
一遇外敵，就像猛鷹飛奔衝進的，
是我的俊傑孛斡兒出。
互相談笑，性情〔馴順〕，好像一隻全黑的牛犢，
遇見勁敵，就像猛鷹突入飛出的，
是我的俊傑孛斡兒出。
遊玩喜笑，性情〔馴順〕，好像剛出生的小馬駒，

四面衝殺，就像海青衝襲而下的，
是我的俊傑孛斡兒出。
遭遇强敵，
絕不回顧；
侍奉可汗，
毫無隱諱；
且有良謀善策的，
是我的俊傑孛斡兒出！」
可汗把他的六名將軍誇奬完畢，〔繼續〕前進，在可汗的前邊，孛斡兒出騎着他的白戰馬，拖着他的朱紅箭，一邊放開馬小跑，一邊唱歌讚美可汗，說道：
「父親是也速該勇士，
母親是訶額侖夫人，
有九個英勇的臣佐，
統御五色四隣諸國，
是我主，有洪福的成吉思可汗。
母親是訶額侖夫人，
兒子是斡歌歹，拖雷，

有非凡傑出的子嗣，
把仇敵踩在脚下的，
〔是我主，有洪福的成吉思可汗〕⑰。
〔祇要〕有洪福的可汗〔永〕在，
我們自身有何掛慮！
祇要與〔可汗〕同行，
外邦衆敵有何可懼！
不要像天鵝的雛兒躊躇不決；
不要被虛偽惡人的謊話欺騙！
不要像鴛鴦的雛兒〔畏縮〕閉眼；
臨敵斷殺不要吝惜性命身體！」

這就是俊傑孛斡兒出所唱的歌詞。
有洪福的成吉思可汗，和他六個將軍，七個人，前去打敗了舊日的仇敵，三百名泰亦赤兀惕人，平安歸來。把〔所擄〕敵方戰馬二十五匹，鎧甲十五具，獻給母親訶額侖夫人。在那以後，

⑰ 黃金史原文脫落了這一句，成吉思汗傳六十八頁上第二行有半句，全句見喀喇沁本蒙古源流附錄第九頁十二行。

就安安定定、快快樂樂的住了下去。〔這就是有洪福的可汗的一件軼事〕。」㊅

這一段記事詩，除見於黃金史九十六至一〇六頁之外，並見於成吉思汗傳六十三頁至六十八頁，喀喇沁本蒙古源流（藤岡本）附錄一頁至十頁，且名之爲「成吉思可汗行軍談」。大陸出版的，謝再善譯，外蒙達木丁蘇隆氏的蒙文蒙古秘史一〇三頁至一二六頁，相當於秘史卷五，第一四九節之處，也有這一段的翻譯。（在它一二六頁的第四行，註有 A.T. 兩個字，意思是說明採自 Altan Tobchi ——黃金史。）可惜譯文與原文相距太遠。

這一篇史詩，多用m做動詞語尾之處。有人說這是十五、六世紀蒙文的特徵，原文也有與秘史時代文字相同，而與定形後的蒙文相異之字。例如：asagkhu ——「問」字的寫法，與正字法或文字定形後的寫法相異。因此可能是離元代不甚久遠之時所寫成的。也可能是把元代舊文加以更改的。在這全篇之中，有一處提及「佛」字，使人相信這必是蒙古人接受佛教以後所寫的；惟不知這是在元代接受佛教之後的著作，還是在十七世紀阿勒坦（俺達）汗接受佛教以後所改寫的；但全文中，除這一個字之外，仍是充分表現對長生天的崇敬。因此可以暫定是佛教影響尚未十分普及時代的作品。其時間當比充滿喇嘛色彩的蒙古源流等書要早一點了。

這一篇有許多地方類似今日的白話體，可能是按照當時的白話寫的。所以在研究蒙古語言史方面，確是一件極有價值的材料。

㊅ 這最後的兩三行，黃金史不及成吉思汗傳和喀喇沁本蒙古源流詳盡，故按後者譯出。

七、成吉思可汗重視生日，和他對斡歌歹的喜悅

這一段見黃金史下册第二頁第三行至第三頁第十一行之處，譯文如下：

「有洪福的成吉思可汗問他的兒子察阿歹說：『在宴會〔中〕最重要的宴會是那一種？』察阿歹說：『舊歲離開我們，新年臨到我們，爲互祝吉慶幸福而開的宴會，是宴會中最重要的。』聖成吉思可汗說：

『不對，如果沒有生出，也未給〔你〕命名；
如果沒出〔母〕腹，也未看見光明；
你能過誰的新年；
你能給誰命名！
今後，要記住在父親創造，母親產生的日子，恭恭敬敬的一起飲宴，纔是你們最好的宴會。』

可汗曾經下過這樣的上諭㊈。

斡歌歹可汗的生日，斡歌歹可汗自己却忘記了，聖成吉思可汗說：「噯，斡歌歹，〔你〕明天早點來！」斡歌歹在〔第二天〕清早來的時候，路上遇見了好幾個宴會，都有給可汗預備的美酒。爲了嚐一嚐，就在那裏下了馬。聖成吉思可汗給斡歌歹預備好了〔酒〕食，等了很久。可汗就很不高興的說：「噯！斡歌歹想不起來父親母親曾經〔怎樣〕爲〔他這個〕子嗣，身心憔悴

㊈ 這一段見聖成吉思汗格言拾遺四十九頁第六行至五十頁第四行。

啊！」正在說的時候，已經把晚餐的美酒和馬頭肉⑳送上來了。〔此時外邊有人來〕，可汗問：「外邊是誰？」〔回答〕說：「是斡歌歹。」可汗說：「進來！」可汗就降上諭說：「唉！斡歌歹，我告訴你早點來，你反倒來得〔更〕晚！」斡歌歹說：「我來得早，路上遇見了幾個宴會，因爲以前我的汗父〔你〕曾經說過：『遇見現成的飲食，若是躲避的話，將要丟掉福分。』因此來晚了。」一經〔這樣〕回答之後，〔可汗的〕怒容稍霽，用刀子剜了馬頭一塊右腮，吃着說：「唯有斡歌歹把我所有的法度聖旨全都實行了，以後你仍要這樣才好！」

這一段中稱斡歌歹爲可汗，可知這是後人補加的。秘史第一九八節（卷八）也有對尚未卽位的斡歌歹稱可汗的地方。就文字形態來看，如：第二頁第五行的 Asaghbasu，第三頁第一行的 udaghdar-un，都是與秘史文字相同的地方，可能這是一篇早期的文獻。

從這一段中，我們可以看出可汗重視生日，是爲了紀念父母的恩德。秘史曾再提及可汗對他父母的尊敬和追念。對他母后訶額侖夫人更是如此。例如：第二四四節（卷十）記載可汗受了濶濶出（Kököchü）（卽薩滿，帖卜•騰格里）的挑撥，將處置合撒兒（Khasar）的時候，母親訶額侖趕到，痛加叱責。可汗毫無辯駁的，服從了他母親的教訓，並且說：「叫母親生氣，我怕

---

⑳ 蒙古源流卷七（見箋證卷七第二頁上）說：「徹辰諾延云：『從前我在父母膝下著棋爲戲，我母賜給馬顙，正在欲食之際，手中所持小刀忽向上躍起，似中內藤，落下，刀尖揷於地上。拔刀仰視空中，有一穿青衣少年嗔責之曰：「爾爲何竟食馬肉耶？」倏忽不見，由是我卽戒食馬肉。今審視聖喇嘛卽其人也。』」足證在十七世紀佛教普及之前，蒙古人是吃馬肉的。今日大部分蒙古人都不再吃馬肉了。但秘史只記吃羊肉和與殺牛的事（見二一四及二八〇兩節）並未提及殺馬的故事。

也怕了，羞也羞了！」又第二四二節（卷十）說，可汗因他的叔父荅阿里台（Da'aritai）曾經叛變，想要除掉他。孛斡兒出、木華黎、失吉・忽禿忽三個人諫止他，說荅阿里台是他父親唯一生存的幼弟，不應叫他營盤煙消火滅。說得成吉思可汗像被烟嗆了一般的鼻子酸了，流下淚水來。可見成吉思可汗本人是很孝敬父母的。這可能是當時草原游牧社會道德標準的一環；也可能是成吉思可汗的言行在草原游牧社會中鼓勵孝行的一個例證。

據秘史第二五四節（續卷一）的記載，斡歌歹被立爲汗儲是因朮赤、察阿歹二人相爭不下，結果共同推舉他來做可汗的繼承人。但從若干小的節目來看，可汗對斡歌歹確實是特別愛顧和信賴。斡歌歹對他父汗的應對也很得體。例如：一七三節（卷六）說；在遭王汗突襲之後，可汗看見孛羅忽勒把負傷斡歌歹馱回來，可汗就心裏難過流下淚來。之後，可汗對孛羅忽勒封賜的時候（第二一四節，卷九），也特別提到這一個功勞。秘史第二五八節（續卷一）說可汗西征花剌子模，命朮赤、察阿歹、斡歌歹三個兒子進攻兀籠格赤的時候，可汗曾叫朮赤、察阿歹兩個人聽斡歌歹的提調。在二五五節可汗在朮赤、察阿歹兩個兒子推舉斡歌歹做汗儲的時候，他的答對也深得可汗的嘉納。這些地方足證可汗早就有選立他做自己繼承人的意思了。在黃金史中還另有記載，其事詳後。

此外成吉思可汗所立的法律，大致可分爲三種。一、「札撒黑」（jasagh）就是最高的基本法。二、札兒里黑（jarligh），是聖旨或上諭。第三類是「必里格」（Bilig），可以譯爲箴言。這雖不一定是法律，但是一種行爲的準則，要人自動遵守的。成吉思可汗對法律的執行，非常嚴格。在秘史中常見可汗每說了一件重要事情之後，都要他的子子孫孫切實遵守，永勿更替。秘史

第二〇三節，警告他子子孫孫，都必須嚴格遵守奉可汗之命，失吉・忽禿忽寫在青册上的法律，便是極好的例子。在這一段裏，可汗提到斡歌歹忠實的遵守他的法度，（這裏所說的這一條似應屬於必里格——箴言的範圍之內），自然也是他特別喜悅斡歌歹的一個原因了。

八、關於成吉思可汗訓女的故事

1. 教訓阿剌合・別乞（Alkha-Begi）的故事。

這一段見黃金史下册十九頁十行至二十頁第七行，相當於秘史卷十第二三五節之處。記載可汗遣忽必來「那顏」(Khubilai Noyan)征合兒魯兀惕(Kharlu'ud)部，其汗阿兒思闌(Arslan)不戰而降。忽必來帶他來謁見，可汗因他不戰來歸，大加恩賜，且把女兒下嫁給他。秘史與黃金史的記載，除秘史卷十第十一頁上第二行第二、三兩字作 ese bulghaba——「不曾厮殺」，黃金史下册十九頁十一行末二字，作 eye bolghalduba——「締結和平」之外，其餘文詞完全相同。秘史只說可汗降旨把女兒嫁給阿兒思闌，未說她是誰。黃金史則說她是 Alkha Begi。按秘史二三九節，說阿剌合・別乞下嫁汪古惕部，二〇二節稱汪古惕部的阿剌忽失・的吉惕・忽里（Alakhushi-Tijid-Khuri）為「古列堅」(Küregen)，即駙馬之謂，顯有訛誤。元史卷一百九諸公主表趙國公主位稱：「趙國大長公主阿剌海・別吉，太祖女，適趙武毅王孛要合（Boyokha)。」即阿剌忽失・的吉惕・忽里之子，見百納本表卷四，第一頁下。可證黃金史所說的 Alkha Begi 之名是錯誤了。但黃金史所記可汗訓女的一段話，除稱成吉思可汗為聖成吉思可汗外，其餘詞句與秘史章法殊無二致。因此懷疑這一段話，是阿剌合・別乞下嫁孛要合時可汗敎訓她的話。黃金史的編者（或其他保存這一段古話的人），將它揷入在這裏，却是一個明顯的謬誤。外蒙策・達木丁蘇隆氏曾把這一段加在他所寫的蒙文蒙古秘史之內。大陸謝再善氏在他的漢譯達木丁蘇隆本之中，雖曾譯出，但與原文頗有出入（見謝本二三一～二頁）。茲漢譯於下：

在阿剌合・別乞出嫁，將被迎娶的時候，聖成吉思可汗降上諭，敎訓〔她〕說：

「要立志去做我的一隻脚；
出征的時候做我的倚靠；
馳騁的時候做我的良駒！
還要〔記住〕，
身體是暫短的；
名譽是永存的！
沒有一個好友，比自己一顆聰明，智慧的心更好；
沒有一個惡敵，比自己忿怒，歪曲，毒惡的心還壞！
可以信賴的雖多，總不比自己的身體更可靠；
稱爲心腹的雖多，總不比自己的良心更可親；
値得愛惜的雖多，總不比自己的生命還寶貴！
潔身自好，自然性習良好；
注意學習，必定永遠成功。

謹愼堅定，
無所畏懼！
這些，〔你〕都要小心謹守啊！」
如此訓示了一番。

2. 教訓阿勒・阿勒屯・別乞（Al-Altun Begi）的故事。

這一段見黃金史下册，二十一頁，九行至十三行，相當於秘史第二三八節（卷十）的末尾。是記載畏吾兒亦都兀惕（國王）歸附，請爲可汗第五個兒子，可汗很嘉納他的請求，並且把女兒阿勒・阿勒屯・別乞下嫁給他的故事。黃金史的記載與秘史相同，文詞也相似，不過把阿勒・阿勒屯・別乞（Al-Altun Begi）的名字，寫成 Ilkhaltun Begi 或 Ilghaltun Begi。若按人名讀法，亦可讀做 Ila-Altun Begi。這顯明是 Al-Altun 的訛寫，但却與元史所記的音很相近。按 Al 是大紅或赤。Altun 是 Altan 的轉音，就是黃金之意。Begi 乃是汗女或貴族的尊稱。元史卷一百九，公主表，高昌公主位稱：「也立安敦公主，太祖女，適亦都護，巴而朮・阿兒忒・的斤（百衲本，表卷第四，第四頁下）。元史卷一二二，列傳九，巴而朮・阿兒忒・的斤傳稱：「亦都護遂以金寶入貢。辛未（一二一一）朝帝于怯綠連河奏曰：『陛下若恩顧臣，使臣得與陛下四子之末，庶幾竭其犬馬之力。』帝感其言，使尚公主也立安敦，且得序於諸子。」也立安敦公主就是秘史的阿勒・阿勒屯・別乞，也就是黃金史的 Ilghaltun Begi。黃金史在記述畏吾兒王歸附，與尚公主的一段經過之後，又說：

「當畏兀惕的亦都兀惕迎娶阿勒・阿勒屯・別乞的時候，成吉思可汗降上諭說：「有福之人有三個丈夫，是那三個丈夫呢？第一，國家是丈夫。其次，名譽是丈夫。再其次，娶你的是〔你的〕丈夫。所謂三個丈夫就是如此。如果能把國家〔做爲〕丈夫，小心謹守，自然就得到了〔第二個〕丈夫——名譽。如果能把名譽〔做爲〕丈夫，好好保守，那麼娶你的那個丈夫還能够離開〔你〕到遙遠的地方去嗎？」

這一段策・達木丁蘇隆氏曾加入在他的蒙文蒙古秘史之內，謝再善氏也曾把它譯過（見謝本二三三頁）。

3. 可汗叫孛斡兒出對扯扯亦堅所說的教訓

見黃金史下册二十三頁五至十行，相當於秘史第二三九節（卷十）之末。這一段先說，兎兒年（丁卯，一二〇七），可汗命長子拙赤去征林木中的百姓，斡亦刺惕等族不戰而降，可汗以斡亦刺惕族的忽都合・別乞（Khutukha-Begi）首先歸附，並影響許多部族來歸，把自己的女兒扯扯亦堅下嫁給忽都合・別乞的兒子亦納勒赤（Inalchi），把拙赤的女兒豁雷罕（Kholuikhan）嫁給亦納勒赤的哥哥脫劣勒赤，（Törelechi）。黃金史和秘史的記載相同，只是若干部族名稱略有相異之處。但秘史沒有提到可汗訓女的這一段話。元史也沒有記載。公主表裏也查不到扯扯亦堅的名字。扯扯亦堅（Checheyigen）黃金史作 Secheyigen Aghai。Secheyigen 是 Checheyigen的變音，今做 Chichigen，就是「花兒」的意思。aghai 等於 agha，是貴族女子的尊稱，或嬰兒的意思。

黃金史說：「成吉思可汗把扯扯亦堅・阿該（Secheyigen Aghai）嫁給斡亦刺惕的亦納勒赤，當迎娶的時候，叫孛斡兒出那顏教訓。孛斡兒出那顏就教訓說：『扯扯亦堅・阿該聽着！因爲你是你父汗親生的女兒，就叫〔你去〕鎮撫斡亦刺惕百姓，紮營在〔那裏〕。要早起晚睡！不要把你婆家的長上見外！晝夜要一心一意的謹愼。說話要有智慧，持身必須貞節，把學而不成的短處留在家裏；把學好的一切帶着前去。把斡亦刺惕百姓組織起來，加以管束！』如此教訓了一番。」

由以上三段的記載，我們多少可以看出，一個汗女出嫁外族的確負有重要政治上的任務。很明顯的，是要透過公主的姻婭關係，加强對該族的連繫，使他們成爲蒙古黃金氏族所建立之王朝的，不可分的一部份。但一個汗女應該如何處世爲人，我們也可從這三段教訓中，窺知一二。尤其是對阿刺合・別乞的訓示，正是出嫁到一個內部曾有問題——親蒙古和反蒙古兩派鬬爭，叛亂不定的汪古惕部㈢的皇女，應當特別注意的事項。可惜黃金史誤將這一段談話，寫到合兒魯兀惕部阿兒思蘭汗的名下了。

九、成吉思可汗的諸弟和他后妃們所出的子女

黃金史下册第二十五頁第十三行，至二十六頁第四行說：「聖主的四個弟弟是：合撒兒，別勒古台（原文做 Belgetei），斡惕赤斤（原文做 Ochigin）和合赤溫（原文做 Khachighu）。由孛兒帖格勒斤・豁阿（Börtegelin Go'a）皇后所生的是：拙赤，察阿歹，斡歌歹，拖雷這四

㈢ 見元史一一八，列傳五，阿剌兀思・剔吉・忽里傳。日人櫻井益雄所作的汪古部族考，論該部的內部衝突甚詳。（見東方學報（東京）第六冊，一九三六年二月，六五九至六八四頁）

個兒子，和阿勒合・別乞，阿勒・阿勒屯・別乞（原文訛作 Ilghaltun Begi），扯扯亦堅（原文作 Secheyigen）三個公主。忽闌皇后所生的是忽魯格（Külüge）公主。由也遂皇后所生的是拙赤伯（Jüchibei）公主。由也速干 Yesügen 皇后所生的是合兒赤兒（Kharchir），合兒合禿（Kharkhatu）和赤豁兒（Chikhor）這三個〔兒子〕。」

這裏所說的皇弟，后妃，及孛兒帖皇后所生的子女，都見於秘史，惟其他后妃所生之子女，則爲秘史所未提及的。所以這一段是補秘史的不足。元史卷一〇七，宗室世系表稱：「太祖皇帝六子；長朮赤太子，次二察合台太子。次三太宗皇帝。次四拖雷卽睿宗也。次五兀魯赤無嗣，次六闊列堅太子。」（百衲本，表卷第二第六頁上）惟未註明兀魯赤及闊列堅太子係何所出？亦無法與黃金史所記的人名對音。

十、成吉思可汗對諸子諸弟和大臣們所指示的話

見黃金史下册二十七頁末行至三十四頁第十三行，該當於秘史第二四三節（卷十）之後，按其所記之事來說，時間應在可汗把全百姓封給母親，諸弟，諸子之際，所以很值得史家注意，可汗所說的這一段話，似乎是屬於「必里格」的範疇之內。黃金史說：

「有洪福的聖成吉思可汗教訓他的四個兒子，曾降上諭說：

『攀登高山的山麓，

指向大海的渡口。

不要因路遠而躊躇，
只要走，就必達到；
不要因擔重而畏縮，
只要扛，就必舉起！
吃肉的牙，長在嘴裏；
吃人的牙，藏在心中。
體力堅强，只能戰勝獨夫；
意志堅强，纔能戰勝萬衆，』
有洪福的成吉思可汗曾恩賜他的四傑㊂降上諭說：
『被三部蔑兒乞惕人圍困，逃到不峏罕山上，
前面受着逼迫，
後面受到包圍，
〔我〕幾乎被俘，幸蒙長生天給敞開了門鎖。
〔如今〕把這些百姓聚集一起，
用你們來執掌長轡。
〔我〕開始創業的時候，不過〔有親信〕一兩個，

㊂ 四傑是孛斡兒出，木華黎，孛羅忽勒，赤老温等四個將軍，見秘史一六四節（卷五）。

〔如今〕我做了萬衆的可汗國家的君主！
自今而後，我的子子孫孫，
要把我苦鬪得來的可汗名號謹愼愛護，
要把我奔波得來的無缺河山㊂永繫穩固！』

有洪福的聖成吉思汗曾敎訓他四個兒子，降上諭說；
『從日出之地到日落之地，收撫了〔許多〕國家百姓，
我曾把許多心肝不同的，叫心肝合一；
我曾把頭腦完全相異的，叫頭腦一致。
叫那些心地不良的人們去懊喪，
叫那些頑劣庸愚的人們受折磨。
我的子嗣們啊！
你們不要意志不堅；
不要內心沮喪；
但要謹愼堅定！』

㊂ 原文爲 törü 乃社稷、國家、王朝及江山之謂。

又訓示諸弟，諸子，降上諭說：
『從日出之地到日落之處，
蒙天恩賜，享有大地，
叫執掌社稷的諸弟諸子出生，
將協同治理國家的衆長老賜我，
叫我成爲萬邦的中心㉔，
諸國的綱紀㉕。
我自應充當中心，維護社稷安定，
充當綱紀，謹愼執掌國家。
我的諸弟，諸子啊！
你們要謹守正當傳統，爲了社稷，要作畢生的努力！』

『我的衆長老們啊！
你們不要顧慮自己，爲了國家要勸進諫言，提醒〔我〕！
得着賢能，不要使〔他們〕遠離自己；

㉔ 原文爲 khadasun 意思是釘子。蒙語稱北極星爲 Altan Khadasun 意思爲金釘。言其定而不移，故譯爲中心。
㉕ 原文爲 arghamji 意思是綱繩。

得着賢能，使用寶貝換取〔他們的〕喜悅，對你們仍有大利。
汗騰格里㉖把一切邦國都賜給我了！』

『我的兒子和子子孫孫們啊！
今後要小心，謹守我辛辛苦苦建立的社稷，
艱艱難難創立的功業！
創業雖難，如不謹守，崩潰就在瞬間。
〔我〕受盡艱難，開創基業，你們切要注意此點。
比起創業，守業更是要緊！』

『我的子子孫孫們啊！
你們與其自大，無寧記住舊訓格言，
罔立大志，莫如好自治理各方！
你們如果能抑制衝到嘴邊的怒氣㉗，
〔暴〕力和憤怒又制得住誰呢？』

㉖ 原文爲 Khan Tenggeri 可以譯爲皇天，但多少與原意不合。Khan Tenggeri，至今仍是崇拜的對象，是人格化的長生天。

㉗ 原文做 aghushgi 卽肺字，係指氣字而言。

『我的子孫們啊！
不要心志高傲像一座〔高〕山，
山岳雖高，野獸仍可爬上它的峯巔。
卽使心志〔寬濶〕像一片深海，
〔洋海雖深〕，人在其上仍可〔橫渡〕不死。
不爲他人所勝，這纔是生而爲人的指標！
你們的嘴雖然多，如果你們〔聽見〕的聲音少，仍是沒有益處㉖！
拿任何一種道理來比照，都可以敦品勵行！
眞言勸諫的人，比任何一件事體，都應受到尊重。
一個明瞭治國之道的人，勝過億萬的〔凡〕人。』

『我在黑林裏行獵，爲你們把雄野猪給抓得盡絕，
如果不能把雄野猪的族類徹底關住，
叫〔他們〕逃回黑林，必將成你們身體的禍患！
我在高山上行獵，爲你們把熊子給抓得乾淨，
如果不能把野熊的子嗣管理得法，

㉖　是指部屬雖多，有口無言，不肯諍諫，有何益補的意思。

叫〔他們〕逃回高山，必將成你們身體的憂慮！』

『舊衣服破碎了就刮在草叢上㊴。
禮法〔？〕若是斷絕，可汗就和黔首齊觀等量。
新衣服裂開了就刮在蒿子上。
禮法〔？〕若是斷絕，可敦就和婢女不分高下。
若無智慧能力，就是連胯下的山羊羔子，也不易殺着吃；
若有智慧能力，就是連山下的青羊羔子，也不難殺着吃。
針尖兒雖小，曾使許多可敦痛哭。
鰺條魚雖小，曾把不少手掌劃破，
抑制驕傲和暴力，運用智謀，纔能充當衆人的君主。』

『岩石多處，不易擒狐；
草叢多處，不易羅兎；
灌柳多處，不易尋牛。
可汗賢明，庶民之光；

㊴ 原文爲 kharghana，是一種矮小脆弱的木本小樹叢。

紅石多處，山羊羣聚。
四善俱備，可汗之樂；
可汗賢明，庶民之樂；
丈夫良善，妻子之樂；
和平親睦，萬衆之樂。』

『不知道可汗的恩典，等背離了正主之後，就會想起你可汗的恩典；
不知道丈夫的恩愛，等離棄了親夫之後，就會想起妳丈夫的恩愛。』

『可汗若是學庶民的性格，德行，必將失掉他的全國；
庶民若倣效可汗的品格，行爲，必將毀壞他的頭顱。』

『汗騰格里是可以崇拜的；
白水是不能煮成〔乾〕飯的；
婦人女子是不可依靠的！』

有洪福的成吉思可汗曾敎訓合撒兒等諸弟，降上諭說：
『我把斡難河的河灣砍成渡口，

這是爲了子子孫孫和斡兒朶所造成的渡口；
我把客魯漣河的河灣改成渡口，
這是爲了成器的親族，和房屋，車輛所造成的渡口。
今後我的諸弟，親族，
切莫折斷我所安放的渡口！
若聽衆人的閒話，想要折斷呵，
就是砍斷你們自己如喬木一般的身體了！
切莫違反蒙天祐護所定的制度！
若聽心懷貳意之人的話，想要廢掉呵，
就必被我的聖旨和法律所滅除！
切勿成爲弟兄們的恥辱！』

聖成吉思可汗又降上諭叫蒙格禿・薛禪〔三〇〕說話，他就稟奏說：

『從前有一條千頭獨尾的蛇，牠的頭想各走各自的方向，互相牽制，被車給軋死了。還有一條千尾獨頭的蛇，牠的尾巴都跟從那唯一的頭鑽進一個洞裏，而沒有被車軋着。正像這條蛇一

〔三〇〕蒙格禿・薛禪（Menggetü Sechen）的「薛禪」一辭是尊稱，乃賢明之意。「禿」字是接尾語表示具有之意，也有時是人名的一部分。此人可能是九十五個千户中的蒙格（Mengge 或 Möngke）或蔑格禿（Megetü 或 Menggetü）均見秘史二〇二節（卷八）。二七〇節有蒙格禿，太宗遣作西征的搠兒馬罕的後援，惟不敢斷定是否此人。

般，我們來做你一千個尾巴，謹愼效力！』
之後，他又說：〔也可能是別人說的，原文不清楚。〕
『破壞宴會的是風雨；
破壞圍獵的是懸崖；
破壞網罟的是狐狸；
破壞〔好〕夢的是惡行。』

當宴會終了之後，斡惕赤斤那顏離別的時候，他很感佩的對聖成吉思可汗奏稟說：
『追隨着我的可汗哥哥，
充當你囊中的〔利〕箭，剎那之間也不落後㊂，
充爲你〔準備〕的從馬，砍殺之際從不躊躇。
向敵衝殺之前，〔我們〕共同放馬吃草；
紆廻而上之前，〔我們〕共同放馬飲水；
圍獵蒼狼的時候，〔我們〕共同圍獵；
狩獵黃狐的時候，我們一齊狩獵；
我們那般一致的行動，纔鎭撫了萬邦萬民！』

㊂　關於斡惕赤斤從不落後之事，請參照秘史一九五節（卷七），札木合讚佩他的一段話。

聖成吉思可汗，感謝上天，降聖旨說：

『你使大地之上，除了我自己的社稷，別無其他〔國家〕。在我之上，不叫再有其他權力；但是我的帽子還要〔戴〕在我的〔頭〕上。』說着就摘下帽子，放在後邊，叩頭〔祝禱〕。那天〔可汗〕很盡興的喝了〔許多〕葡萄酒㊂。

如此有洪福的成吉思可汗，把百姓〔分封〕給諸弟，諸子；把〔全〕國希望〔所繫的〕社稷的要領，提綱携領的降下聖旨教訓了〔他們〕。」

在這一段長篇的談話之中，除去一些蒙古俗諺之外，有不少地方顯示出成吉思汗和當時蒙古貴族們的政治思想和性格，以及若干維繫蒙古帝國統一的原則，這都是値得注意的。

在黃金史下册第三十頁第八行第九字 Shitü，與同頁第六行第七字 metü 相對等，證明它們都是「像」「如」或「類似」之意。Shitü 一字在元代以後很少見。柯立夫（F. W. Cleaves）教授曾在「論大元敕賜故諸色人匠府達魯花赤竹〔溫台〕神道碑」（The Sino-Mongolian Inscription of 1338）一文中論到此字（見哈佛亞洲學報卷十四，第一、二兩期合訂本第八十頁註五十四）。

㊂ 原文做 darasu，係突厥語黍米酒之意。今乃蒙語黃色酒類之總稱，當時也可能是指葡萄酒而言。秘史續卷二第五十六頁上有「孛兒——谷剌速」一詞，旁譯是葡萄酒。秘史從未提及可汗飲酒（馬湩除外）之事。元史太祖本紀也沒說過。惟卷一一八，列傳五阿剌兀思・剔吉・忽里傳說：「阿剌忽思・剔吉・忽里……（遣使），奉酒六尊…時朔方未有酒，太祖飲三爵而止。曰：『是物少則發性，多則亂性。』」可知太祖是飲酒不過量的。多桑蒙古文中也有可汗勸人少飲的嘉言。（見馮承鈞譯本上册一六二頁）

十一、豁阿・薛禪（Go'a-Sechen）向可汗末弟斡惕赤斤那顏（Odchigin Noyan）講治國的要領

這一段見黃金史下冊三十四頁第十四行至三十六頁第五行之處，與前面可汗與諸子及功臣們談話的那一段相接，該當於秘史第二四三節（續卷二）可汗分封諸弟、諸子，並派勳臣襄助管理百姓的記事之後。

黃金史說：

「斡惕赤斤那顏向成吉思可汗話別。出來之後，就問忙忽惕（Mangghutai）氏的豁阿・薛禪〔原文做唐古惕台 Tangghutai 乃 Mangghutai 之誤〕㉓說：『我如今受分〔封〕離開了可汗哥哥，〔請問〕可汗治國之道是什麼？』

豁阿・薛禪說：『你問的有理，可汗治國的道理是像太陽一般的無差別，像湖澤一般的能容物。其〔眞正〕意思三天也不容易弄明白。』

斡惕赤斤那顏說：『豁阿哥哥，你〔這〕話的意思，我不明白是什麼話？』

豁阿・薛禪說：『我說可汗要像太陽一般無差別，就是說太陽昇出來對於好的、壞的、活的、死的，都一律平等的，送出它的光和熱。可汗若是存心這樣的平等，國民怎能不滿意呢？我

㉓ 黃金史中字母訛誤之處甚多，這就是一個實例。同書在下冊第五十三頁第四行，也將忙忽惕氏的忽亦勒答兒、薛禪，誤為唐古惕氏。這是蒙文字母m與t的訛誤。

說要像湖澤一樣的能容物，就是說無論好的、壞的都進入湖水之中，好壞畜類都進去飲水，〔且把湖水〕弄髒，湖澤却毫不介意的，把它們都容納起來。做可汗的人也要那樣存心〔寬大〕，聽到好話、壞話之後，就以眞誠來察聽它的眞僞，不採納〔有意〕挑撥破壞的話。公公平平的聽取〔各種意見〕，〔這樣〕偉大的國家怎會破裂呢？』

斡惕赤斤那顏對忙忽惕氏〔原文做 Tangghutai〕的豁阿·薛禪說：

『用冰凍的枯樹枝撥火，
能把熊熊的青燄弄滅；
將〔國〕事委託給不足信靠的人，
整個國家都要吃苦。
用有水的枯樹枝撥火，
能把熾熾的火燄弄滅；
將〔國〕事託給器量狹小的人，
國家人民全遭傷害！』」

就這一段（尤其是斡惕赤斤所說的這一段韻文）的用字來說，它與秘史多半是一樣的，例如：一、「枯樹枝」作 khochighula = khochi'ula，就是秘史卷一，十七頁上的「豁只兀剌思」旁譯做「枯樹」。二、「整個」或「全體」做 gür，就是秘史卷四第三十一頁下的「古兒」，原漢譯作「普」字。三、「人」字做 aran 就是秘史卷一，第三十五頁上的「合剌泥」，原旁譯作「人行」，其音爲 kharan-i 。字首的喉頭摩擦音 kh 在元代中葉之時，似已消失。i 是役格

(accusative case）的格助詞。今之 arad（人民）就是它的複數形；但 aran 一字早已不見使用㉞。這幾個字都是除秘史以外不常見使用的字。因此可以推測這一段必是秘史時代或其略後的一個殘篇斷簡，與喇嘛教興盛後的文詞迥然不同。

斡惕赤斤以可汗末弟之身份，在可汗出征時，多任大本營留守，且與其母后共分得一萬百姓（秘史二四三），居諸弟之首。又元史卷一百七，表二，宗室世系表中，列有鐵木格・斡赤斤國王位。（見百衲本，表卷二，第四頁上。）又卷二百八，列傳九十五，高麗傳亦有稱斡惕赤斤爲皇太弟國王之處。（見百衲本，傳卷第九十五，第二頁上、下）所以他訊問治國之道，當然是有他的道理了。

又秘史第二四三節（卷十）說，可汗給斡惕赤斤所委派的輔佐是曲出，濶濶出，冢率，豁兒豁孫四個人。不見豁阿・薛禪其人。薛禪是賢明之意，可能是這人的尊稱，但不知這一位忙古惕氏的豁阿究竟是誰，頗爲遺憾。

十二、成吉思可汗封木華黎為國王丞相太師，和忽亦勒答兒之子對他的勸戒

這一段見黃金史下册五十三頁第二行至第七行之處，原文是：

㉞ 元順帝元統三年（一三三五）所立之薊國公張氏先塋碑之蒙文中有此字並其複數形，見哈佛亞洲學報十三卷一二兩期合訂本（一九五〇）之蒙文影片，及柯立夫（F.W. Cleaves）教授有關該碑文之研究第七十九頁。

「有洪福的聖成吉思可汗君臨全國，在斡難河源建立九斿白纛旗，〔賜〕給札剌亦兒氏的木華黎國王、丞相、太師的封號。忙忽惕氏忽亦勒答兒（Mangghutai Khuyildar，原文誤為Tangghuttai）㉟之子，忙哥・合勒赤兀（Möngke-Khalchi'u）說：『不要因國子而自尊，不要因王爵而驕傲，不要為丞相的名分而盈滿，不要為太師的名分而造次㊱，不要為恩賜的飲料而陶醉，不要為〔葡萄美〕酒㊲而頹廢！要更加倍的效忠！』」

木華黎封國王事，見秘史第二〇二節（卷八）。這節是黃金史所遺漏諸節之一。秘史只說可汗封給他國王的名分，千戶（二〇二節）和左翼萬戶（二〇六），沒有提到太師和丞相。元史卷一一九，列傳六，木華黎傳說：「丁丑（一二一七）八月，詔封太師，國王，都行省承制行事，賜誓券，黃金印，曰：「子孫傳國世世不絕。」（見百衲本卅七冊，傳卷六，第四頁上）可知太師的封號是有的，惟丞相（chingsang）之稱，無從查考，或即丞制（chingji）的訛轉。

忙哥・合勒赤兀見元史卷一二一，列傳八，畏答兒（即忽亦勒答兒）傳，那裏說：「太宗思其父〔畏答兒〕功，復以北方萬戶封其子忙哥為郡王。」（見百衲本，列傳卷八第十五頁上）忙哥就是這裏所說的 Möngke Khalchi'u。

這一段的文字中，如國王——Güi-ong，和造次——deleme，都是合乎秘史用字形態的。

㉟ 見本節第十一項註㉝。

㊱ 原文為 demele 乃 deleme 之訛。deleme 一字見秘史卷一第十三頁上「迭列篾」。

㊲ 原文為 darasu，見本節第十一項註⑫。

十三、可汗對子嗣或親族的教訓

見黃金史下册五十三頁第八行至五十四頁第三行。這裏說：「成吉思可汗教訓他的衆親族，降上諭說：

『滾滾江河〔中〕的魚，
在不注意中，冷不防的，會被〔魚〕網撈去；
若是聰明警醒呵，就應藏在江河的深水裏。
要了解體會智慧人的話語，做爲〔你的〕箴言；
若是愚昧人說話，就可看〔他〕一眼，趕快走開！
不涸深潭〔裡〕的魚，
在不注意中，冷不防的，會被〔魚〕叉捉去；
若是警醒聰明呵，就應藏在不涸的〔潭〕水裡。
要警惕思考正直人的話語，做爲你的箴言；
若是虛僞人說謊，就可望〔他〕一眼，急速走開！
你們要明白切記在心！』」

這一段我們還沒有見於他書，無從判斷它是否由後人所作，或眞是可汗所說的箴言（bilig）的一部份。不過在佛教普及之後，蒙古人不再捕魚，也不大注意魚，則是事實。所以至少這一篇是在佛教普及以前的記錄。

十四、札木合被俘後所說的話，與可汗處決出賣札木合的人

這一段見黃金史下册五十四頁第十行至五十五頁第八行之處，在秘史中，這一段原是記載在第二〇〇、二〇一兩節（卷八）的。秘史二〇〇、二〇一兩節爲黃金史所脫落的重要各節之一，這裡所記的，可以說是秘史二〇〇及二〇一兩節的要略。其原文如下：

「札木合心懷貳意，背離成吉思可汗而去，他的伴當把他擒住，送來了。可汗降旨說：『札木合安答說吧！』札木合說：『被賢明的安答所勝，〔倒〕沒有什麼。〔只是〕灰色的鷹出翔不利，折毀了牠的羽翼。黔首頑奴與可汗爲敵，應砍斷他的頭顱。我札木合心懷貳意，如今我的伴當們把我給捉來了。〔他們〕沒有散開的時候，已經把我〔像〕豬仔〔一般的〕捉捕了，〔他們〕若是各個自立，〔豈不〕捉捕鴻鳥仙鶴嗎？快把我斬決！我的伴當〔由你〕處置！』成吉思可汗降聖旨說：『對！以此爲衆人的法度（khauli）！我們在這裡的伴當們，今後可要以此事爲鑑！』於是把他的伴當們都處死了。」

這一段，可能是黃金史的編者，由一部散失的蒙文史書中，或從一個片段的殘簡中抄來的。

十五、成吉思可汗對他諸子志趣的批評

見黃金史下册五十五頁第九行第五十五頁第十一行，這裡說：

「成吉思可汗和他四個兒子一同飲酒，首先拙赤醉了，其次察阿歹醉了，再其次拖雷醉了，最後斡歌歹與可汗與盡而散。翌晨聚會的時候，談到昨天喝醉的原因，可汗說：『我兒！你們坐在這裡談談昨天你們所想到的，我先到前邊去和長老們商談國事。』到了前邊（可汗）就派一個掃地的人去，（對他）說：『去看看我兒子們說什麼？』

那時（皇）子們在正談論什麼是最快樂的事。拙赤說：『我想謹謹愼愼的牧養家畜，挑選最好的地方叫斡兒朶安營，大家在一起宴會享樂，就是最快樂的事。』察阿歹哥哥說：『在我想來，克服敵人，擊潰反叛，叫有駱駝羔兒的人們能給幼駝穿鼻孔。長征去把戴姑固冠的（美女）擄回來，是最快樂的事。』斡歌歹說：『我想使我們有洪福的汗父艱艱苦苦建立的大國，得到平安，叫（百姓們）手有所扶，足有所踏㉘，使國家人民長治久安。公平的執掌國政，使年老的長輩們享安樂，叫生長中的後生們得平安。這纔是最快樂的事。』拖雷說：『（騎上）調練好的良駒，駕着訓練好的猛鷹，到深澤行獵，去捉布穀鳥。（騎上）調練好的花斑馬，駕着紅色的海青鷹，到山谷行獵，去捉花斑鳥兒，是最快樂的事。』

㉘ 就是安居樂業的意思，原文爲 Köl anu köser-e gha r anu gha jar-a talbi'ulju jargha'uluya。同語見秘史第二七九節（續卷二、四十七頁上）太宗所說的一段話之內。

那個掃地的，去把這些話完全告訴了成吉思可汗，可汗說：『拙赤從小就喜愛家畜，所以他那麼說。察阿歹從小就和我一同〔從征〕建立國家，所以他那麼說。拖雷說了不成大器的話。斡歌歹的話實在好！』」

在聖成吉思可汗格言拾遺第五十頁第四行至五十一頁之處，也有相同的記載，只是文字比較簡練。可知黃金史所保留的是比較原始的材料。在這一段中，稱察阿歹為 Chaghatai akha，即察合台哥哥之意。這是斡歌歹可汗（太宗）對他的稱呼，也是太宗時代一般人對察阿歹的尊稱。秘史續卷二的二七〇，二七一，二七六，二七七等節，對察阿歹的稱呼都是如此。現在在可看到的蒙文文獻中，極少有說拖雷之缺點的。以前縱然有過，恐怕也因拖雷的系長期掌握蒙古大權而都給改竄了。這篇除記載成吉思可汗對拖雷的不滿意之外，並記述他對斡歌歹的嘉納。可能這也是可汗願意立他為皇儲的原因之一。由於稱察合台為哥哥——akha 並且這裡記成吉思可汗對拖雷之不滿和對斡歌歹的喜悅，都使我懷疑這一段原文是太宗時代所追記的史料。

十六、成吉思可汗的幾句格言

見黃金史下册五十七頁第十二行至五十八頁第十二行。其中前一段見成吉思可汗傳和聖成吉思汗格言拾遺，後三段則為黃金史所獨有，玆漢譯之如下：

「奉上天之命，生而有洪福的，聖成吉思可汗降上諭說：

『心懷貳意的男子算不得男子，可以喚做女人；

一心一德的男子不再是男子，可以稱爲寶器；
一心一德的女子，不再是女人，應當視同丈夫；
心懷貳意的女人，也不是女人，不過是一隻狗㊴，
像這樣的人怎能做爲伴當呢？』」
（這一段見成吉思汗傳七十五頁上八至十一行，文詞全部相同。聖成吉思汗格言拾遺第四十二頁第二至第五頁也有同樣意思的四句格言，但是文字略有不同。）

成吉思可汗降旨說：
『庶民若是喝了純酒（khara darasu），就認爲比什麼都强。
苛政若是臨到頭上，那將要比猛犬還壞。
老鼠若是嚐了糧渣（ghorusun, ghorsun?），就像做了可汗一般，
狐狸若是逃脫跑來，就要彼此爭奪洞口。』

成吉思可汗又降上諭教訓〔人〕說：
『在門上〔劃破〕出血，屋邊的土可以來救；（意思是用土止血）

㊴ 秘史卷七第一八八節，說王汗之子桑昆逃利曠野，他的馬夫濶濶出要棄他投奔成吉思汗，濶濶出的妻子責備他的丈夫，並且把桑昆的金碗給桑昆，好叫他在路上喝水。這時她曾說：「人家說女人有狗臉皮」，不得其解。想這一段格言必是按當時的俗語所說的，足以作那句話的解釋。

斷殺死戰〔陷於〕敵中，故舊親族前來營救。
前額上流出血來，向陽的土可以來救；
衝殺死鬪〔陷於〕敵中，年老精銳的親族前來營救。
平靜的年份，鞏固和平，儲備激變時的應用。〔你們〕要謹愼節省！』」

十七、成吉思可汗與豁阿・薛禪（Go'a Sechen）的談話

見黃金史下册五十八頁第十一行至五十九頁第八行。

「成吉思可汗叫豁阿・薛禪說話，豁阿・薛禪說：

『我的才能，上了山崗；我的聰明，進了原野，早就不在我記憶中了。
鋒利的鋼，若是鈍的，不用磨石，不能割物；
快馬良駒，若是瘦了，不生筋肉，不能奔馳；
猛獅力强，若是老了，僅能防護〔牠的〕頸項；
良駒駿馬，若是老了，惟有聽從人的指使。』

（這一段話見聖成吉思汗格言拾遺，第四十五頁五至十行，只是末一句作「豪傑老了，也要聽他兒子的話語」。）

〔可汗〕還叫他說，他就奏稟說：

『最好的衣服莫過鎧甲，但不能在宴會上穿它。
最好的字句莫過數字，但不能把它完全數盡。』
（這一段見聖成吉思汗格言拾遺第四十六頁一二兩行只是後一句的「數字」（togha=to'a）做爲「清朗」（tungghalagh）。成吉思汗傳七十七頁下第三行至七十八頁上第一行之處文字相同。）

可汗說：『把話裡邊當說的都說了，也沒有〔什麽〕再可以說的了。』」

由本節第九項，和這一段來看，我們可以推知豁阿・薛禪必是一位善於言詞的寵臣。

十八、成吉思可汗和忽亦勒答兒的一段談話

見黃金史下册五十九頁第九行至六十頁第十行，黃金史說：

「忙忽惕氏的忽亦勒答兒・薛禪對成吉思可汗稟奏說：

『與其保有〔堆積〕如山的黃金，
莫如謹守〔小〕似口腔的智慧。
身外之物不及性命重要。
說出一百句話，莫如守住一種德性，
說出一萬句話，莫如作好一件正事。

萬句話中，〔能說〕對的〔不過〕一件，
百句話裡，〔好的〕品格〔或〕有一種。』（意思是爲政不在多言。）

（成吉思汗傳第七十八頁上一行至五行的記載相同，只是末句的「品格」——jang 作 janggi 意思是「結」字。也就是說，話有百句，要旨則一。）

成吉思可汗說：
『我黃金的身軀若得安息呵，恐怕我偉大社稷就會鬆懈，
我偉大的身軀若得休息呵，恐怕我的全國就會發生憂慮。
我黃金身軀勞碌，便叫它勞碌吧，免得我偉大的社稷鬆懈。
我偉大的身軀辛苦，便叫它辛苦吧，免得我的全國〔發生〕憂慮！』

成吉思可汗問忽亦勒答兒說：
『動物之中不能追的良駒是什麼？〔人〕所不能及的智慧是什麼？』
忽亦勒答兒回答說：
『野山羊是動物之中〔不能追及〕的良駒。
省察品德，量力而行，是人所不及的智慧。』」

黃金史原文誤作 Tangghudtai Khuyilder Sechen，前此亦有相似的訛誤，斯欽已於本節第十一項註一加以說明。忽亦勒答兒在王汗衝襲帖木眞時，身先士卒，負傷而死。事在帖木眞

第二次即大汗位之前，見秘史卷六，第一七〇節及一七五節。不過這兩節都屬於黃金史的缺漏部份，這一段談話可能是對往事的追述，現在我們無從考證它是黃金史的編著者羅卜桑丹津氏從那裡抄錄來的。我們從元史一二一，列傳八，畏答兒傳來看，他所以被稱爲「薛禪」的原因，可能是因爲他聰明且善於言詞之故。元史說：「畏答兒忙兀人……與兄畏翼倶事太祖。時大疇（Tai-chi'ud）强盛，畏翼率其屬歸之。畏答兒力止之，不聽。追之，又不肯還。畏答兒乃還，事太祖。太祖曰：『汝兄既去，汝獨留此何爲？』畏答兒無以自明，取矢折而誓曰：『所不終事主者，有如此矢。』太祖察其誠，更名爲『薛禪』，約爲『按達』。薛禪者聰明之謂也。『按達』者定交不易之謂也。」（見百衲本元史一二一，傳八，第十四頁下）。

十九、成吉思可汗及察阿歹，對處分擅離宿衛「怯薛」職守的失烈門的意見

見黃金史下册六十二頁第十行至六十四頁第十行。黃金史說：

「兀忽兒台（氏）的失烈門（Ughurtai-yin Seremen, Shiremün）擅自離開了他在宿衞中應值的班。當可汗父親還沒有對那些庶民說什麼的時候，察阿歹哥哥就說：『處決失烈門，給衆人作個警惕！若是不能處決失烈門，那還怎樣治理衆百姓呢？』

兀忽兒台（氏）的失烈門說：『在還沒有生你察阿歹的時候，在還沒有收撫衆百姓的時候，我就向你汗父效力。

〔我曾〕用腿撥開〔那〕令人發顫的寒雪，
在腋下夾着滿了汗污的馬韂，
用牙縫的一點肉充飢過宿，
用嘴裡的一點唾沫來解口渴。
在你的宴會㊵，〔我〕曾竭力侍奉，
對你的人民，〔我〕曾盡力效勞，
在你血戰中，〔我〕曾立下血汗〔戰〕功。
堅韌像熟好的牛皮條，紅漲着臉，似紅的檉柳條㊶。
你的可汗父親，曾叫我的祖先，
騎上他的戰馬，
拿着他的兵器。
賞給他自己的衣服，
分給他自己的食物，
叫做他部屬的首長，
賜給優渥的恩寵。

㊵ 原文爲 dui（原黃金史下冊第六十三頁六行）旁註爲 khurim（宴會）。

㊶ 原文爲 sukhai（同第六十三頁八行）是一種檉柳或柳條子。蒙漢滿三合第七冊第七十三頁下，說：「sukhai mod 樹名，似柳而堅，色紅可做鞭桿，打有胎的馬，馬脫胎。」

當我還小的時候，
叫我睡在他的腿旁，
叫我騎在他的馬上，
用手摩撫我的頭，
視我如同他親子。

你的汗父雖然生而愚憨，〔可是〕把所收撫的少數百姓漸漸變成了海洋㊃。你生來比你父親明敏，但願你能長久掌握所收撫的百姓！快把我處決吧！』

成吉思可汗降聖旨說：『把誰建立的誰來拆散呢？把誰收撫的誰來折磨呢？等我離開之後，再折磨〔他們〕，在我還活着的時候，不要叫他們受折磨了！』

等察阿歹哥哥出去之後，成吉思可汗降聖旨說：『察阿歹對！失烈門，你錯了！因曾多次出力，〔這〕一次饒恕了你，可是要小心別人效尤！』」

關於「怯薛」無故不值班的處分，秘史二二七，二七八兩節言之詳盡，並無擅離職守立卽予以處決的規定。可能失烈門所犯的過失較爲重大。據這一段的紀載，失烈門本身似爲勳臣之子，且爲可汗特別恩寵。可惜在其他史料中，一時查不出他的經歷。多桑蒙古史有三處記載察阿歹執法甚嚴（馮承鈞譯本，上册二一五頁，二一七頁，二一八頁），頗合此處所描寫的性格。這一段寫察阿歹的執法嚴正，正好托襯出其父成吉思可汗却是一位極富人情味的君長。他曾赦免失烈門，但仍在察阿歹的背後，稱贊他的嚴正。這種描寫，可以增加我們對於成吉思可汗的認識。

㊃ 原文爲 na'ur（同第六十四頁第一行）乃湖澤之意。茲暫譯爲海洋。

二十、成吉思可汗對斷事官們的訓示

這一段記事見黃金史下册六十四頁第十行至六十五頁第二行。這裡說：「成吉思可汗關於詞訟之事〔任命了〕斷事官員，降旨教訓他們說：『可汗的社稷，不能在黑暗中得圓滿，不能被友伴們所侵蝕[四三]。要一心一德的去作事。小心不要偏袒了任何一方，所說的不得有差別。未犯重〔罪〕的，不得從重〔刑罰〕。不要讓有所聲辯的人哀號。不要讓善於言詞的人閃爍詭辯。你們不要在底襟上繫了鈴鐺，不要在〔褲〕襠裡帶上雪撬！』」[四四]

秘史第二〇三節（卷八）記述可汗任命失吉・忽禿忽爲全國大斷事官之事，第二三四節（卷十）記述可汗命宿衞在失吉・忽禿忽審案時聽詞訟之事。這一段訓示足補上述兩節的不足。元史卷八十五，百官志一稱：「太祖起自朔土，統有其衆，部落野處；非有城郭之制，國俗淳厚，非有庶事之繁；惟以萬戶統軍旅，以斷事官治政刑。任用者不過一二親貴重臣耳。」（見百衲本卷八十五，志三十五，百官一，第一頁上）這一段可能不是對失吉・忽禿忽，而是對宿衞中一般聽詞訟者的訓示。

[四三] 意思是要光明正大不得徇私。

[四四] 意思是不要掩耳盜鈴絆着自己的腿脚。

二十一、老婦人乃馬勒真（Naimaljin）論王汗[45]

見黃金史下册六十六頁第八行至第十行末字，這裡說：

「成吉思可汗〔與〕王汗兩人稱爲父子，互相親睦的時候，老婦人乃馬勒眞曾論客列亦惕的王汗說：

『若有兩個太陽昇上〔天空〕，
所有井水都要乾涸；
若有兩個可汗卽了〔大〕位，
整個國家就要遭殃！』」

這一段可以與秘史第一八九節（卷七）對照。秘史一八九節稱塔陽汗說：「如今他們也存心要做可汗嗎？在天上有日月兩個有光的。這是爲了要照亮〔人間〕有的日月。〔可是〕在地上怎能有兩個可汗呢？」（以上是斯欽新譯。）原譯是「天上只有一箇日月，地上如何有兩箇主人？」（見秘史卷七第十三頁上。這是意譯與原文略有出入。）可知十二世紀末葉，在蒙古所謂天無二日，民無二君的說法，已是極普通的思想。這種思想對成吉思可汗統一蒙古的運動，必有相當的影響和幫助。

---

[45] 田清波再在他寫的黃金史序文中，按札木薩喇諾氏的看法，認爲這位老婦人是克烈亦惕族人，並且這一段話是給王汗說的。似乎是疏忽之處。見札氏書英譯本第七十六頁及哈佛版黃金史第十七（XVII）頁。

乃馬眞原文 Naimaljin，看來很像 Aimaljin，但是黃金史若干部份是用古體字的寫法，a和na，j和y，都不加分別。今日寫在「那」-na字之前加一標點，以示與「阿」-a字的區別，古寫則無此一標點。kh與gha的標點也正相反。所以容易誤認。札木薩喇諾氏就把它就讀作了 Ayimaljin。（見田清波氏序文〜哈佛版黃金史第十七（XVII），及札氏書英譯本第七十六頁末尾。）按元史后妃傳稱：「太宗昭慈皇后脫列哥那，乃馬眞氏。」（百衲本列傳一，第一頁下）乃馬眞氏就是這裡所說的 Naimaljin。

二十二、幾句諺語

見黃金史下册六十六頁第十一行首字至十四行第二字。這幾句話，和它後邊一大段，在排印上看起來，好像都是老婦人乃馬眞所說的；可是文意不相連貫。頭一段是說兩個可汗不能並存。這一段是叫爲政者警惕的幾句話，似乎是當時的諺語。再下面的一大段，應當是可汗對萬戶、千戶、百戶們的訓詞。所以我分它爲三個不同的段落㊻。這幾句話雖沒有什麼重要性，但爲連貫起見，也把它譯出於下：

「拿雄駝來當駱駝用，就會掙斷了穿〔牠〕鼻孔的韁繩㊼。

㊻ 田清波氏就把它們都列在一起，看來好像都是老婦人乃馬真所說的，似與原來的文意語氣不合。（見哈佛版序文第十七頁）。

㊼ 通常所用的駱駝都是去勢的，不去勢的雄駝，只留做種駝用，凶猛力大，不能使用。

奴隸若是當了「那顏」（長官），就會不顧他的今後。」
「濕的被子可以滅火，用無知惡漢當使臣，就要使全國遭受損害。
山羊、綿羊的羔兒雖小，可以吃光河灣窪地的茂草。」

二十三、可汗對萬戶、千戶、百戶「那顏」（長官）們的訓示

見黃金史下册六十六頁末行至六十八頁第二行。黃金史在這裡雖然沒有說明這是成吉思可汗的訓示，但從文字上我們可以斷定它是一篇上諭原文說：

「〔出征時〕連〔老〕父都不掛念，一齊〔殺〕到〔敵前〕的千戶「那顏」們聽者！血腥的敵人進犯，像岩石一般的堅定不移，迫退〔强敵〕的百戶那顏們聽者！〔想〕從太陽的後邊抓住雲彩，一出生就想得到權柄的人們，〔要知道〕那吃掉山羊羔的原是在牠自己身上的蠅虻。每一單位（khari）想比其他單位還驕傲，那就要毁滅他的自身了！

不要爲了被公黃羊的角頂了一個洞，就破壞國家！
不要爲了被公羊的角頂了一個洞，就離棄故舊！
不要爲了被牡牛的角頂了一個洞，就與惡人攙雜！
不要揪坐着的鬍子，
不要動躺着的大腿。

居家之時要比花牛犢還溫順，到了戰場要比青鷹還要敏捷。

對待人民要比□牛犢還溫順，到了陣地要比猛鷹還兇猛。

在熱情中要比黑牛犢還要溫順，遇到厮殺要比黑海青還强硬。

居朝謹愼雖覺卑微，若能努力效勞，〔我〕就叫〔他〕做萬戶的那顏。

身穿難看的白茬皮襖㊽，若能好好的盡力，我就叫〔他〕做有席位的那顏！」㊾

這一段文字非常古老，卽使不是秘史時代的記錄，恐怕也不會是太晚的作品。在黃金史下册三十八、三十九兩頁，和成吉思汗傳第十一頁，都有可汗指示速別額台的一段話。告訴他平時應當如何，戰時應當怎樣。文詞與這裡所說的三句話大致相做，不過那是插入在一段不大可靠的記事之中（見本文第三節第九項），可能是這一段話的轉錄。在這本黃金史上册第一〇四頁，有可汗嘉獎孛斡兒出的一段話，大致也與這段話相做（見本文第三節第六項）。斯欽懷疑那是黃金史編著者把較晚的一篇詩歌加雜進來的，也可能是這一段的轉錄。按多桑書稱，成吉思汗曾云：「在和平時士卒處人民中，必須溫靜如犢；然在戰時擊敵，應如餓鶻之搏獵物。」（見馮承鈞漢譯本上册一六〇頁）可證這一段話確實是有它的來歷。

㊽ 蒙古一般百姓，冬季的皮襖，都不調紬緞或布的面子，華北稱爲「白茬皮襖。」蒙地有時用煙或染料把皮板染成淡黃色，就是這裡所說的 sarisun。

㊾ 在可汗面前能有席位，當然是勳臣的殊榮。關於席位，請參照秘史二〇四及二一六兩節。

二十四、有關成吉思可汗時代重要言行的紀錄

見黃金史下册六十八頁第二行末字至第四行末尾，這裡說：

「如今爲留給後世作爲規範（khauli 也可譯作法律），把有洪福的成吉思可汗時代賢能們壓着韻所說的話，都寫在册上。」

以上寥寥的這幾個字，顯然是說明在可汗崩御之後所作的紀錄。這似乎是應當屬於箴言（Bilig）的範疇之內的。關於「册」—debter，秘史第二〇三節（卷八三十一頁上）作「迭卜帖兒」，「青册」作「闊闊——迭卜帖兒」（Kökö debter）。在秘史二〇三節中，成吉思可汗任命失吉，忽禿忽爲大斷事官之後，降旨說：「把全國百姓分成份子的事，和審斷訴訟的事，都寫在青册上，造成册子，一直到子子孫孫，凡失吉．忽禿忽和我商議制定，在白紙上寫成青字，而造成册子的規範，永不得更改！凡更改的人，必予處罰！」可見黃金史上的這幾個字，足證在蒙古確曾有不少類似的殘篇斷簡。也足以證明黃金史中所轉錄的若干格言，確有它的來歷。同時也使我們因此而提高對黃金史的評價。成吉思汗傳約有三分之一（後部）的篇幅，也多類此的紀錄。可能也是來自同樣的原始史料，只是當時的著者並未說明它們的出處，實在可惜！

黃金史在記錄這一段重要文字之後，就寫羊兒年（一二一一）成吉思可汗征金的故事，也就是轉入秘史續卷一的首節，即二四七節。直至二五三節之尾，文句上大致上沒有什麼出入。（黃金史下册六十八頁第四行末字至七十六頁第五行之末。）

二十五、成吉思可汗自撒兒塔兀勒（Sarta'ul 即花剌子模）凱旋，以戰利品賞賜諸子及孫兒忽必烈

這段見黃金史下册第八十六頁首行至同頁第九行，正是加在秘史第二六四節（續卷一），末尾一句之前的。黃金史在述說巴剌（Bala）那顏自印度凱旋，並成吉思汗在額兒的失河過夏之後，就說：

「已經七年了，〔可汗〕帶着撒兒塔兀勒人衆凱旋的時候，派使者到各斡兒朶去，叫把王子㉚們帶來〔謁見〕。經過兀塔兒（Otar）嶺的時候，又派使臣去叫右翼諸王急速來〔會。他們〕聽到就趕快動身。當成吉思汗在合剌——札亦兒（Khara Jayir）地方的時候，就〔都〕來了。在那裡成吉思可汗按顏色分類，把海青鷹、戰馬、並撒兒塔兀勒的兒童，賜給王子們。〔右翼〕諸王尚未走完，親王忽必烈㉛等〔也〕全都來到。〔可汗〕就從撒兒塔兀勒的戰利品中，把大部分賜給親王忽必烈。雞兒年（一二二五）秋天，〔可汗回〕到土兀剌（河）黑林的斡兒朶住下。」

這一段記事中只稱太祖為成吉思可汗，未用「有洪福的（Sutu）」和「聖賢的（Boghda）」等尊稱，筆法一如秘史。不知這一段是否為當時的記載，而為秘史所脫落者。關於可汗到達土兀剌河黑林大本營的時間，秘史說是雞兒年的冬天。黃金史說是在秋天。這一點是有出入的。但多

㉚ 原文在「王子」（Kübegün）之上有 khorghughtai 一字，字義不詳。（下册八十六頁第二行）

㉛ 原文作：「忽必烈可温」（Khubilai Kübegün），「可温」（Kübegün），秘史譯為「大王」，即親王或宗王之意。

桑根據拉施特書（史集），說是一二二五年的春天（二月）。時間則又更提早了一些。

按多桑蒙古史稱：「一二二四年夏冬二季，成吉思汗全在道中，其二孫兒忽必烈，旭烈兀即後來君臨東西兩國之名主也。自葉密立河附近，及乃蠻、畏吾兒舊日分界之地來見。忽必烈時年十一，射獲一兎，旭烈兀九歲，獲一鹿，蒙古俗，兒童初獵者，應以肉與脂拭中指，茲成吉思汗親爲二孫拭之。復行至不哈速赤忽（Bouca Soutchicou）之地，設宴犒賞其軍。一二二五年二月還其斡耳朶。（見世界侵略者傳第一册—史集。）」（見馮承鈞漢譯本上册一三三至一三四頁）足證這一段記事，與史集相同，或爲秘史所遺漏。

二十六、成吉思可汗對拙赤及察阿歹的分封，以及可汗與孛斡兒出對拙赤的教訓

見黃金史下册八十六頁第十行至八十九頁第八行，這裡說：

「有洪福的聖成吉思可汗遣其子拙赤出鎭乞卜察兀惕〔即欽察〕，察阿歹駐撒兒塔兀勒人〔即回回〕之地。〔可汗〕叫他的兩個兒子拙赤、察阿歹前去駐〔守〕的時候，降上諭教訓他們說：

『我不是要把你們分出去，派到自己以外的國裡，乃是好意分〔封你們〕，

去管理我所佔領的，

鎭撫我所得來的。

開疆拓土，

輔佐社稷，
成爲我連棟的房舍，
連肢的身體。

怎能說已由家裡分出，就生離怨的心呵；
〔其實〕仍是住在〔老〕家的右舍，互通音問。
怎能說已從老輩分出，就要各行其是呵；
〔其實〕更須團結一致，纔合馬羣的性格。

我的(33)子子孫孫們啊！
兄弟之間，務要〔和諧〕，
爲我前驅衝破〔敵陣〕！
吶喊呼喚，務必謹愼，
前驅衝過幾重海洋！

彼此邀請，你們如何互相援助！

---

(33) 原文作 ada 即 nada。nada 是第一身代名詞單數與格。參照本篇第二十一項所論史體文中 na 與 a 的關係。

高聲呼喚，你們豈能不相團結！
舉帽相招，你們怎能望而不救！

彼此住在遙遠的地方，
你們還爭誰是誰非〔嗎〕？
爭論的時候要多多思慮！
彼此住在遠隔高山的地方，
你們還說誰是誰非〔嗎〕？
各要互相支援，團結，和睦！
叫偉大的國家人民，都按着智慧，和社稷的道理去做！
立下好名譽，正是〔你們〕首務之急！』
如此降下了聖諭。」

「成吉思可汗叫拙赤哥哥出鎮乞卜察兀惕人的時候，叫孛斡兒出「那顏」教訓〔他〕。孛斡兒出就說：

『拙赤親王㉝聽著！你的可汗父親叫你出鎮土地廣濶的外邦百姓，你要謹愼！

㉝ 「可温」kö'ün, ke'ün 原文做 kübegün，卽 kö'ün 之文言形，原意是兒子，但在元代則爲親王或宗王之意。秘史及元史多作「大王」解。元史見卷一〇七，表卷第二，宗室世糸表。秘史則見二六九節（續卷二第十三頁下）及二七二節（續卷二第二十二頁下）。其複數形爲「可兀惕」（Ke'üd），漢譯均作「大王」。

覺得有不能越過的山嶺，
不要想我怎能過得去呢？
若想〔沒〕有什麼不能越過的，
那就定能越過〔它〕去。
若能毫不畏縮的〔去〕攀登，
那麼山前的聲色㉞，豈不都現成的擺在你面前〔麼〕？

〔覺得〕有不能橫渡的江河，
不要想我怎能過得去呢？
若想〔沒〕有不能橫渡的，
那就必定能渡過〔它〕去。
若能絲毫不紊的〔去〕橫渡，
彼岸的車馬，豈不都現成的擺在你面前〔麼〕！」㉟
（與下文似不啣接，原文恐有脫落之處）
經這樣教訓之後，拙赤哥哥說：

㉞ 原文作 daghun khughur，字義是聲音和胡琴，暫譯爲「聲色」。

㉟ 聖成吉思汗格言拾遺中，載有成吉思可汗說：「越不可越之山，則達其巔；渡不可渡之河，則達彼岸。」一句話（見該書第四一、四二頁）可能是把孛斡兒出的話記在可汗的名下。也可能這是當時流行的一個諺語。

『有洪福的汗父(七六)請〔你〕教訓〔我〕，我以爲你必是要叫我去到未曾到過的百姓，征伐未曾征服的人民，去開拓疆土呢，可是你說管理現成的百姓，料理作好的飲食，〔這〕是什麼意思？』

成吉思可汗說：

『如不能治理部分的百姓，焉能建立〔邦〕家(七七)？善於分配食物的司厨(七八)，不使〔前來〕聚會的百姓落後，不叫在宴會中的〔人們〕感覺缺乏，〔回〕去吃自己所預備的食物。治理〔一個〕大國，正像〔這樣〕料理作好的現成食物(七九)。孛斡兒出的話〔很〕對！』

成吉思可汗又降上諭說：『父子的情義(八〇)是什麼？〔我〕似乎不應當〔把你〕派到這麼遠去。〔這〕是叫〔你〕去住在〔那裡〕，佔領〔我〕所佔領的，保守〔我〕所保守的！成爲我相連的房舍，連體的身軀！注意維護正義(八一)！切勿破壞和平(八二)！切莫割裂統一(八三)！小心謹慎，做我觀看

(七六) 原文作 khaghan ejen 即「可汗主公」之義。

(七七) 原文作 bülügen-bölü。bülügen 或即 bülüg（部份）之訛傳。bölü 是家並壯丁之謂。今稱抽壯丁爲 bölü tatakhu。

(七八) 原文 ba'urchi 即秘史之「保兀兒赤」，原譯做厨子者。秘史二一三節（卷九）記可汗特別命汪古兒，孛羅忽勒，脫侖等三位勳臣做司厨，專事管理聚會及大宴會時分發食物之事，同時也提到惟有他們來做這事，可汗才可以安心，足證司厨和在會中分發食物是如何重要了。

(七九) 言其均分不得有所偏差之意也。

(八〇) 原文爲 eye 乃情分及和睦之處。

(八一) 原文有 saran 一語乃「月亮」之謂，當爲 sayin「好」字之訛，故譯爲注意。

(八二) 原文爲 engke 乃平安之意。

(八三) 原文爲 büküi gi borchin 乃把現有的切成碎片之意。

的眼目，察聽的耳朵！〔你〕如能這樣去做，纔是〔我〕生兒子的益處！』

秘史在記述斡歌歹（太宗）踐位後之歷史時，多半稱察阿歹爲哥哥，這當然是由斡歌歹對他兄長的稱呼，而轉成的尊稱[六四]，但秘史並無在斡歌歹汗時代追記拙赤而稱之爲「哥哥」的地方。這一段用「哥哥」來稱呼拙赤，顯然是一篇斡歌歹可汗時代所追記的故事。縱然不是原文，至少也是根據當時的記錄所寫的，似應無任何疑問。

按秘史二五五節（續卷一），曾述拙赤、察阿歹二人各受封疆，並可汗對他們的教訓。但這一節不見黃金史內。所幸它的編著者羅卜桑丹津把這一段收進來，使我們不僅看到可汗對他長子的訓示，也可看到汗子封疆，汗女下嫁（見本文本節第八回）都要請孛斡兒出教訓他們的故事。可見可汗對於他一個少年時代的戰友，是怎樣信賴敬重。同時也可看出孛斡兒出的地位，確實是遠在羣僚之上。

二十七、成吉思可汗派遣忽難那顏駐紮斡兒速惕（卽俄羅斯）並薛兒客速惕（卽北高加索）時，君臣間的對話

這一段見黃金史下册八十九頁第九行至九十頁第九行。黃金史說：

「成吉思可汗又在〔遣〕忽難（Ghunan）「那顏」〔原文作 Khugin 或 Khukin Noyan〕

[六四] 現代蒙古仍有以其幼子（女）或幼弟兒時對其父兄之稱謂，爲其綽號或尊稱之習慣。

前往斡兒速惕（Orsud）〔和〕薛兒客速惕〔Serkesüd 原文作 Cherkisüd〕人之地時，降上諭
恩賜（他）說：

『忽難，當我在濃霧之中，你從不使我迷途；
爲我出力直到了你鬚髮蒼白。
當我無水可飲，你從不叫我口渴；
爲出我力直到了你鬢髮蒼白。
〔按〕命運你是主格闌（Jügelen）哥哥的子嗣，
〔按〕行列(85)你是拙赤右邊的木筏。
不要想曾把鱣魚射穿而自大；
不要因他人不肯聽從而自卑！
在立起帳棚的時候，你要當它主要的墻壁(86)。
在〔迎殺〕羣敵的時候，你要當那主要的將領。』」

「在忽難那顏向成吉思可汗辭別的時候，〔他很〕感激的說：
『因爲追隨可汗哥哥所指示的方向，所以在濃霧中不致迷途，無水時〔纔〕不致口渴。如今

(85) 原文作 mör，即秘史二一六節的「抹兒」。原旁譯爲「道子」。實即踪跡，行列或途徑之意；但另外有指爲吉祥或徵兆之意。見輟耕錄卷一之「白道子」條。

(86) 是指支搭穹廬時所用之木製活動墻壁而言。

百姓有吃的，國民有喝的，〔又〕給我八千百姓，叫我鎮撫廣袤。我〔必〕不使國人的食物匱乏，不爲百姓的酒類所沉醉。願〔您〕金心得安。〔一切〕但憑我可汗哥哥的聖聰引導！小心謹愼，爲〔您〕效勞！』如此回答了。」

黃金史原文作 Khukin 或 Khugin，字首的 kh 也可能是 gh，但從秘史中，我們找不到這樣的一個人名。在古文獻中，表示n音的「、」，通常是不寫的，因此這兩個字在形態上相差無幾。Ghunan 的字義是三歲虎或三歲牡牛之義。他屬於格你格思（Geniges）氏，是可汗與札木合分道揚鑣時就來追隨的功臣。在秘史一二二、二〇二、二一〇、二一六、二四三等節都有他的事蹟。他是九十五千戶之一，也是被可汗特別讚譽的一位。事見二一〇節。且在同節中，可汗降旨說：「拙赤是我諸子之長。忽難領着你格你格思〔族〕在拙赤之下，做萬戶的『那顏』！」（用斯欽新譯）又秘史二四三節也說可汗派忽難，蒙客兀兒，客帖三人爲拙赤之傅。正合此處所說的「〔按〕行列你是拙赤右邊的木筏。」這一句話。且黃金史把這一段插在兩段記述可汗教訓拙赤的記錄之間，（其一已見前第二十七項），也合乎忽難的身份，因此斯欽大膽的斷定 Ghukin 是 Khunan——忽難的誤植。

在這一段中可汗稱他爲主格闌・阿合的子嗣。「阿合」是哥哥。「主格蘭」字義爲「柔軟」。因其與下一句的拙赤對稱，當爲人名無訛；惟不知所指究竟是誰。在忽難的答詞中，稱可汗爲「可汗哥哥」。這一點亦難找出其他旁證。不過可汗既可與忽亦勒答兒結爲「安荅」（結義弟兄）（見秘史二一七節（卷九），及元史一二一列傳第八畏荅兒傳，百衲本傳卷八第十四頁下），那麼與忽難結爲「安荅」之事，亦非絕不可能。或者這就是他稱可汗爲哥哥的原因。在這一點上，我們可以看出可汗和他部屬之間，頗有類似父子兵，或兄弟兵的味道。

可汗既分封拙赤以欽察之地，則斡魯速惕及薛兒客速惕（北高加索）當然是拙赤的右翼了。但此處所指的斡兒速惕，可能是指可汗在西征時，派速別額台（Sübe'etei 卽元史之速不台）與者別（Jebe）環繞裏海遠征，所征服的，一部份接近南俄的俄羅斯人（見多桑蒙古史漢譯本上册一三五至一四四頁）。薛兒客速惕（Serkesüt）原文作 Cherkisüd。按 Se 在讀音上常轉爲 Che，「薛禪」——Sechen，多有讀爲車臣（像外蒙的車臣汗 Chechen Khan）。故知其爲 Serkesüt 之訛。Serkesüt 卽 Cireassian 之轉[67]。秘史二六二節亦記可汗在西征時遣速別額台征康鄰、乞卜察兀惕、斡魯速特、薛兒客速惕之事。因此這一段的紀事，其年代自然當在這一戰役之後。這使我們連想前第二十七節所說，分封拙赤於欽察的年代，自然也得後退到這一個時期。但這年代問題，不是在這裡可能解決的，容再作詳細的考證。

二十八、成吉思汗派遣蒙格禿勇士（Möngketü Ba'atur）出發的時的勅語

見黃金史下册九十頁第十行至九十一頁第六行。黃金史說：

---

[67] 元史地理志，西北地附錄，月祖伯（封地）條，稱爲撒耳柯思。（百衲本卷六十三，志十五，地理六，二十三頁上。）

「成吉思汗又在派遣蒙格禿勇士(六八)出發的時候，降上諭恩賜他說：

『我□□□□的弟弟忽難（原文作 Khukin）離開我們，到達〔戍所〕之後，派〔人〕來上奏，〔說〕：「我想起哥哥(六九)就覺得頭發冷，肝發熱，胯骨發沉重一般(七〇)！」』

『蒙格禿，我捉捕駿馬的套馬竿(七一)，我要用你了。好好的出力吧！

戴破你染泥的帽子，
伸出你鐵〔打〕的馬鐙，
你去走遍天下，
蒼天指示途徑。
橫斷洋海，你要聲息相通；
衝碎岩石，你要吶喊持重！

(六八) 蒙格禿曾見本節第十項註九。但一時不敢斷定他究竟是誰。秘史第二七〇節（續卷二）有蒙格禿其人。他是斡歌歹汗派遣去做遠征西亞的搠兒馬罕（Chormakhan）將軍的後援。但秘史所記成吉思可汗的時代，不見其名。可能不是此人。又秘史二〇二節（卷八）所記九十五個千户中有蒙可（Möngke）之名。二四三節（卷十）說成吉思可汗命蒙可爲察阿歹之輔佐，正合黃金史這一段的記事。按此段黃金史與前第二十七項所論可汗分封拙赤，察阿歹二子是一個連貫的部份。可能黃金史所說的 Möngketü Ba'atur，就是秘史二〇二節及二四三節所說的蒙可千户。

(六九) 是指成吉思可汗而言。關於這一節的稱謂，請參照本節第二十八項。

(七〇) 意思是：心裂難過，坐臥不安。

(七一) 套馬竿是用一丈多長細樺木竿做成的。頂端用牛皮繩一條，做成一個套子，專爲補馬之用。蒙古牧業區的習慣，馬匹都是散放在馬羣裡。用馬時，一人乘馬持套馬竿去捉來，然後纔騎用。所以這句話的意思，是比喻擒獲敵人的良將而言。

袖子斷了，衣襟破了，你也照樣前進！把「怯憐口」的一部分〔原文作 kilinchayin jigür〕(七二)，送回後方來！』」

二十九、成吉思可汗對長子拙赤的另一段訓示

見黃金史下册九十一頁第六行至第十一行，這裡的記載是：

「成吉思可汗又訓示我的哥哥拙赤(七三)說：

『不可罔自尊大！受到言語的磨練，〔自然〕成爲賢者。經過刀槍的磨練，就能成爲勇士。那〔纔〕稱得起聰明。心志要專一！不要喝葡萄酒(七四)！東與西相距〔遙〕遠！如果認〔對方〕是

(七二) kilincha-yin jigür。kilincha 是囚犯、罪人之意。yin 是所有格助詞。jigür 是「羽翼」，暫譯爲一「部分」。這句話的意思就是「囚犯或戰俘的一部分。」斯欽以爲 kilincha 就是元史中所說的「怯憐口」。「口」字可能是漢語人口之「口」。怯憐兩字是語根 kilin 的對音。按元史中的「怯憐口」，多屬於工匠的範圍，正合對戰俘的使用。蒙古兵攻陷一城，首先分取工匠的原因，也是爲了使用他們的技能。因此大膽的把它譯爲「怯憐口」。惟元朝元統三年（一三三五）所立之張（應瑞）氏先塋碑，蒙文第三十五行首有 ger-un köbegüd（家中使用的後生們）一語，相當於漢字碑文中的「怯憐口」（見柯立夫 F.W. Cleaves 教授論文，哈佛亞洲學報十三卷一二期合訂本（一九五〇）廿六頁及七十五頁）那麼此一問題又當別論了。

(七三) 在本節第廿七項，曾提到稱拙赤爲哥哥——aga 的原因。這裡（黃金史九十一頁第七行）又稱拙赤爲我的哥哥，足證這一段是紀錄斡歌歹可汗自己的言語，值得寶貴。

(七四) **葡萄酒原文作 boro darasun，正與秘史二八一節，（續卷二）斡歌歹可汗所說的葡萄酒相同。**

敵人，那〔距離〕便〔永遠〕如此了。倘或意見不一，就應當大家聚到一起，〔誠〕心〔誠〕意的，在那裡商量商量！』㉕。

派人去如此〔把拙赤〕教訓了一番。」㉖

三十、關於成吉思可汗崩殂的地點和時間

黃金史在它的下冊九十九頁第十一行說：「在朶兒蔑該〔靈州〕城，聖主病重。」（以下是所說的遺囑，見本文第四節第十九項）又在一〇二頁五、六兩行說：「第二十二年，丁亥〔一二二七〕年，在他六十六歲的七月十二日昇天了。」

蒙古源流說：「……殁於圖爾默格依城，時歲丁亥七月十二日，享年六十六歲。」（見箋證卷四第六頁上下）成吉思汗傳二十三頁上第四、五兩行說：「丙亥年六十七歲七月十二日昇天」元史太祖本紀說：「二十二年……秋七月壬午不豫，已丑崩于薩里川之行宮。……壽六十六。」（見百衲本第一册，卷一，第二十三頁）這些都是秘史所未載的㉗。

㉕ 末尾的這句話，與可汗致王汗書（見秘史第一七七節卷文）的詞意相做。

㉖ 看可汗如此派人去教訓拙赤的這一段話，使人連想到他與察阿歹的不和。可能這是秘史所脫落的一段重要故事。

㉗ 多桑蒙古史稱可汗崩於一二二七年（太陽曆）八月十八日（見馮氏漢譯本上册一五三頁）。關於可汗年齡問題，有同意六十六歲之說，有主張七十二歲之說的。這不是對逝去的時間有疑問，而是對出生的時間主張不一。前者贊同一一六二（壬午）年之說，後者則主張當在一一五五年（見多桑蒙古史漢譯本四〇頁）。

三十一、關於成吉思可汗的埋葬地

黃金史下册一〇四頁第十行至第一〇五頁第三行說：

「〔我〕主由這裡去的時候，曾說過喜愛〔這地方〕的話，因此現在車輪陷在地中〔不動〕就對全國發出假通告，把所穿的長衫，一頂營帳，一隻襪子埋在那裡。至於他眞正的遺體，有人說是安葬在不兒罕山（Burkhan Ghaldan）；有人說是安葬在阿勒台—可汗（Altai Khaghan）山的背後；在肯特依—汗（Kentei Khan）山的山前，名叫也客—斡帖格（Yeke Öteg）的地方。」

成吉思汗傳第二十四頁上末行至同頁下四行，也有同樣的記載。只是稱Yeke Öteg爲Yeke Ötüg。蒙古源流稱：「在阿勒台（Altai）山陰，哈岱（Khadai）山陽之大謬特克（Yeke Öteg）地方，建立陵寢。」（見箋證卷四第八頁下）。

多桑據拉施特之史集稱：「諸將奉柩歸蒙古，不欲汗之死訊爲人所知。……至怯綠連河源成吉思汗之大斡耳朶，始發喪。……舉行喪禮後，葬之於斡難、怯綠連、禿剌三水發源之不兒罕—合勒敦諸山之一山中，先時成吉思汗至此處，息一孤樹下，默思移時，起而言曰：『將來欲葬於此。』故其諸子遵遺命葬於此地。」（見多桑蒙古史馮承鈞漢譯本上册一五三頁。）

又同書同處之小註稱：「馬可波羅云（Bergeron 本第一卷第五三及五四章）云：成吉思汗葬一山中，山名阿勒筛（Alchai）。馬可波羅又云：（第六十一章），自哈剌和林向北行，踰阿勒旂山，至巴兒忽惕之地，其地廣四十日程。桑巴兒忽惕之地名巴兒忽眞者，在拜哈勒湖之東，則阿勒旂山在斡兒寒（Orkhon）河附近之哈剌和林城之東北矣。」宋君榮書（Gaubil 撰成吉思汗與蒙古諸帝史）（五四頁）謂當時成吉思汗族之蒙古貴人云：「成吉思汗所葬之山名曰汗山。處北京子午線西，北緯四十七度五十四分東經九度三分之間，根據此說以檢 D'Anville 之地圖，則斡難河源有肯特汗山（Kentey-han）。由是觀之，根據剌失德、馬可波羅、宋君榮諸氏之說，可以確定成吉思汗及其朝數汗之葬地，應在斡難、怯綠連兩水發源地之附近矣。」（見同書一五三——四頁）。

由多桑書的記述，證實黃金史的說法是有歷史價值㊅的。

三十二、成吉思可汗的諸弟、后妃、子嗣並其封地及九將軍

黃金史下冊一〇五頁第三行至一〇七頁第一行說：

㊅ 可汗陵寢所在地問題，自民國四年起至民國六年之間，屠寄（敬山）、張相文（蔚西）兩先生曾數度爭辯。張氏認爲在今鄂爾多斯之埃金赫洛（卽伊金霍洛 Ejen khoroo）之地；屠氏則主張葬於漢北。茲將其主要論文名稱列後，以供參考：

一、張蔚西　成吉思汗陵寢之發現　地學雜誌（卷號不詳）民國四年。

二、屠　寄　答張蔚西成吉思汗陵寢辯證書　東方雜誌第十四卷一號二號　民國六年。

三、張相文　再答屠敬山成吉思汗陵寢辯證書　東方雜誌十四卷九號十號十一號　民國六年。

「有洪福的聖成吉思可汗的，不動搖而且俊傑的四個弟弟，是：合撒兒，別勒格台〔Belgetei 秘史作別勒古台 Belgütei〕，斡赤斤（Ochigin），〔及〕合赤兀〔Khachi'u 秘史作合赤溫 Khachi'un〕。」

「由居首位的大皇后，孛兒帖・兀眞（Börte Üjin）所生的是拙赤，察阿歹，斡歌歹，拖雷四個人，〔和〕阿勒合・別乞（Alkha Begi），亦勒哈勒屯・別乞〔Il khaltun Begi，秘史作阿勒・阿勒屯・別乞 Al-Altun Begi，薛扯亦堅 Secheyigen 秘史作扯扯亦根 Chech-eyigen〕三位公主。」

「由忽蘭皇后所生的是忽魯格（Külüge）。由也遂可敦生的拙赤白（Jüchibei）。也速干可敦所生的有合兒赤兒（Kharchir），合兒合禿（Kharkhatu）察兀兒（Cha'ur）這三個人。」

「主公拙赤（Jochi ejen）的兒子，是：兀兒塔那（Urtana），巴禿（Batu），別兒哥（Berke），唐兀惕（Tangghud），綽白（Chobai），幌豁察兒（Khongkhochar），別兒哥扯兒（Berkecher）。」

「成爲〔我〕聖主社稷的輔佐，俊傑〔的〕九位將軍，是以札剌亦兒氏的豁阿・木華黎（Jalayirtai Gho'a Mukhali）爲長。他們是：主兒赤惕的搠・蔑兒堅（Jürche-dün Cho-Mergen）。阿兒剌惕氏的俊傑孛斡兒出（Arlad-un Bo'urchi）。速勒迭思〔氏〕的多兒罕・失剌（Süldes-ün Torkhan-Shira）。〔秘史作速勒都思氏的鎖兒罕・失剌〕。兀良罕氏的者勒蔑（Uriyangkhan-u Jelme）別速惕氏的者別（Besüd-ün Jebe）。斡亦剌惕族的合剌・乞魯(Oirad-un Khara-kiru)。主兒斤氏的孛忽羅勒（Jürkin-ü Boghurol 秘史作 Boroghul）

塔塔兒族的失吉・忽禿忽（Tatar-un Shigi-Khutug）這九位將軍。最初者勒蔑〔的地位〕僅次於木華黎。其後〔可汗〕因從泰亦赤兀惕娶迎孛兒帖格勒眞〔Bortegeljin 卽孛兒帖〕皇后的時候，〔他們〕曾斟酒的關係，聖主就把其中的四個人收做了弟弟。這著名的九個將軍便是他們。

他們這九位將軍，
各個遇見了聖主，
收撫無限的國民，
盡全力追隨聖主。
遇外敵絕不廻避，
爲可汗不顧自己，
蒙恩寵揚名遠地，
九將軍最享盛譽。」

「聖主的長子主公拙赤的後裔，領有乞卜察兀惕〔卽欽察〕，脫克木克（Toghmogh），阿黑撒兒罕（Aghasar-Khan），塔兒必思罕（Tarbis khan），昔班（Shiban），兀勒亦別（Uleyibe），亦思乞兒（Isgir），脫忽（Tokhu），桑古惕（Sangghud），以及由那裏向這邊的諸城市。」

「察阿歹哥哥的兒子是蒙格禿（Menggetü），失門（Shimün）。主公察阿歹後裔領地的東界是哈密（Kemil 卽 Khamil 之訛），西境是不里阿里（Burighari）薛米思干（Shimisgen)，撒麻耳干（Samarkhan），阿克蘇（Aghsu）等一萬個城鎮。」

「斡歌歹可汗的兒子是古余克・忽魯克可汗（Güyüg Külüg Khaghan）。」

「主公拖雷的兒子是蒙哥可汗，忽必烈・忽必勒罕・薛禪可汗（Khubilai Khubilghan Sechen Khaghan），阿里不哥（Arigh-bukha）主公。〔他們〕繼承了中央大本營的四十萬蒙古。」

這一段文字比秘史晚得多，所以纔提到忽必烈，阿里不哥兄弟二人，且稱前者忽必勒罕・薛禪可汗，後者爲主公（ejen）。顯然是忽必烈已經即大汗位，而阿里不哥仍然受人尊敬之時所寫的。這段文字不見其他蒙文史料。羅卜桑丹津亦未說明它的出處，實在可惜。

這一段的人名與秘史的綴音法多少有些不同。可汗諸弟兒女之名黃金史在它下册第二十五、六兩頁（見本節第九項）也曾提及。關於孛兒帖皇后所生的三位公主，我們在本節第八項已經討論過。在黃金史下册二十五、六兩頁所寫的人名，與這裏完全相同。

由忽蘭皇后所生的忽魯格（Külüge），大概是元史宗室世系表所說「太祖皇帝之長子朮赤太子……次六闊列堅太子」的闊列堅（Külügen）（見百衲本，表二，第六頁上）。其餘均不見宗室世系表。不過黃金史在下册二十六頁第二行則稱他爲公主。

關於這裏所記拙赤諸子，只有巴禿〔拔都〕一人見元史宗室世系表。多桑蒙古史馮承鈞氏漢譯本上册一九一頁說：「一二二九年春，諸宗王諸統將自韃靼地域之各地來集於怯綠連河畔成吉思汗之大斡耳朶，朮赤諸子斡兒答，拔都，昔班，唐古觶，別兒哥，別兒格察兒，脫哈帖木兒等皆自裏海北方之地來會。」所列之名與黃金史所列者均爲七人，惟其中僅有五人同名。

關於九位將軍之事，我們曾於本節第六項略略提到一點。他們在其他蒙文史書中，是常常見到的，在傳說中也是常常聽到的。這九人裏除搠‧蔑兒堅及合剌‧乞魯二人之外，秘史都曾提到。有的在元史和新元史中有傳，只是不見這兩個人。按元史一一九木華黎傳說「丙戌（太祖二十一年）詔封功臣戶口為食邑十投下，（木華黎之子）孛羅居其首。」（見百衲本列傳六，第九頁上。）那麼有最高勳位的將軍應當是十個人。日人村上正二曾在「元朝投下的意義」㊾一文中論之甚詳。他也說到那珂通世，箭內亙兩博士認為這應是四傑孛斡兒出，木華黎，孛羅忽勒，赤老溫；四狗忽必來，者勒蔑，者別，速別額台；再加主兒扯歹和忽亦勒答兒兩個共為十人。這種說法也和這裏所說的頗有出入。

關於迎娶孛兒帖夫人的傳說，我們將於本文第四節第六項中談到它。這一段故事與事實不符。可能這傳說在蒙古早就流行，不然不會加雜到這裏。至於我們在第四節中，將提到的那一段詩詞，可能是在這以後文人所寫的。孛兒帖皇后所屬的氏族翁吉剌惕，曾臣從於蒙古主要的大族泰亦赤兀惕，所以這裏寫成了成吉思可汗由泰亦赤兀惕迎娶孛兒帖皇后的故事。

按事實孛斡兒出才眞正是可汗的幕僚長，但木華黎的子嗣與元室關係較為密切，所以此處說他是九將軍之長。這與我們所引的元史木華黎傳的那一段話頗有連帶關係。

可汗的四個義弟是失吉‧忽禿忽，孛羅忽勒，曲出，濶濶出四個人。訶額侖母親收養他們，與娶孛兒帖夫人毫無關係。（見秘史二一四節）

㊾ 見蒙古學報（東京）第一號一九四〇年七月一八二頁。

拙赤和察合台二人的領地除乞卜察兀惕（欽察）及撒麻耳干兩地見元史地理志西北地附錄篤來・帖木兒（Du'a Temur），月祖伯（Uzbeg）兩宗王封地（見百衲本志十五、二十二、二十三兩頁）之外，餘均不見元史。在秘史中，薛米思干就是撒馬耳干的轉音；此處則列爲兩地，這些地名的問題一時不易解決，容後日再詳細檢討。

察阿歹的子嗣，元史宗室世系表中只列也速・蒙哥，合剌・旭烈兀二人。多桑蒙古史漢譯本下册附錄察阿歹系諸汗世系表中，所列察阿歹之子，爲：木阿禿干，拜答兒，哈剌・旭烈兀，也速・蒙哥四人之名。

本段末尾稱拖雷的子嗣領有中央大本營的四十萬蒙古。原文稱大本營爲 Yeke Golomta。按 Golomta 乃表示繼承的「火爐」之謂。關於四十萬蒙古一語，蒙古源流在記述托歡・特穆爾汗（順帝）由古北口出亡時所作的感悔歌之後，說：「方大亂時，各處轉戰蒙古人等四十萬，內惟脫出六萬，其三十四萬俱陷於敵。」（見箋證卷五第三頁上。）又察哈爾之林丹（Lighdan）汗致清太祖努爾哈赤的書信中也說：「蒙古國統四十萬衆英主青吉斯汗[80]致問水濱三萬人英主安否？」（見滿洲實錄，國學文庫本，一三六頁。）足證這是從元代以來的一種誇耀的數字。

附記：在黃金史下册第六十二頁三至八行之處，有成吉思可汗對子嗣及親族的另一段訓示，語多比喻，意頗難解，文字上也似乎有訛誤，俟他日專文論之。

---

[80] 青吉斯即「成吉思」，可能是林丹汗提到他祖先的一句話。

第四節　神話及民間傳說的插入

這是指原著者羅卜桑・丹津根據喇嘛爲傳敎上的方便所製造的，以及在民間流行的傳說，而加雜進去的部份說的。這些加添的部份與秘史或蒙古歷史都沒有直接關係，也不能作爲史源來使用。所以我們只說一說它們的大意，而不一一的翻譯其原文。

一、**追述孛兒帖・赤那以前的世代，說他的祖先是出於印度和西藏的王室。**

見黃金史上册自第一頁第四行至第六頁第十一行。這可以說是蒙古源流卷一和卷二的節略。惟其內容較成吉思汗傳第一、二兩頁所記的略詳。

二、**關於成吉思可汗的出生，靈鳥飛來及有關佛敎的神話。**

見上册二十六頁第四行至二十八頁第四行，介於秘史五十九、六十兩節之間（卷一）。在無一段的前後，均直稱帖木眞之名，惟此處則稱爲成吉思可汗，顯係後加的部分無疑。這一段與成吉思汗傳第十頁下第八行至十一頁上第二行之處所記載的相同。可能有一部分是根據西藏史書的傳聞。

三、汗弟合撒兒・別勒古台二人對可汗之不滿及其狂傲，可汗化爲賣弓老人折服之。

這一段見上册七十八頁第八行至八十頁第三行，等於秘史一三二節，（卷四）處。首述成吉思可汗與主兒乞惕族的宴會及衝突之故事。繼則述說合撒兒，別勒古台兩人護衞可汗之功，及其因膂力之過人而自矯之事。最後說可汗化爲一售弓老者折其銳氣，使他們心服。在記這事的前後，均記可汗與主兒乞惕間之衝突。惟在這一段之內，則稱與可汗衝突的氏族是泰亦赤兀惕族。顯然是錯誤的插入。同樣的記事，和類似的文字，也見成吉思汗傳，從始卽稱泰亦赤兀惕族的赤勒格兒・孛可（Chilger Böke）有意陷害可汗，而設下宴會。黃金史的著者把這一點給略去了。足證這一段是採自成吉思汗傳（或黃金史綱）無疑。蒙古源流亦有可汗化爲老人折服其二弟之事。（見箋證卷三第十二頁下）。可見這曾是在蒙古流行的一個歷史傳說。

四、成吉思可汗將得自印度的貢品，故意不分賜孛斡兒出，來考驗他的忠誠。

這一段全是韻文，先述說孛斡兒出之妻的不滿。再說他訓誡他妻子的言詞。最後說因此可汗就更信賴孛斡兒出。這很像民間的傳說，同時也是對孛斡兒出忠誠的讚譽；但沒有什麼歷史意義。

這一節見黃金史上册一〇六頁第八行至一〇八頁第九行，其處該當於秘史的一四九節(卷五)之前。就文章的安排來講，這一段插入實在與上下文都不啣接。恐怕這種傳聞原是指可汗携孛斡兒出西征時的故事而說的。

五、皇天上帝（Khormosta Tenggeri）賜成吉思可汗玉杯的故事。

皇天上帝賜給可汗玉杯，內盛甘露，自天而降，可汗喝了一口，可汗的四個弟弟要求分飲，可汗雖然許可他們；但是他們喝了却不能下嚥。因此，他們就承認不該與可汗强求平等。可汗也就宣佈他自己是奉天承運的主宰。

這一段見黃金史下册第一頁第一行至第二頁第三行，相當於秘史卷十，第二三四節與第二三五節之間。同樣的記事見成吉思汗傳第十八頁上第二行至同頁下第七行，及蒙古源流（箋證）卷三十八頁。惟這二者之間文字略有不同。源流所記較簡；成吉思汗傳與黃金史之文字完全相同。可能是抄錄了同一的材料。但三者所說的在時間上都不一樣。成吉思汗傳說是在西征撒兒塔兀勒（花剌子模）之後。源流則稱此事在可汗三十二歲（癸丑）納塔塔兒部也遂、也速干二妃之前，冒險參加一次敵人所設宴席脫險之後。黃金史則寫在丙寅（一二〇六年）卽大汗位之時。三書所說的都不一致。

六、成吉思可汗在娶孛兒帖（Börtegeljin）可敦的宴會中，和他九個將軍（或俊傑）的對話。

見黃金史下册第三頁第十二行到第十頁末行，也是成吉思汗傳第六十八頁下首行至七十二頁下第十行。兩者文字上略有出入，而且都有脫落之處。互相參照，可以幫助讀解。就文章來說，黃金史上的脫落錯誤較多。成吉思汗傳似乎經過了一番潤飾。因此可以認爲這兩篇文都是由另外的文獻中轉錄來的。文字內容多半是韻文，不過所提到的人，多半是可汗結婚之後纔來歸附的。自然沒有出席那個婚禮的可能性。所以文詞雖美，仍是沒有歷史的價值。

七、成吉思可汗於統一諸邦後，四月吉日在克魯倫河岸野花盛開之地，設了豐盛的宴會款待羣僚，席中對孛斡兒出等九個將軍大加稱讚。他們也極力讚揚可汗的美德。

這一段見黃金史下册第十一頁第一行至十九頁第九行。他們的對話多半是出於韻文的形態。一如秘史中的對話。只是其中對成吉思汗所用的尊稱和讚美之詞，有不少是受了佛教的影響。這證明這一段是後人所加入的。故此沒有把它譯出。不過詳讀其中的詞句，覺得也可能是後人把佛教名詞加入了古代詩詞之中的一段對話。

八、關於汪古惕部（汪古惕部原文爲 Enggüt 即 Önggüt 之訛轉）鎭國的傳說。

鎭國（Chenggüi）帶了三十一個部族，逃向日落之地。成吉思可汗和合撒兒前去，把他追回。是役合撒兒之子脫克統阿勇士（Togtonggha Ba'atur）爲先鋒。合撒兒也因功蒙賜一個名叫孛木不勒（Bombul）名字的女子。其後可汗又將女兒阿勒•阿勒屯（Al-Altun）嫁給鎭國。又把名叫阿勒壇•豁兒忽勒歹（Altan-Ghorghuldai）的女兒嫁給了高麗國王阿林（Arin 亦可讀爲 Narin）。

這一段故事見黃金史下册二十五頁第七行至十三行之處。相當於秘史第二四一與二四二兩節（卷十）之間。這個故事不見其他蒙文史書。按元史卷一百十八，列傳第五，阿剌兀思・剔吉・忽里傳稱：「阿剌兀思・剔吉・忽里歸鎭本部，爲其部衆昔之異議者所殺。長子不顏・昔班倂死之。其妻阿里黑攜幼子孛合要與姪鎭國逃難。夜遁至界垣，告守者，縋城以登。因避地雲中。太祖既定雲中，購求得之。賜與甚厚。乃追封阿剌忽思・剔吉・忽里爲高唐王。阿里黑爲高唐王妃。以其子孛合要尙幼，先封其姪鎭國爲北平王。……孛合要幼從征西域，還封北平王，尙阿剌海公主。」

蒙古源流卷三也有與黃金史類似的記載（見箋證卷三）。黃金史所記的恐怕是訛傳，當以元史所記者爲正確。

又此處所說的合撒兒之子脫克統阿，當卽元史一〇七表第二宗室世系表搠只・哈（撒）兒王位中所說合撒兒之子脫忽大王之訛。（見百衲本表卷二第三頁下）。

阿勒・阿勒屯別乞，秘史第二三八節（卷十）確確實實的說是嫁給畏吾兒王。當然這裏的記事，是錯誤的。

可汗以女下嫁高麗一事，不見其他史書。元史二〇八外夷傳，第九十五高麗傳，雖稱太祖十一年以來卽開始與高麗往來；然尙皇女一事，則晚在世祖至元十一年（一二七四）。元史高麗傳說：「（世祖至元）十一年……五月皇女忽都魯揭里迷失下嫁于（高麗）世子愖。七月其樞密院副使奇蘊奉表告王植薨，命世子愖襲爵。」（見百衲本卷傳九十五第十五頁上。）

元史公主表高麗公主位稱：「齊國大長公主忽都魯堅迷失，世祖之女，適高麗王愖，卽王昛也。」（見百衲本，表四第二頁下）足證這也是一段訛誤的記事。

九、合撒兒逃亡，成吉思可汗派速別額台將兵追尋，後來他接受速別額台的規勸，來歸可汗。

這一段見黃金史下册三十八頁第六行至四十頁第一行之處，該當於秘史第二四節（卷十）的末尾。秘史說，晃豁壇氏蒙力克之子濶濶出（帖卜・騰格理）以神召爲藉口，離間可汗弟兄，可汗大怒竟逮捕合撒兒將加以懲處的時候，幸母后訶額侖及時趕到，沒使合撒兒遭到什麼危險。不久母后聽說可汗又把分封給合撒兒的百姓奪去了大部分，就在憂愁中逝去了。可汗給合撒兒派遣的輔佐者卜客（Jebke），也因畏懼逃到巴兒忽眞（Barkhujin 今貝加爾湖附近）地方去了。黃金史的第一段，就是加在母后逝世，和者卜客逃亡的記事之間。

這一段文字，首先是可汗對速別額台有關行軍的訓示。第二段是速別額台對合撒兒的勸諫。話都是用韻文記錄下來的，文詞並茂，可惜讀起來似乎是後人揑造的，就秘史的記載，我們可看到可汗與合撒兒間的一度不和，但查不出合撒兒逃亡的任何旁證。

成吉思汗傳第十一頁上第五行至十二頁上首行第一字之處，也有同樣的一段文字，只是說可汗四十五歲，丙寅年在斡難河源即大汗位，合撒兒因此生畏，就逃亡了。足證這一段是後人之作。不過黃金史的編纂者把它安置在比較合適的地方罷了。

十、成吉思可汗命失古失（Shigüshi）管轄不里牙惕（Buriyad），及可汗遠爭女眞，和戰勝歸來訓子的故事。

這一段見黃金史下册四十五頁第九行至四十五頁第十一行之間。說不里牙惕（即今貝加爾湖周邊的布里雅特蒙古地區）的失古失向可汗獻上貝加爾湖的海青鷹。可汗就任命他管轄不里牙惕。其後可汗在浯勒灰河（Ülekü̈i-yin ghol 見秘史一五三及一七三兩節）與兀剌河（Ula-yin ghol 見秘史二五三節）之間去放這海青鷹行獵，路上遇見女眞的章宗可汗（Jangchun, Khaghan），召之不聽而去。可汗就將大軍征伐女眞。得合撒兒之孫合禿・失剌・合勒赤兀・成・台吉（Khatu-Shira Khalchighu-Ching-Taiji）之助，渡江攻襲。章宗可汗畏懼，就按照可汗的要求獻出萬燕千貓。可汗把棉花繫在牠們的身上，點火放還，於是城中起火，遂拔其城，並納章宗之女，牙里孩可敦（Yalighai Khatun）。凱旋之際，她死在路上。途中可汗對諸子教以正心修身治國之道。這一段記事可能是後人根據一篇傳說所寫的。只能當故事聽，不足當史料來看。

成吉思汗傳第十三頁下第五行到十四頁第四行之處，和蒙古源流卷三（見箋證卷三第十四頁）都有相似的記載，不過這兩部書都沒有提到訓子的一段事。可能這是黃金史的編著者從別處截下來，加在這裏的。

地名三本書都是一樣，人名却有不同。黃金史稱女眞主爲 Jangchun，成吉思汗傳作 Wangjun，蒙古源流作旺楚克（Wangchugh）。黃金史稱合禿・失剌・合勒赤兀・成台吉爲合撒兒之孫。蒙古源流稱爲托克塘阿（Togtanggha）勇士之子。成吉思汗傳稱爲合撒兒之孫 Nanta-Shira-Khanchaghu-Ching-Taiji。

十一、成吉思可汗征高麗，並納高麗王不合·察合安（Bukha Chaghan）之女忽闌（Khulan）為夫人。可汗在高麗的行在，住了三年，其時可汗與孛兒帖皇后之間有使者往返答對。最後可汗因孛兒帖皇后之請，返還斡兒朶。

這一段故事見黃金史下册四十六頁第十一行至五十頁末行，在成吉思汗傳十四頁上第四行至十六頁上第八行，和蒙古源流卷三（見箋證卷三第十四頁至十六頁）都有相同的記載。可知這是一個流傳很廣的一段傳說。所以這三部書的編著者都不問它的眞實性如何，一律把它加在他們的著述之中。這是一篇韻文，文詞相當好，可能這是一個把成吉思可汗攜忽闌夫人遠征西域，和太祖十一年（一二一六）以來高麗貢使的來朝等等，混為一談的民間故事或歌謠。

十二、成吉思可汗因阿兒合思氏的豁兒赤（Arghas-un Khorchi）醉酒，將可汗的金胡琴持至他處，命孛斡兒出，木華黎二人即時將他處死。後因二人的勸諫，赦免了豁兒赤。

這一段見黃金史下册五十頁末行至五十三頁首行。大致與成吉思汗傳十六頁第八行至十七頁第十行之處的記載相同。蒙古源流卷三（見蒙古源流箋證卷三第十六頁）雖有相同的記載，但只是一段縮寫，而非原文。這段故事可以說是與前一段可汗納高麗王女的故事相連接的，這裏所說的阿兒合思氏的豁兒赤就是孛兒帖皇后派來的使臣，這一段的精彩，是記述他所作的自辯。原文是韻文，詞藻甚好，但沒有什麼歷史價值。

第十、第十一和第十二這三項均見黃金史，蒙古源流，和成吉思汗傳這三書。可能曾是普遍蒙古地方的一個民間歷史故事㊀。也可能都是由黃金史綱（Altan Tobchi）㊁輾轉抄下來的。這三段記事都該當於秘史卷十與續卷一之間，安排的頗不合適。

十三、成吉思可汗和札木合的一段對話。

見黃金史下册五十四頁第三行至第九行。這裏說：

「成吉思可汗與札木合一同走的時候，聖主的馬失了前蹄，主就用馬鞭來打（那匹）馬的頭，札木合（看見）就笑了，主就降旨（問他）說：『札木合你有什麼可高興的？』札木合回答說：『壓住蒼茫大地的是不兒罕山。做爲舉國之主的，就是聖人你！腿脚的過失，頭腦要負責，子嗣的過失，父親要負責。蒼茫大地的過失，不兒罕山要負責。全國的過失，聖主你要負責。』這樣回答，主認爲很對。」

秘史紀載札木合是善於言詞的；可也是自認爲才華高過帖木眞的。他們互以「安答」（義兄弟）相稱，決不會像這裏所說的這樣恭順，甚至承認帖木眞是應作可汗的。很顯然這是出於後人的手筆，不過當中有幾個字，例如稱大地爲 etügen ——「額禿堅」（秘史續卷一、二十四頁上），稱笑爲 ini'e (besü) ——「亦捏額」（秘史卷七第九頁下，文字定形後作 iniye），都是用秘史時代的形態。因此斯欽以爲這一段雖是後人之作，但年代可能是在文字定形之前，也就是說十六世紀以前的作品。

㊀ 蒙古各地均有說書人，蒙古語稱爲 khuurchi 一面拉着胡琴，用歌詞連講帶唱的，講述民間故事。

㊁ 成吉思汗傳就是包括 Altan Tobchi——黃金史綱在內的一本史書。見本文第二節及附記。

十四、撒兒塔兀勒人阿剌木察（Aramucha）與兀良哈氏的者勒蔑的一段談話。

者勒蔑是可汗四傑之一。阿剌木察是誰，一時無法查出。秘史「撒兒塔兀勒」旁譯作「回回」，是中亞及波斯一帶回教徒的總稱。這一段談話見黃金史下册六十頁第八行至六十二頁第二行。談話內容是可汗叫阿剌木察當做魚，者勒蔑當做海青鷹，互相誇耀自己，詆毀對方。者勒蔑言詞鋒利獲勝。這是一段遊戲文章與歷史沒有什麼關係。可能是從民間傳說中轉錄下來的。在蒙古傳說中，者勒蔑是最有口才善於問難和應對的人。

十五、成吉思可汗派豁阿・薛禪之子刺探敵方情報，其父對他的教訓。

見黃金史下册六十五頁第二行至六十六頁第七行。全文均爲韻文，多用比喻來作教訓，並囑與其中途生返，莫如死而全功。這一段文詞雖然很好，但與歷史沒有重要關係。

十六、成吉思可汗與西藏薩迦宗（Sa-skya）喇嘛之來往，並忽必烈可汗神蹟的誕生。

見黃金史下册七十六頁第六行至七十八頁第九行。其大意說當時與可汗有緣的是薩迦㊂貢嘎寧布（Gungga-Sningbo）喇嘛。一天可汗忽然澈悟永生的道理，遣人至西藏，祭祀釋迦牟

㊂ 薩迦宗是西藏繼寧瑪宗，而掌教權的宗派。其寺廟建在「白沙之地」——薩迦，故名之爲薩迦寺。其第五代教宗則爲著名之八思巴（Phags-pa），忽必烈汗奉爲帝師，賜以大寶法王之號，使其總攬藏土政教大權，而樹立了西藏神權政治的基礎。今大權雖入黃教派之達賴，而薩迦寺仍爲西藏聖地之一。

尼，並向薩迦・滿殊錫利・班智達（Manjusiri Bandrida）㊃喇嘛致候。請於子孫中願有普薩轉世。於是喇嘛就叫使者帶回一支金匣。說明須由可汗諸兒婦之一開啓。可汗就叫拖雷之妻（有 Eshi 之尊稱的）在一個大宴會中，把它打開。當時從匣中飛出三隻金蚊蟲，進入她的鼻孔裏。後來她就生了忽必烈・薛禪可汗及阿里不哥主公（ejen）㊄兩個兒子。

這一段傳說當然是爲宣傳佛敎上的便利所揑造的故事。但這故事特別提到阿里不哥而未提到蒙哥可汗（憲宗）。這一點是値得注意的。我們熟知阿里不哥是代表蒙古主義的守舊派，而與華化主義維新派的兄長忽必烈作過大位爭奪戰的拖雷幼子。可能這種傳說是創始於阿里不哥尙未失敗之時。同時也可推知阿里不哥的聲望也足與忽必烈相埒，卽在失敗之後，也是爲一般蒙古人所敬重。

十七、關於拖雷之死的另一種傳說。

黃金史下册七十七頁第十行至七十八頁第六行，大意說，成吉思可汗，拖雷皆病。卜者說，一人痊癒，另一人必死。於是拖雷的妻子，客列亦惕王汗之弟，札合敢不（Jakha Gembo）的女兒，拙忽兒・別乞（Chokhur-Beki），禱祝於天，說：「寧願拖雷死，我自己守寡，也不願可汗死，叫全國成爲孤兒。」後來拖雷果然死了，可汗痊癒。因此可汗嘉納其兒婦的賢德，除封賜「別乞」的名號之外，又把察哈爾八族萬戶封賜給她。

㊃ 滿珠錫利——Manjushiri 卽文殊菩薩之意。「班智達」Bandrida 爲喇嘛之尊稱。

㊄ 阿里不哥原文作 Ari-Bbukha，顯然是 Arigh-bukha 之訛。

按拖雷之死，係因其兄斡歌歹可汗（太宗）於征金戰役中患病，自禱於天以代其死而卒。事見秘史第二七二節（續卷二）及元史一一五，列傳二，睿宗傳。這裏所說的當是訛傳。又拖雷之妻雖是札合敢不之女，但名爲莎兒合黑塔泥。見秘史一八六節（卷七）。此處人名亦誤。又按察兀兒・別乞乃王汗之女，桑昆之妹，非札合敢不之女（見秘史一六五節卷五）。「察哈爾」一名的起源，遠在元亡之後，均證這一篇是後人的臆作了。

十八、關於成吉思可汗征服唐兀惕（西夏）的傳說。

見黃金史下册九十二頁下第七行至九十九頁第十行。此書編著人羅卜桑丹津氏把秘史二六六節（續卷二）可汗以及全國人口分賜木華黎、孛斡兒出兩人的故事，擺在這一段之前。接着就在這一段的開端，述說可汗征金後，唐兀惕失都兒忽（Shidurghu）汗㊅因畏懼，遣使臣額列・多兒董（Er-dordung）來說，願給可汗做右翼。他在臨去之前，他說可汗是眞天子，但唐兀惕的可敦古兒別勒眞（Gürbeljin），源流作古爾伯勒津）却美麗得使夜間不須光燭。後來可汗西征撒兒塔兀勒（花剌子模）始派臣去叫唐兀惕出兵作右翼；但爲失都兒忽汗所拒，並且還說了許多譏諷的話㊆。可汗立誓要在凱旋之後再討唐兀惕。後來那年（一二一五）過冬之後，重新數點軍馬，就去征伐唐兀惕（見秘史二六六節之首）。此後的故事，黃金史成吉思汗傳（十八頁下第

㊅ 按秘史的記載，這是唐兀惕投降後，成吉思汗給亦魯忽・不兒罕（李晛）所改的蒙古名（見二六七節續卷二）。源流作錫都爾固汗。

㊆ 按秘史，這譏笑的話是阿沙敢不講的。見第二五六節（續卷一）。

八行二十一頁下第八行）及蒙古源流（見箋證卷四第一頁上至第五頁上）這三本書所記載的都差不多。可能出於同一的傳說。這三本書把這一段戰爭，都寫成神怪故事，荒誕不經。甚至將可汗和失都兒忽兩人都寫成有變神化鬼的神通。最後說可汗終於擒獲並且殺了他的頑敵失都兒忽，而且還娶了敵人之妻，美麗的古兒別勒眞•豁阿做了可敦。後來古兒伯勒眞可敦跳河而死，因此後人稱那條河爲可敦河（Khatun-ghol）㈧。可汗到了朶兒蔑該（Dörmegei 卽靈州）城，病就重起來了。不過黃金史在敍述這一段神話式的戰爭中，把秘史一六五節（續卷二）後段所記，可汗擊潰阿沙敢不的戰役，加在中間（見黃金史下册九十七頁七至十二行）。此外又在這一段故事的末尾，把秘史第二六八節所說怎樣殺戮唐兀惕人以及把擄自唐兀惕的人衆大部分，賜給也遂夫人的記載，插入其中。

十九、成吉思可汗的崩殂和遺囑。

見黃金史下册九十九頁第十行至一〇二頁第二行。這裏說可汗在朶兒篾該（Dörmegei 靈州城）病重，臨死前說了一篇韻文的遺囑。同時雪你惕（Sünid）氏的忽魯格台勇士（Külügetei Baghatur）也用韻文作了一篇應答。最後可汗遺命諸臣順服忽必烈。

這一段所謂成吉思可汗遺囑的文詞，與秘史的文字相較，是比較晚近的。例如：所謂五色四

㈧ 蒙古源流卷四說：「（古爾伯勒津）出浴而回，顏色果爲增勝，是夜就寢，汗體受傷，因致不爽。古爾伯勒津•郭斡•哈屯乘便逃出，投哈喇江而死，從此稱爲哈屯•額克（Khatun Eke）江云。」（見箋證卷四第五頁上）按 Khara Mören 是黃河舊名，今則稱爲 Khatun-ghol，卽夫人河之意。黃金史及成吉思汗傳均未載可汗就寢受傷之事。

方的國民（見九十九頁末行）㊈，及前世之債今生償還等佛教思想（見一〇〇頁四、五兩行），及在忽魯格台勇士的應答中有涅槃（Nirwan＝Nirvana）（見一〇一頁第六行）一字，都證明這是在佛教思想普及後的揑作。所謂遺囑的內容，又充滿留戀、惋惜、呻吟、囑託之詞，而無有關大政方針及軍事的指示，不合可汗的性格和身份。尤其是前邊提到輔佐斡歌歹，最後叫順從忽必烈，前後不一。似乎是把兩個無關的傳說，硬湊在一起。此外記可汗命羣臣同死（一〇〇頁六行），事後因忽魯格台勇士的奏請，改命他們爲斡歌歹等四子効力。可能當時曾有殉葬的風俗，但在其他史書中，還沒有看到蒙古可汗們叫大臣們同死以殉的記載，恐怕也是以訛轉訛的故事吧。

同樣的記事見蒙古源流（箋證卷四第五頁上至六頁上）。蒙文見喀喇沁本第二部四十、四十一頁，及成吉思汗傳二十一頁下第七行至二十三頁上第四行。內容大致相同。惟源流稱忽魯格台勇士爲吉魯根・巴圖爾。成吉思汗傳則稱之爲吉魯格台勇士（Gilügetei Baghatur）。

從這一段傳說中，特別提到要順從忽必烈一點來看，頗令人懷疑這是忽必烈時代後人所揑造的傳說。

二十、輓成吉思可汗的一首歌詞。

見黃金史下册一〇二頁第七行至一〇四頁第十一行，這原是與前第十九項所論的是一篇文

㊈ 關於五色四方的國民一說，黃金史下冊第一〇七頁至一〇八頁有一段說明，這似乎是根據西藏喇嘛佛經的說法。

章。這裏說，用五色駿馬拽大車奉可汗靈柩歸還蒙古，輪陷泥中不能前進。雪你惕氏的忽魯台勇士就唱了一首很長的輓歌，來讚美可汗。同時也說到故國的一切，請可汗回心轉意返回蒙古。於是車輪旋轉，萬衆驚異歡騰。奉安的途上，也再沒有其他阻礙了。

在成吉思汗傳二十三頁上第五行至二十五頁第一行，及蒙古源流卷四（見箋證卷四第六頁下至第八頁上），蒙文見喀喇沁本第二部四十二至四十四頁，都有相同的記載。

在黃金史所載的這一段歌詞中，有「前世」——degedü töröl（見一〇三頁第三行），及「由轉世㊉而見到的忽闌夫人」（見一〇四頁第一行）。都是佛教的名詞或術語。在歌中提到請可汗不要留戀古兒別勒眞的美色（見一〇四頁第三行）。也證明這是與前第十九項所說的那一段傳說是連貫的文章。因此可以斷定這是與前一項所說的，同出於忽必烈時代，或其後的，一位詩人的手筆。

廿一、成吉思可汗左、右翼六個萬戶。

見黃金史下册一〇七頁第二行至第五行。這裏說：

「聖成吉思可汗的六個萬戶，是：鄂爾多斯（Ordos）爲一個萬戶。十二個禿馬惕（Tümed卽土默特）爲一個萬戶。永謝布（Yüngshiyebü），阿速惕（Asud），喀喇沁（Kharachin）爲一個萬戶。這是右翼三萬戶。察哈爾（Chakhar）一個萬戶。喀爾喀（Khalkha）一個萬戶。

㊉ Khubilghan 就是清朝對於若干所謂轉世喇嘛的尊稱——「呼必勒罕」。凡有此種尊稱的，蒙語則謂之 gege'en（卽光明），而漢語則多稱爲活佛。

兀良罕(Uriyangkhan)一萬戶。這是左翼三萬戶。」

廿二、成吉思可汗四位皇后斡兒朶的名稱㈩。

見黃金史下册一〇七頁第五至第七行。這裏說，孛兒帖勒眞皇后的是古類(Gürüi)斡兒朶。忽闌皇后的是「高麗之虎」(Solongghas-un Bars)斡兒朶。也遂皇后的是錫爾合臣(Shirkhachin)斡兒朶。也遂干皇后的是「共同」(Khamtudkhui)斡兒朶。

這裏稱忽闌皇后之斡兒朶爲「高麗之虎」，與前本節第十一項所談可汗征高麗而納其王女忽闌之說有連帶關係，顯然是一個揑造的故事了。

廿三、有關世界地理和各國的記述。

見黃金史下册一〇七頁第七行末字至一一一頁第八行。在這一大段中，首先從須彌山(Sümbür a'ula)和南瞻部州(Chambu teyib)說起，一直說到可汗滅唐兀惕(西夏)及撒兒塔兀勒(花剌子模)，以及編制「怯薛」(親衞軍)等事。當中加雜若干國家民族的名稱，有的是歷史上所見到的，有的是屬於傳說之類的。並用五種顏色把它分成五大類別。這恐怕是後人把西藏佛教的傳說，蒙古本土的傳說，並一部史實，給揉合在一起的產物。

㈩ 關於元代諸可汗之斡兒朶，日本箭内亙博士在他的「元斡耳朶考」一文中論之甚詳（箭內蒙古史研究六六三—七六八頁）。

廿四、斡歌歹可汗（太宗）的即位，崩殂，和他與佛敎之關係的傳說。

見黃金史下册一一一頁第九行至一一二頁末行，這裏說：

在〔成吉思可汗崩御〕後之第三年，牛兒年〔乙丑，一二二九〕，斡歌歹可汗四十三歲，在克魯漣（Kerülen）〔河〕的濶迭額——阿剌勒（Küdege Aral）即大位。有的史書說：「斡歌歹可汗因患腿病，派使臣去請薩迦•班智達〔喇嘛〕⑫。那喇嘛就把一個蝨子，一撮土，一粒舍利子，放在一個小盒子裏，交來使帶回。斡歌歹〔可汗〕一看就說：『土是說你〔不久〕將死。蝨子是說我要來向你就食。舍利子是說蒙古國將皈依佛法。』不久喇嘛來了，斡歌歹可汗迎接供奉。喇嘛醫治腿病，說：『可汗你前生是印度一位可汗的兒子，在修建佛寺之際，動土鋸樹，因此那地方的神祇前來作祟。因修佛寺之故，生爲成吉思可汗的兒子。』於是就作大黑天（Makha Kala）之法，病就好了。從可汗起，蒙古國的全體，就皈依佛法。同時也現出了若干法相。在 Rchu Khotun〔之地〕，建立名叫 Kimala-Shila 的浮屠。當薩迦•班智達前來時，伴隨而來的八思巴〔纔〕八歲。卡兒瑪〔大〕師（Karma Baghshi）也一同來了。」另有一本史書說：「薩迦•班智達送來一尊鑄好的佛像。〔可汗〕說：『這是金子或是什麼東西？』就用鐵鍨挖着看。因此折了寶貴的福分，病了三天。」可汗在位十二年，牛兒年五十五歲，在鈋鐵鐘——胡蘭（Ötögö-Khulan）昇天。斡歌歹可汗是屬羊的⑬。

---

⑫ 參照本節第十六項註㊀。

⑬ 指丁未（一一八七）而言。如按元史六十六歲之說，則太宗之生年當爲丙午（一一八六），是屬馬的。

這是黃金史與秘史有關係的最後一段。黃金史除這一段之外，再沒有提到斡歌歹汗（太宗）時代的歷史。可惜這一段故事的大部份是神話，顯然是喇嘛爲傳教的方便而揑造的。

按秘史的記載，斡歌歹可汗是鼠兒年（一二二八）在客魯漣河的闊迭額——阿剌勒地方，由諸王宗室重臣的大會奉爲可汗。又據元史卷二，可是己丑（元）年八月即大位。十三年「辛丑〔一二四一〕十一月……還至鈋鐵鋍——胡蘭山。奥都剌合蠻進酒，帝歡飲，極夜乃罷。辛卯遲明，崩于行殿。在位十三年。壽五十有六。」（見百衲本，本紀卷二、七頁下至八頁上。）

第五節　黃金史與蒙古秘史在文字上的出入

黃金史中所保留的百分之八十以上的秘史，在文字方面大致相同；但也有不少的小出入。我們藉黃金史可以訂正秘史上文法有所脫落之處（如格助詞等）；但也有一些與秘史相同，而未訂正的地方。關於這一點，小林高四郎氏在他的「元朝秘史之研究」第一一一頁至第一二〇頁處，舉出部份的實例，我們不必再把它一一的都提出來。在人地名這一方面，兩書頗有相異之點，甚至把帖木眞 Temüjin 都一律寫作 Tümüjin，這倒是值得注意的一個問題。現在我們按照秘史的卷數、節數寫在下邊：

卷一

二　塔馬察（Tamacha）黃金史上册七頁三行作 Tamachin。

撒里・合察兀（Sali-Khacha'u），同頁五行作 Sali-Khalca'u。

合兒出（Kharchu）同頁七行誤作（Kharachus）。

七 阿闌・豁阿（Alan Gho'a），八頁七行作 Alon Ghoa。以後亦均作 Alun Ghoa。

九 哂赤・伯顏（Semchi Bayan），九頁三行作 Shing Shing。

四〇 札只剌歹（Jajiradai），十六頁八行誤作 Jürchidei。

札荅闌（Jadaran）（氏族名），十六頁十行作 Jachiran。

四一 蔑年・巴阿鄰（Menen Ba'arin）（氏族名），十六頁末行作 Magha Ba'arin。

四二 不古訥台（Bügünütei），十七頁首行作 Begünütei。

不古訥惕（Bügünüd）（氏族名），同頁二行作 Begünüd。

四三 把林・失亦剌禿・合必赤（Barin-shiyiratu-Khabichi），一七頁四行作 Barim-shikeretü-Khabchi。

沼兀列歹（Jeüredei），同頁七行作 Jeüriyetei。

四四 沼兀列亦惕（Jeüreyid）（氏族名），十七頁十一行作 Jeüriyed。

四五 蔑年・土敦（Menen-Tüdün），十七頁十一行誤作 Makha-Tudun。

四六 那牙吉歹（Noyagidai），黃金史把此人的名字給脫落了。又將那牙勤（氏族名）誤印成 Noyingin（十八頁第二行）。

把魯剌台（Barulatai），十八頁二行作 Barilatai。

小把魯剌（Üchüken Barula）（氏族名）爲黃金史所遺漏。

四七　察兒孩・領忽（Charkhai Linkhu），十九頁首行作 Charkhai Linkhua。
土必乃・薛禪（Tumbinai Sechen）同頁二行誤作 Tumbikhai Sechen 。khai 爲 nai 之訛。
俺巴孩（Ambaghai）之名被脫落（十九頁）。
格你格思（Geniges）（氏族名）同頁七行作 Gerges。
四八　撏・薛出列（Sem-Sechule），十九頁八行作 Khum-Khachula。Kh 爲 S 之訛。
黃金史稱不勒帖出・把阿禿兒之子爲 Mergen-Sechen，乃秘史所無。
四九　忽禿黑禿・主兒乞（Khtughtu Jürki），十九頁十二行作 Jorightu Jürke。
五〇　黃金史二〇頁首二兩行稱也速該之母，把兒壇勇士之妻，名 Süchigelejin 係 Monghol Tar'uchin Tarchin Yisutei 之女。這是不見於秘史的。
五一　拙赤（Jochi），二〇頁五行作 chochi。同處稱忽圖剌可汗的兒子，拙赤・吉兒馬兀（Girma'u），阿勒壇（Altan）等，爲 Üyeged 氏，這是秘史所未說到的。
五二　俺巴孩可汗（Ambaghai Khaghan），二〇頁九行作 Amaghar Khaghan 又二五頁六行作 Amaghai Khaghan 均誤。
五三　兀兒失溫（Urshi'un）（河名），二〇頁十行作 Ursukhu Mören。
備亦魯兀惕（Buyir-ud）（氏族名），同頁十行十一行作 Buyirugh-ud。
五七　豁兒豁納黑（Khorkhonagh）（地名），二三頁十一行作 Khorkhugh。
六〇　拙赤・合撒兒（Jochi-Khasar）二八頁七行作 Chochi-Khasar。

卷二

八二　速勒都孫・鎖兒罕・失剌（Süldüs-ün Sorkhan-shira）四〇頁第六、七兩行作 Sülüdtei Torkhan-shira。

八六　豁兒出恢（Khorchukhui）（山名），四三頁十行作 Khorchukhur。

卷三

一〇四　豁兒豁納黑（Khorkhonagh）（山）五四頁七行作 Khorghon 按，Kkorgho 是櫃子，二者的原意相同。

一〇七　塔納（Tana）（小河名），五七頁十行作 Tagh。

一一六　豁兒豁納黑（山），六三頁十行作 Khorghogh。

一一七　豁兒豁納黑（山），六五頁二行作 Khorghos。

一二〇　合赤溫・脫忽剌溫（Kkachi'un Tokhura'un）六六頁末行作 Khachu'un Toghur-a'ad，且誤爲二人。六七頁首行仍誤將合赤溫・脫忽剌溫分作兩人，而遺漏合闌勒歹 Kharaldai 一人之名。

「儆失失惕」乃儆失兀惕之訛，六七頁第三行作 changshi'ud，非常正確。

察兀兒罕（Chaurkhan）六七頁七行作 Chorkhan。
薛扯・朶抹黑（Seche-domogh）同頁九行作 Sere-domogh。
晃豁壇（Khongkhotan）（姓氏）同頁第十行作 Khongkhatan。
晃答豁兒（Khongdakhor），同第十行作 Khongdaghar。
察合安・兀洼思（Chagha’an-u’as），同十一行作 Chaghan-gho’a。按此人再度於秘史一二九節（卷四）出現作，揑兀歹・察合安・兀洼。
輕吉牙歹（Kinggiyadai），六七頁末行作 Kingketei。
豁羅剌思（Ghorolas）（氏族名），同頁末行作 Ghorlas。
種索（Jüngsö），六八頁首行作 Junggi。
斡羅納兒（Oronar），同頁首行末字作 Orokhor。
速忽・薛禪（Sukhu-Sechen）同頁二行作 Gho’a-Sechen。
巴魯剌思（Barulas）（氏族名），同第二行作 Barlagh。g 乃 s 之訛誤。
濶濶搠思（Kökö-Chos），同頁三行作 Köke Chogh。gh 係 s 之訛誤。
蔑年・巴阿鄰（Menen-Ba’arin）（氏族名）同第三行作 Makha Ba’arin。
忽難（Ghunan），六九頁六行誤作Ghukhan，另加了一個錯誤的旁註 Go’a。
札荅闌（Jadaran 氏族名），同頁七行末字作 Jandaran，顯係訛誤。
木勒合勒忽（Molkhalkhu），同頁八行作 Mokhul-a Gho’a。
撒哈亦惕（Sakhayid）（氏族名），同第八行作 Sakharin。

莎兒合禿・圭兒乞（Sorkhatu Jürki），秘史四九節（卷一）作忽禿黑禿・禹兒乞，黃金史上册十九頁十二行作 Jorkhatu-Jürke。六九頁九、十兩行中脫落 Jürkin-ü Sorkhatu Jürki 數字。

撒察・別乞（Sacha Beki），秘史四九節（卷一）作薛扯・別乞（Seche Beki）黃金史上册六九頁十行及前十九頁十三行七〇頁三行及他處均作 Sechen Beki。

卷四

一二七　黃金史上册七四頁五、六兩行均將阿勒壇，忽察兒兩個人誤作 Altan-Khuchar，Sechen-Beki 兩個人。

一二八　札剌麻（Jalama）（山名），七四頁末行作 Alama。

一二九　阿剌舡舡惕（Alau'ud）（山），七五頁七行作 Ala'ud。

木惕客・脫塔黑（Müdke-Totagh），同頁八行作 Müleke Totuhga。

哲列揑（Jerene），同頁十一行作 Charghan。

一三五　失吉刊・忽都（禿）忽（Shigikhan Khutughu），八三頁三行作 Shigi Khutugh 以後也都如此。

一三六　哈灃沕禿（Khariltu）（湖名），八三頁四行作 Arghalitu-Na'ur。

一三七　統格（Tüngge），八五頁三行作 Tüge。

一三八 斡勤•巴剌合黑（Ökin Barakhagh），八六頁首行作 Okin-Baragh。莎兒合禿•主兒乞（Sorkhatu-Jürki），八六頁首行作 Jorightu-Jurbi，bi 是 ki 的誤植。

一四〇 忽禿黑圖•蒙列兒（Khutughtu-Mengler），八七頁七行作Khutughtu Mönggür。（秘史四八、五〇兩節均作忽禿黑禿•蒙古兒，與黃金史同。）

一四一 巴忽•搠羅吉（Bakhu-Chorogi），八七頁末行作 Bakhu-Chorokhu。赤兒吉歹•把阿禿兒（Chirgidai Ba'atur）同頁末行作 Irgidai Ba'atur。

合只溫•別乞（Khaji'un Beki）八八頁首行作 Khachu'un Beki。

阿勒赤（Alchi）同首行誤作 Elchi。

札鄰•不合（Jalin Bukha），同首作 Jali-Bukha, Jali Jalin 兩字字義相同，均作「狡黠」解。不知此人與秘史五八節之札里•不花爲一人否。

迭兒格克 Dergeg 八八頁二行作 Derge。

豁羅剌思 Ghorolas（氏族名）同頁二行作 Ghorlas。

綽納黑（Chonagh）同頁二行作 Chinden。

阿兀出•把阿禿兒（Auchu Ba'atur），同頁四行作 Monghol-un Auchu Ba'atur。此後則均作 Nakhuchu Ba'atur。

一四二 赤忽兒古（Chikhurghu）（地名），八九頁六行作 Chukhurghu。

兀惕乞牙（Udkiya）（地名）同頁八行 Edüküye。

一四三 濶亦田（Köyiten）（地名）九〇頁作 Köyiltün。

一四四　失思吉思（Shisgis）同頁七行作 Shighshigh。

一四六　鎖兒罕・失剌（Sorkhan-shira）。九四頁五行作 Torkhan-shira。

一四七　濶亦田（Köyiten）（地名），九五頁九行仍作 Köyilten。

卷五

一四八　忽巴合牙（Khubakhaya），九六頁十行作 Khubakhara。ra 是 ya 的誤植。後於一一三頁七行（該當秘史一五一節）作 Khubakhaya，證明此處之訛誤。

一四九　失兒古額禿（Shirgü'elü）一〇八頁九行作 Shirgetü。

一五〇　哈剌溫（Khara'un）（山名）一一二頁六行作 Khara'ud 即 Khara'un 之複數形。

一五一　亦難察汗（Inancha Khan）一一二頁末行誤作 Inacha Khan。古泄兀兒（Güse'ür）（湖名），一一三頁三行作 Güsegüi。i 是 r 的誤植。

塔該・把阿禿兒（Takhai Ba'atur），黃金史上冊一一三頁四行作 Tegei Ba'atur。

一五二　阿澤汗（Ajai Khan），一一四頁首行作 Achi Khan。

阿勒屯・阿倏黑（Altun-ashogh），一一四頁九行作 Altan-esög。

一五三　荅闌・捏木兒格思（Delan Nemürges）（地名），一一五頁五行作 Dalan Nemürgen-e（e 是場所格格助詞）。

阿勒赤—塔塔兒（Alchi Tatar）（種族名），一一五頁四行作 Elchi Tatar。

阿魯孩——塔塔兒（Alukhai Tatar）（種族名），同第四行作 Arukhai Tatar。黃金史所說的正確，小林高四郎在他的「元朝秘史研究」一一八頁中曾提及。

一五四　也客・扯連（Yeke-cheren），一一六頁七行作 Yeke-Chirü。

一五七　察阿侖（Cha'arun）一一九頁六行作 Chaghlalun。

一五八　消豁黑—兀孫(Sokhogh-Usun)(水名)，一一九頁九、十兩行均作 Khosogh-Usun。忽木升吉兒（Khumshinggir）（地名），同頁十一行作 Khumshigir。也廸・土卜魯黑（Yedi-tublugh），同頁末行作 Yedei-tabalug。

一五九　可克薛兀・撒卜剌黑（Kökse'ü-Sabragh），一二〇頁三行作 Köngse'ü-Sabaragh 顯係訛誤。

一六〇　兀卜赤台・古鄰・把阿禿兒（Ubchitai-gürin Ba'atur），同頁十一行作（Uruchitai-gürüs Ba'atur）。

一六五　禿撒合（Tusakha），一二三頁十一行作 Tasagh。

一六六　合兒荅乞歹（Khardagidai）（氏族名），一二四頁四行遺漏此一氏族之名。十一行作 Girdaghadai。那牙勤（Noyagin）（氏族名），一二四頁四行及十一行均作 Onggin（亦可讀爲 Nonggin）。

一六九　阿塔（Ata）一二七頁六行作 Altan。

卷六

一七〇　合剌—合勒只惕—額列惕（Khara-Khaljid eled）（沙漠名），一二九頁四行作 Khalkhachin eled（原文誤植爲 alat）。

忽剌安—不魯合惕（Khula'an Burughad）（地名），一二九頁七行作 Ula'an Burghad。

只兒斤（Jirkin）（氏族名），一三〇頁八行作 Jürken。

土綿・土別干（Tümen-Tübegen）（氏族名），一三〇頁十行作 Tümen Tümegen，並誤作人名解。

阿赤黑・失侖（Achigh-shirun），同十行作 Tümen Tümegen Nachin-shirun。

一七一　忽亦勒答兒（Khuyildar）一三二頁四行作 Khuyildur。

一七三　濕魯格瀰只惕（Shilügenejid）（河名），一三五頁六行作 Shilgenejid。

荅闌・揑木兒格思(Dalan-Nemürges)(地名)，一三五頁六行作 Dalan Nemürgen。

阿赤黑・失侖（Achigh-shirün）同頁十一行作 Nachin-Shirun。

一七五　斡峏訥屼（Orna'u）（山名）一三六頁末行一三七頁首行均無此山之名。

一七六　帖兒格（Terge），黃金史一三七頁二行無此人之名。

阿篾勒（Amel? Amal?）同頁二行作 Ormal。

（自秘史一七六節後半段起，至二〇八節的前半段止，均爲黃金史所脫落，並將這兩節中所提的主兒扯歹的故事連結在一起。）

卷九

二一二 脫侖（Tolun），一四一頁七行誤作 Tolui。

脫魯罕（Torukhan），同頁十行誤作 Torukhad。

二一三 敞失兀惕（Changshi'ud）（氏族名），「敞」字葉德輝本作「敝」，四部叢刊本作「敞」，黃金史一四二頁一行首字作 Changshi'ud。

二一五 也孫・帖額（Yesun-te'e）一五二頁九行作 Yisütüge。

禿格（Tüge）同頁九行作 Tüdei。

不吉歹（Bügidei）同第九行作 Bügedei。

火兒忽苔黑（Khorkhudagh）一五二頁十一行作 Orid。

剌卜剌合（Lablagha），同頁十二行首字作 Aldalan。

二一六 斡格列（Ögere）一五二頁末行作 Egüle。

阿兒孩・合撒兒（Arkhai-Khasar），一五三頁七行作 Arnai-Khaser。

二一九 額勒只格歹（Eljigedei），一五七頁六行作 Ilchigedei。

卷十

二三〇　阿兒孩・〔合撒兒〕（Arkhai-Khasar），一五八頁五行作 Arnai-Khasar。

二三四　也孫・帖額（Yesün Te'e）一六〇頁七行末字作 Yesütüge。

斡歌列（Ögere），同頁八行作 Egele。

阿兒孩〔合撒兒〕（Arkhai Khasar）同頁十行作 Arnai。

二三九　巴兒渾（Barghun）（部族名），黃金史下册（以下均屬下册）二二頁三行作 Baraghup 即 Bargun 之複數形。

兀兒速惕（Ursud）（部族名），同第三行作 übsüg。

合卜合納思（Khabkhanas）（部族名），同第三行作 Khobsagh。

康合思（Khangkhas）。同第三行脫落了這一個部族名。

禿巴思（Tubas）（部族名），同頁四行首字作 Tumbas。

客思的音（Kesdiyin）（部族名），同頁六行作 Kesdem。

扯扯亦堅（Checheyigen）同頁十一行作 Secheyigen。

二四二　荅阿里台（Da'aritai）二六頁十三行首字 Daritai。

二四三　種賽（Jungsai）二七頁六行首字作 Jongkhu。

蒙客兀兒（Möngkeür）同頁六行作 Mönggür。

亦多忽歹（Idoghudai）同頁七行作 Indoghdai。

續卷一

二四七　古亦古捏克（Güyigüneg）六八頁八行作 Güyigüg。

二五一　合荅（Khada），七三頁三行處均作 Khadaghu。七四頁五行末相當秘史一五二節作 Khada。

豁・孛格禿兒（Kho-Bögetür），同頁三處均作 Bögetür。（前 Khadagu 的 gu，應是 Khu-Bogetur 的 Khu，誤與 Khada 接在一起的。）

二五三　夫合納（Wukhanu）七五頁末行作 Jukhakhu 或 Jughaghu。

二五六　阿沙敢不（Asha Gembo）七八頁末行作 Esen Gembo。

二五八　阿梅（Amui）河名，八一頁八行誤作 Amur。

二六〇　晃孩（Khongkhai）八三頁六行誤作 Khongghur。

晃塔合兒（Khontakhar），八三頁六行作，Khorir-un?，八四頁四行作 Khoghtu-khai 五行作 Khongtukhai 均誤。

搠兒馬罕（Chormakhan），八三頁脫落其名，同第四行作 Chirakhan，五行作 Chodrakhan 均誤。

二六一　欣都思（Hindus）（印度）八四頁六行作 Idus，當爲 Indus 之訛。

二六二 巴只吉惕（Bajigid），八四頁述及此一段歷史時，脫落此一部族名。

馬札剌惕（Majarad）（國名今匈牙利）同頁九行作 Sangghud。

客失米兒（Keshimir）（國名今克什米兒）同第九行誤作 Bashimir。

剌剌勒（Raral）（秘史二七〇節作客列勒）同第九行作 Kerel。

乞瓦綿（今基輔 Kiev）同頁十行末字作 Kiwe，遠較秘史正確。

客兒綿（城名）同頁十一行首字作 Men Kermen，乃大城之謂，遠較秘史正確。

二六三 乞思合兒（Kisghar）（城名，即喀什噶爾）八五頁四行作 Shisegei。

古先・荅鄰勒（Güsen-Taril）（地名）同頁作 Güken-Tari。

續卷二 缺

第六節　結論

黃金史一書，是以蒙古秘史爲記述成吉思可汗時代的藍本，以成吉思汗傳（Chinggis Khaghan-u Chidagh 或 Altan Tobchi）爲記述成吉思可汗以後之時代的基幹。其間也有與蒙古源流相同的地方。此外還包括許多不見於以上三書，且極有價值的零碎史料。可惜它的編著者羅卜桑丹津氏未說明它們的出處。

在有關秘史的部分中，有的地方文詞上略有出入。我們有時可藉黃金史把秘史所脫落的地方（如格助詞等和發音標記）補充起來。在人地名方面兩者相異之處頗多。雖然有些地方可以看出明顯的錯誤，例如：把 s 寫成 gh，把 ra 寫成 ya 等等；但這總是值得注意的一個問題。有人以爲黃金史中所保留的百分之八十以上的秘史，可能是由漢文復原殘本抄寫來的㊀。假如這種所

㊀ 見小林高四郎元朝秘史之研究第一二五頁。

謂復原或轉寫是事實的話，那麼這些人地名爲何不把它寫得與原漢字的發音一樣，而只將其餘的字句按漢文音譯轉寫出來呢?所以轉寫之說，似乎不能成立。現在把幾個最顯著的例子，寫在下邊，作我們的參考。

一、「⿰亻敝失兀惕」與「敞失兀惕」的問題。

關於這一個氏族的名稱，除錢大昕本外，葉德輝本的第一二〇節（卷三、第三十四頁上第二行），第二一三節（卷九第八頁上第三行），均作⿰亻敝失兀惕。白鳥庫吉本未加訂正。四部叢刊本則作敞失兀惕。伯希和本（第三〇頁及八三頁）亦均訂正爲敞失兀惕。小林高四郎氏於其「元朝秘史之研究」中的一一五頁，也曾提到這一個問題。黃金史上册六十七頁第七行，及一四二頁第一行，均作 Changshi'ud。足證黃金史絕不是根據一般早期的漢文本所寫的。

二、木惕客・脫塔黑的綴音問題。

秘史一二九節說札木合把十三翼的兵力整備好，將襲擊成吉思可汗的時候，亦乞列思氏族的木惕客・脫塔黑（Müdke-Totagh）前來給可汗報信。黃金史上册七十五頁第八行認爲是 Mülke 及 Totugha 兩個人。元史譯文證補根據拉施特書稱：「有巴魯剌思人木勒客（Mülke），脫塔黑（Totagh）二人先以事來，今將歸，揑坤乘其便，遣來告變。」（廣雅叢書本卷一上第十四頁下）。足證黃金史所記的 Mülke 是正確的，而且必有來歷，絕非偶然巧合。

三、「刺刺勒」與「客列勒」的問題。

秘史二六二節（續卷一）說，成吉思可汗命速別額台勇士去征乞卜察兀惕（欽察），斡魯速惕（俄羅斯），馬札刺惕（匈牙利）…刺刺勒（Raral）（四十九頁下第二行）等民族。二七〇節（續卷二）說。斡歌歹可汗決定派大軍援助速別額台西征上述諸族。但其名稱中不見「刺刺勒」，而代之以客列勒（Kerel）（十五頁下末行）一字。黃金史把二七〇節給丟掉了；但在該當於二六二節的下册八十四頁第九行作 Kiral。足證這不是從漢文的二六二節轉寫的。秘史原旁譯稱「刺刺兒」一字爲種名。那珂通世在他的成吉思汗實錄第五二七頁說，匈語稱國王爲「乞喇兒」，正是「客勒兒」的轉音。再按匈牙利文聖經列王紀的標題作 Kiraly，均證黃金史所說的比較正確。

四、「乞瓦綿　客兒綿」或「乞瓦　綿客兒綿」的問題。

秘史第二六二節（續卷一第四十九頁下）有「乞瓦綿　客兒綿」二城之名。第二七〇節（續卷二第二十七頁下）有「孛刺兒蠻　客兒蠻乞瓦」等城之名。黃金史遺漏了秘史二七〇、二七四兩節。但在它相當於二六二節之處，卽下册八十四頁第十行末字，及第十一行首二字作 Keyiwa Men-Kerme。那珂通世於其成吉思汗實錄五二八頁稱：「蠻（棉）是大，客兒蠻（綿）是城市（突厥語）。乞瓦綿、客兒綿，就是乞額甫（基輔）大城的意思。」伯希和氏在他的法譯蒙古秘史一〇八頁小註四，也把它訂正爲 Kiva Mänkärmän。證明黃金史是對的。直到那珂及伯希和訂正之時爲止，國人從未發覺這一問題。假如羅卜桑丹津由漢文本轉寫的話，不知他是根據什麼正確的本子，作了這種訂正呢？

五、關於「夫合納」的蒙文寫法。

秘史第二五三節（續卷一第十八至十九兩頁）說到成吉思可汗派合撒兒等遠征夫合納（Fukhana 或 Wukhana）之事。黃金史在相當於這兩節的下册七十五頁末行第四字作 Jukhakhu。按古體蒙文的 kha 是有兩個點子，gha 反沒有。n 之前也不加點子。這裡的 khu 比 nu 多了一個牙，應是 nu 的誤植。Ju 是 Wu 的訛寫。按元代凡 fu 字均寫爲 wu㈡。但文字定形之後，直到外蒙赤化之時爲止，則一律寫爲 fu，一般人通常讀作 pu㈢。這是一個錯字，正可以證明原書 Wukhanu，而轉抄的人把它給寫成了 Jukhakhu。同時也可證明原文是正確的，是按古體寫的。假如是後人由漢字譯音本轉寫的話，勢必寫作 Fukhanu 無疑。以上兩點都是羅卜桑丹津看到了，或曾利用了蒙文蒙古秘史殘本的明證。此外關於王罕的「王」字，和王京丞相的「王」字，均寫作 Ong，這是古寫。清初就都寫爲 Wang，外蒙一般的讀法是 Vang，不是 Ong，可見黃金史所引用的原文是相當古老。

此外在一般字句裡，與秘史不同的地方，例如：秘史第七十九節（卷二第十三頁下）有「雛兒脫毛了，羔子長大了」（斯欽新譯）一句話。蒙文是 kholughad kho'ojiju'u sh-lüged shiberijü'ü。黃金史（上册第卅八頁第三行）作 kholaghu khojichi shilügen

㈡ 請參照元統三年（一三三五）張（應瑞）氏先塋碑，（後）至元四年（一三三八）竹（温台）公神道碑，至正二十二年（一三六二）西寧王忻都公神道碑之蒙文拓片。見哈佛亞洲學報（H.J.A.S.）十二卷一、二兩期合訂本，十三卷一、二兩期合訂本，十四卷一、二兩期合訂本，十四卷一、二兩期合訂本（一九四九～五一），柯立夫（F. W. Cleaves）教授三篇有關該碑的論文，及所附的蒙文拓片照像。

㈢ 蒙古語沒有唇齒摩擦音（無聲）的 f，凡是 f 都讀作兩唇破裂音（無聲）的 p。

shiberjigü ，反倒令人難以解釋。此外還有的地方比秘史多幾句或少幾句的地方，這都可以說明不見得是由漢文秘史所轉寫的。漢字音譯本蒙古秘史的流傳世間是在清末，遠在羅卜桑丹津寫成此書之後。因此這種轉寫之說，愈發顯得難以成立。

我們在本文第四節中，可以看到不少在黃金史中轉錄的若干重要文獻的殘篇斷簡。由這些史料來看，原來在蒙古除秘史的蒙文殘本之外，似乎曾保有不少類似實錄或「脫必赤顏」之類的貴重文獻，可惜它們多半散佚。這一部黃金史，或者也就因此，更應受到研究蒙古史的學人們的重視。

以上是斯欽研讀蒙古秘史和黃金史兩書的一點愚見。尚希諸位學者專家多多教正。

附記

（一）茲將本文所用之蒙文參考書概略的介紹於後：

一、成吉思汗傳（Chinggis Khaghan-u Chidagh）是北平蒙文書社所印的。據斯欽個人的揣測，這可能是該社社長汪睿昌（蒙古喀喇沁右旗人，蒙名 Temgetü）以喀喇沁王府的藏本爲藍本而刊印的。第一版是乙丑（一九二五），第二版是丁卯（一九二七）年印行。這書前半部是與一八五八年帝俄喀山（Kasan）大學教授喇嘛棍布業夫（Gom-boev）在聖彼得堡刊印的 Altan Tobchi 內容一樣。後半部則包括若干詩詞、傳說以及類似實錄的許多片斷史料，極有價值。

二、聖成吉思汗格言拾遺（Chinggis Boghda-yin Dorasghal-un Tegübüri），也是北平蒙文書社印的。初版是乙丑（一九二五），再版是丙寅（一九二六）年刊印的。內容是可汗和他臣宰們的談話錄，或格言。有的是屬於歷史性的，有的是經過後人修飾的，也有一部分似乎是屬於傳說的。

三、喀喇沁本蒙古源流，這原是喀喇沁王府藏本，後經汪國鈞（翔齋）之抄寫及漢譯，而流入日本。日本藤岡勝二氏又把它用羅馬字音譯，再加以日文的翻譯。最後在藤岡逝世後，由服部四郎作了一篇序，於一九四〇年在東京刋印。其書名是「羅馬字轉寫日本語對譯喀喇沁本蒙古源流」。這本書裡有許多地方與 Altan Tobchi 相似，故有 Altan Tobchi 別本之稱。

漢文本用的是海日樓遺書之一的沈增植箋證，張爾田校補的，蒙古源流箋證（沈氏藏版）。

（二）本文人地名盡量用秘史所用的。其爲秘史所沒有的，則以元史及蒙古源流爲準。如三書中皆不見，則盡量用秘史的漢字綴音法寫出，以期一致。

（三）庫倫版的黃金史中，顯然有許多地方是印錯了，可惜沒有機會能看到它的原本，予以訂正，實在覺得遺憾之至。

第二部　自斡歌歹可汗至林丹可汗的歷史

引言

關於本書的來歷、價値和研究，已經在蒙古黃金史譯註（第一部）「蒙古黃金史與蒙古秘史之關係及其異同」中詳細說過，不必在此重述。

在前文中，我們曾經說過本書可分爲三大部分，第一是與蒙古秘史有關的部分，第二是神話或後人所加入的傳說。第三是從斡歌歹（元太宗）可汗起直到淸初的林丹可汗時代的史綱。第四是摘要和附錄，在這四個部分之中，其與蒙古秘史有關的部分，已在第一部分中譯註完竣。這一篇研究報告，是包括第三、第四兩部分的翻譯和註釋。關於黃金史中的神話和傳說，因與歷史沒有直接的重要關係，容後日再行補譯。

在本年度的工作中，因把有關自北元至淸初這一個在蒙古歷史上最混亂的時期，作一個綜合的研究的結果，使若干混淆不淸的問題，得到一些線索，也加深了對這一個時期蒙古歷史的認識。

這一項譯註工作自四十八年七月起，蒙中國東亞學術研究計劃委員會的資助，和姚師從吾教授的指導，始得完成。在此謹表謝意。

在譯註工作中，斯欽曾使用一些在此間可以看到的蒙文參考資料，現在簡單的把它們記在下邊：

一、成吉思汗傳（Boghda Chinggis Khaghan-u Chidagh）著者不詳。特木格圖（Temgetu）氏（漢名汪睿昌）於民國十四年，在北京蒙文書社刊印，十六年再版。這本書裏，有一大部分與本書所記的大致相同。一八五八年一位在帝俄喀山（Kazan）大學任教的蒙古學者棍布業夫（Gomboev）氏，曾把一本 Altan Tobchi～黃金史的原文和俄譯，在聖彼得堡出版。它的內容是與成吉思汗傳中所包括的部分相同。一九四一年，日本的小林高四郎氏把它譯成日文，在東京出版，一九五五年，英人鮑登（C. R. Bawden）氏把幾種版本互相參證，譯成英文，在德國威斯巴登（Wiesbaden）出版。

二、喀喇沁本蒙古源流，原名是 Mongghol ughsughatan-u ijaghur-un bichig。這書本來是在喀喇沁右旗王府所藏的，民國初年，該旗一位精通蒙、漢語文的汪翔齊（國鈞）先生把它抄錄並加漢譯。後來日本的藤岡勝二氏把它用羅馬字音譯。並加以日譯。在他逝世之後，於一九四〇年，由日本的語言學和蒙古語文專家服部四郎博士，把他的遺稿出版。這就是斯欽所用的一本，而原書今日究在何處，恐怕無人知曉了。這本書有一部分是與一般蒙古源流相同的；但是後半部則與成吉思汗傳相同。因此也有人稱它爲 Altan Tobchi 的別本。

三、墨爾根活佛的黃金史綱(Mergen Gegen tan-u jokiyaghsan Altan Tobchiya)。

墨爾根活佛是內蒙烏蘭察布（Ŭlaan-Ĉhab）盟烏喇特（Orad）前旗墨爾根召（Mergen Ĵuu）的寺主，烏喇特是成吉思可汗次弟合撒兒（Khasar）之裔。所以，這一部書中有許多關於這一系的歷史記載，是其他書中所沒有的。一九四二年，德王曾在張家口把它刋印。聽說日本的江實氏對於這本書有多年的研究。但尚未看到他的著作。

四、喇希彭蘇克（Rashipungsugh）氏蒙古國史（Mongghol Ulus-un Teüke）。喇希彭蘇克氏是清中葉內蒙巴林（Ba'arin）旗的學者。他用了許多漢文的史料，當然也有一部分史料是蒙古文獻中得來的。此書德王曾在一九四一年，在張家口出版。最近美國哈佛大學的柯立夫（F. W. Cleaves）教授在哈佛燕京學社把他出版，列爲蒙古古典之三（Scripta Mongolica III）。

五、蒙古源流，這是衆所熟知的一本書，我們不必多講。在蒙文本方面，是以施密特（Schmidt）本作爲參考。漢文方面則以沈增植和張爾田兩氏的蒙古源流箋證爲根據。

六、勝教寶燈原名是：Chen-po hor-gyi-yul-du dam-paihi-chos ji-ltar-byun-pahi-tshul-bsah-pa rgyal-bahi-bstan-pa-rin-po-che gsal-ba r-byed pahi-sgron-me。意思是「敍述正法在大蒙古興起的勝教寶燈之光。」著者原是藏族，而在內蒙古寺廟久居的高僧，吉格米德・那木哈（Hjigs-mednam-mkhah）。我們不知道他究竟是用了什麼史料。但是這本書的記載，的確有許多地方（除宗教史以外），可供我們的參考。原文是藏文，一八九二年，德人胡特（G. Huth）把它譯成德文發表。一九四〇年，日本佛僧橋本光寶把原文譯成日文發表，書名叫作蒙古喇嘛教史。這雖不是蒙文的史料，却是根據許多蒙文史料所寫的一本書。

此外如蒙古世系譜一書因它似乎是某一本 Altan Tobchi 的節譯本，所以沒有把它列在主要的參考資料之內。

關於人地名的音譯，盡量使用秘史和蒙古源流兩書上所用的譯法。有一部分是以元史，明史韃靼傳和瓦剌傳，及清代官文書的譯法爲準。這樣似乎可以減少因譯法不同而增加的困惑。

本書不分章節，譯本中的章節，都是譯者加入的。這樣似乎使讀者容易查閱。

在譯文方面，盡量保留原形，和原來的語氣。凡是須要添字譯出的地方，都加上括弧，以免混亂。但是因此反使許多地方艱澀難讀。同時在註解方面，一定有很多的錯誤和漏洞，還請各位先進多賜指教。

札奇斯欽識於臺大歷史系遼宋金元史邊疆史研究室

五十年六月十一日

第一節　斡歌歹可汗——太宗

（下卷一一一頁第九行至一一二頁末行）

〔成吉思可汗崩御〕後第三年，牛兒年〔己丑，一二二九〕斡歌歹可汗年四十三歲，在客魯漣（Kerülen）河的闊迭額—阿剌闌（Köde'e Aralan）㊀即大位。

㊀ 成吉思汗傳第二十四頁下，及喀喇沁本蒙古源流藤岡羅馬字譯音本第三部第一頁，都說：「〔成吉思可汗崩〕後經過三年，牛兒年，斡歌歹可汗四十三歲，在客魯漣河，闊迭額—阿剌闌卽大位。在位十三年，牛兒年，五十歲，在○鐵○•胡蘭殯天。可汗是屬羊的。不過喀喇沁本源流在這一段之前說：「聖成吉思可汗殯天之後，在四個兒子之中，以拖雷監國。旋斡歌歹來自霍博（Köbe）之地，宰相楚材（Saisang Chusai）按聖主旨諭，奉之於大位之上。」蒙古源流說：「諤格德依係丁未年降生，歲次戊子年四十二歲卽汗位，欲往請薩斯嘉•札克巴•嘉木燦，因事躭延，遹六年歲次癸巳年四十七歲歿。」（箋證卷四第九頁上）元史太宗本紀說：「太宗英文皇帝諱窩闊台，太祖第三子，……太祖崩，自霍博（Köbe? Köbeg）之地來會喪。元年己丑（一二二九）……秋八月己未，諸王百官大會于怯綠連河曲雕—阿蘭之地，以太祖遺詔，卽皇帝位于庫鐵烏—阿剌里（Köde'e Aral）」（卷二第一頁上）又說：「十三年，辛丑（一二四一）………十一月丁亥，大獵。庚寅還至鈋鐵鎿—胡蘭山，奥都剌合蠻進酒，帝歡飲極夜乃罷。辛卯遲明，帝崩於行殿。在位十三年，壽五十有六。葬起輦谷•追謚英文皇帝。廟號太宗。」（卷二第七頁下第八頁上）。輟耕錄卷一列聖授受正統條說：「太宗英文皇帝，諱窩闊台。宋紹定二年八月己未卽位于忽魯班—雪不只（Gurban Sübji），至宋淳祐元年辛丑十一月，崩于胡闌山。在位一十三年，壽五十六。葬起輦谷。太皇后禿里吉納（Türgene）臨朝稱制。皇后乃馬真（Naimaljin）氏。」

有的史書說，斡歌歹可汗患足疾，派使者去請薩迦・班第達（Sa-skya Bandida）㊁。那喇嘛就把一隻蝨子，一塊土，一顆舍利放在一個小盒子裡，叫〔他〕帶回來。斡歌歹接過一看，就說：「這土是說你將要死的意思。給蝨子，是說要到我這裡來就食的意思。這舍利是說蒙古國將要皈依佛法的意思。」不久喇嘛來了，斡歌歹可汗前去迎接，問腿的疾病。喇嘛說：「可汗你前生是印度可汗之子，在修建寺廟的時候，破地動土，砍伐樹木，因此〔那〕地方的神祇前來作祟。因曾修建寺廟，所以脫生做了成吉思可汗的兒子。」說着就做瑪哈嘎拉（Makha Kala）㊂的靈法，〔可汗足〕疾就痊癒了。於是蒙古國全體皈依了佛法。〔喇嘛〕曾顯了許多神通。在蘭州（Rchu)城㊃建立〔一座〕名叫乞瑪剌・失剌（Kimala Shila）的佛塔㊄。八思巴喇嘛（Phagspa）跟着薩迦・班第達做隨從來的時候，〔他纔〕八歲。卡爾瑪・巴克什（Karma Baghshi）也來

㊁ 薩迦・班第達亦稱薩迦・班禪，此處似乎是指薩迦・班禪，貢噶寧布（Kun-dgah Snin bo）說的。關於薩迦宗，請參照後第四節註㊉。

㊂ 勝教寶燈說：「在闊端可汗的時代，薩迦・班禪六十五歲，丙午年（一二四六）來至蘭州。」（見同書日譯本蒙古喇嘛教史一四六頁）並且說他在蘭州圓寂。按闊端可汗是太宗次子。元史一百七宗室世系表說：「太宗皇帝七子，長定宗皇帝，次二闊端……」。

㊃ 瑪喀嘎拉（Makha Kala）是一位兇猛的護法神，藏語稱爲貢佈（Mgonpo）漢語稱爲大黑天。

㊄ 據勝教寶燈，此塔名 Vimala sri，意思是「如來無垢吉祥。」Kimala Shila 必是 Vimala sri 的訛轉。（見同書一五〇頁）。

了㈥。

還在某一部史書上說，〔斡歌歹可汗〕把薩迦・班第達所送來〔一尊〕鑄造的佛像說：「這是金子，或是什麼?」就用鎚剉毀，因此就折已往的福分，病了三天。

在汗位坐了十三年，牛兒年〔辛丑，一二四一〕五十五歲，在鈋鐵鋍・胡蘭(Ötügü Khulan)㈦殯天。斡歌歹可汗是屬羊的㈧。

㈥ 勝教寶燈說卡爾瑪・巴克什（Karma Baghshi）之來，是在蒙哥可汗的時代（見同書第一五〇頁），並請參照第四節註㈥。

㈦ 請參照註㈠所引輟耕錄及元史的記載。

㈧ 關於斡歌歹可汗的生平，不見其他史書，如果照本書所說是屬羊的，就當生在丁未，一一八七年（宋孝宗淳熙十四年），歿於辛丑，一二四一年（宋理宗淳祐元年），享年五十五歲。

第二節　古余克可汗——定宗

（下卷一一三頁第一行至第三行）

六年〔之後〕，古余克可汗在馬兒年〔丙午，一二四六年〕四十二歲，於斡兒木格禿（Or-mugetu）登大位，翌年，羊兒年〔丁未，一二四七年〕十三歲，在薛木失吉（Semshigi）賓天。古余克可汗是屬牛的㊀。

㊀ 成吉思汗傳（二十四頁）與喀喇沁本蒙古源流（藤岡本第三部一、二兩頁）之記載與本書同。蒙古源流稱：「諤格德依〔太宗〕……子庫〔余〕克，庫騰二人。長庫〔余〕克，乙丑年降生，歲次癸巳，年二十九歲，卽汗位。在位六月，是年卽歿。次庫騰，丙寅年降生，歲次甲午，年二十九歲卽汗位。……在位十八年，亦於辛亥年歿。」（見箋證卷四第九頁）顯屬錯誤。庫騰當指闊端太子而言。所謂庫騰丙寅年降生一節，顯然是將定宗出生之年，做爲闊端出生之年的錯誤。勝教寶燈的記載與蒙古源流同（見日譯本蒙古喇嘛教史第四十頁）。

元史卷二定宗本紀稱：「……丙寅年〔一二〇六〕生帝。……太宗崩〔辛丑，一二四一年〕，皇后臨朝，會諸王百官於達蘭——達巴之地，遂議立帝。元年丙午〔一二四六〕秋七月，卽皇帝位於昂吉蘇默托里。……三年戊申〔一二四八年〕，春三月崩於杭錫雅爾之地，在位三年，壽四十有三。南村輟耕錄，列聖授受正統條稱：「定宗簡平皇帝諱貴由，宋淳祐（六年）丙午〔一二四六〕，……卽位于答蘭——答八思，至戊甲〔淳祐八年，一二四八〕，崩於故眉斜陽吉兒。在位三年，壽四十三。」（四部叢刊十卷一、十一頁下）。

多桑蒙古史稱：「貴由以一二〇六年〔丙寅〕生。」又說：「招集大會之所，定在闊哈（Gueuca）湖畔，窩闊台駐夏之所也。」最後說：「一二四八〔戊申〕年……四月，貴由行至距畏吾兒都城別失八里七日程之地，病甚，遂死於道。壽四十有三歲。」馮承鈞漢譯本二四五頁，二四七頁，二五七頁。）斯欽按輟耕錄之答蘭——答巴思，卽元史答蘭答巴之複數形。卽七十重山嶺之意。元史之杭錫雅爾，輟耕錄之胡眉斜吉兒，均爲秘史一五八節（卷五，二十八頁上）之忽木升吉兒（Khumshinggir）。其他的兀瀧古河流域。兀瀧古河卽今新疆烏倫古河。當在畏吾兒都城別失巴里不遠之地。本書所稱之薛木失吉（Semshigi），或卽忽木升吉兒之訛轉。按多桑書之記事，定宗卽位大典，似於大會後卽於當地舉行者。故輟耕錄所稱卽位於答蘭——答巴思一點，似無錯誤。本書所稱之卽位地斡兒木格圖（Örmügetü）一詞，卽漢語「囊袋」之意，但不能斷定其與元史等書所列諸地名之關係，及其所在。

第三節　蒙哥可汗——憲宗

（下卷一一三頁第三行至第九行）

其後，到了第五年，聖成吉思可汗的末子，拖雷主公之子蒙哥可汗，四十五歲於猪兒年〔辛亥，一二五一年〕四月初三日，在客魯漣〔河〕的闊迭額——阿刺勒地方卽大位，〔所供奉〕的喇嘛，名叫索得那木札木撒（Sodnam Jamsa）。〔可汗在位〕九年，五十四歲，羊兒年〔己未，一二五九年〕，在稱爲青正府（Ch'ing Jeng-khu）的城市殯天。無嗣。蒙哥可汗是屬兎兒的㊀。

㊀ 成吉思汗傳（二十四頁下～二十五頁上）及喀喇沁本蒙古源流（藤岡本第三部第二頁）的記載，雖與此處同，但均未說蒙哥可汗無嗣之事。兩書稱可汗崩殂之地爲青正堡（Ching-Jeng-bu）。藤岡日譯作「靜章府」。蒙古源流稱：「圖類汗之蘇喇克台•伯啓（Suraghtai Begi）太后生……四子。長莽賚扣，係丁卯年〔一二〇八年〕降生，歲次壬子，年四十六歲卽位，在位八年，歲次己未〔一二五九〕歿，享年五十四。」（見箋證卷四第十頁下十一頁上）

勝教寶燈說：「拖雷……長子蒙哥，年四十六歲卽位，在位六年崩。」（見日譯本蒙古喇嘛教四十一頁）

元史卷三憲宗本紀稱：「……莊獻太后……歲戊辰〔一二〇九〕十二月三日生帝，……元年辛亥（一二五一年）夏六月，西方諸王……復大會於闊帖兀——阿闌之地，共推帝卽皇帝位於鄂諾河〔Onon 卽斡難河〕。……九年己未〔一二五九年〕……〔攻合州〕。……秋七月癸亥……帝崩於釣魚山。壽五十有二。有位九年。」

輟耕錄稱：「憲宗桓肅皇帝，諱蒙哥，宋淳祐十一年辛亥〔一二五一年〕卽位於闊帖兀——阿闌。至宋開慶元年己未（一二五九年）七月二十七日癸亥，崩於釣魚山，在位九年，壽五十。」（見四部叢刊本卷一、十一下，十二上。）

多桑蒙古史未說明蒙哥可汗卽位之地，只稱「一二五一年〔辛亥〕七月一日，蒙哥時年四十三歲，諸王等奉之卽位」（漢譯本二六三～四頁）又稱：「一二五九年……八月……蒙哥死於合州城東十里之釣魚山。此汗在位八年，壽五十有二。」（同書二八七頁）大致與元史同。

據勝教寶燈，索德納木•嘉木撒的本名應寫爲 Zans-tsha Bsod-nams rgya-mtshan。他是八思巴之父，也是在他以前執掌薩迦派的教宗的，薩迦•班禪之弟；但未提及此一法師曾來蒙古之事。惟稱，當時前來的，是卡爾瑪•巴克什(Karma pak'si)（見日譯本蒙古喇嘛教史一五〇～三頁。）

第四節 薛禪可汗——世祖，忽必烈汗

（下卷一一三頁第九行至一一六頁第四行）

其後經過六年，猴兒年〔庚申，一二六〇年〕，拖雷主公的〔可敦〕，客列亦惕部王汗之弟，札合・敢不之女，〔莎兒合黑塔泥・別乞〕(Sorkhaghtani-Beki)所生的，有洪福的忽必烈・薛禪可汗四十五歲，在上都㊀卽大位。忽必烈・薛禪可汗備有四部精兵，把稱爲〔合剌〕章

㊀ 成吉思汗傳（二十五頁上）說：「猴兒年〔庚申，一二六〇年〕有洪福的薛禪可汗四十歲，在上都卽大位。」包登（C. R. Bawden）博士在他的英譯黃金史綱第六十二頁之音譯部份，及一四七頁英譯部份均作四十五歲，且於六十二頁註十八中指出「五」字，是成吉思汗傳再版時所遺漏的。小林高四郞氏日譯本，蒙古黃金史未加訂正（見該書六九頁）。喀喇沁本蒙古源流（藤岡本第三部第二頁）的記載與本書同。

蒙古源流（箋證卷四、十一頁上）稱：「呼必賚徹辰汗乙亥年降生，歲次庚申年四十六歲卽位。」

勝教寶燈的記載與蒙古源流同（見日譯本蒙古喇嘛教史四十二頁）。

元史卷四世祖本紀（百衲本第六頁上）稱：「中統元年春三月戊辰朔，車駕至開平……辛卯卽皇帝位。」中統是庚申一二六〇年。

上都本書稱爲Kürdü Shangdu。Kürdü是車輪，或法輪的「輪」字。蒙古源流（箋證卷四第十一頁上）稱爲上都——克依綳——庫爾圖城。「克依綳」卽開平（Kayiping）的對音。

（Jang）的國家㈡，和緬（Mikhan）國㈢〔征服〕，納入治下。把漢地〔契丹 Kitad〕的六個省（moji）㈣，和蠻子（Manji）的人民㈤，納入治下。那在印度（Enetkeg）之東，漢地〔契丹〕之南的大城杭州，是在這地上，從來未曾有過的大城市，把它也收入了版圖。

振興佛教，宏揚佛法，有如太陽的可汗，其察必（Chimbai）皇后㈥也是一位信奉三寶的

㈡ 原文僅作「章」字。斯欽以為「章」可能原是「合剌章」（Khara Jang）的「章」字。是撰者或抄寫者把 Khara——「合剌」一字遺落所致。按元代稱雲南為「合剌章」。元勅賜追封西寧王忻都公神道碑蒙文第三十九行有此字。見哈佛燕京學報（H.J.A.S.）一九四九年六月十二卷一二兩期合本，柯立夫（F.W. Cleaves）教授論文，六十六及七十七兩頁）。又按元史卷三，憲宗本紀（百衲本第三頁上）說：「二年壬子（一二五二年）……秋七月，命忽必烈征大理。」卷四世祖本紀更有較詳的記載，見百衲本第二冊本紀第四、二頁下至三頁上。所以這個「章」字必是「合剌章」的一部分，因此補寫「合剌」兩字在其上。

㈢ 「緬」原文作 Migan，可能是緬字的轉音。元史卷十二，世祖本紀至元十九年，二十年紀事內，數處說到世祖征緬的故事。但以多桑蒙古史的記載較有系統，其小註云：「中國所稱之緬甸，即土人所稱之 Myan-ma。」（見漢譯本上冊三三二頁）Mikhan 或者就是 Myan 的音譯。

㈣ 元之行省，按元史卷九十一，志第四十一上，百官七之記載共有十處：一、河南、江北等處行中書省。二、江浙等處行中書省。三、湖廣等處行中書省。四、陝西等處行中書省。五、四川等處行中書省。六、遼陽等處行中書省。七、甘肅等處行中書省。八、嶺北等處行中書省。九、雲南等處行中書省。十、征東等處行中書省。此處所指六個行省，可能是不包括遼陽（見註㈤）嶺北（蒙古本土）雲南（見註㈡）征東（非漢土）等四個行省在內。

㈤ Manji 一字，是漢語蠻子的對音，是華北漢人對江南人的虐稱。其正式見於文書者為南人，蒙古語作 Nanggiyad。

㈥ 察必皇后，即世祖昭睿順聖皇后，元史有傳，見卷一一四，列傳第一，后妃傳。但傳中並未言及皇后好佛之事，本書作 Chimbai 按秘史的慣例應譯作沉白源流作泰貝（見箋證卷四，十一頁下）。

人，可汗把〔有關〕佛教的法務，和屬於俗世的〔政〕務，都和皇后商議處理。

可汗在他三十歲的時候，邀請八思巴喇嘛(七)。八思巴喇嘛在他年齡不過纔十九歲的時候，就已經座床(八)。〔他〕曾用白雲石做成紫檀城(九)的柱子，使三個國家(十)〔的人民〕都皈依佛法。忽必烈・薛禪可汗贈送八思巴喇嘛飾以黃金珍珠的沙狐皮裘，飾以寶〔石〕的袈裟，飾以寶〔石〕的〔法〕帽、金傘、金床等物品，和許多〔良〕馬、駱駝，其後八思巴喇嘛在卡木思——敢不(Kamus-Gembo)地方，確確實實圓滿了七種主要的功德之後，在妙法普照的光明中圓寂了(十一)。

可汗曾舉行三次金剛乘灌頂法。在第一次〔可汗〕奉納了在吐蕃三萬戶(十二)〔中〕的工匠〔?〕(十三)。第二次奉納了漢地的工匠。在〔一〕週年的時候，又奉納了十名吐蕃工匠。在第三次把阿赤

(七) 八思巴元史有傳，見卷二〇二，列傳八十九釋老傳。勝教寶燈有詳傳（見日譯本蒙古喇嘛教史一五二頁至一七四頁）。

(八) 有道行而能轉世的喇嘛，正式被奉迎，承襲職位的典禮，謂之「坐床」。

(九) 紫檀城不知是究指何城而言。就紫檀一詞猜測，可能是指世祖崩御的紫檀殿說的。紫檀一字蒙語作 kürin tsandan 就是紫檀香。辭源旃檀條有詳解。

(十) 原文爲 ghurban öngge ulus 卽三種顏色的國民之意。

(十一) 據勝教寶燈，八思巴國師圓寂時，年四十六歲，時爲庚辰（至元十七年，一二〇八年）十一月二十二日。（見日譯本蒙古喇嘛教史一七三頁）

(十二) 元史卷八十七，志三十七，百官三，宣政院條，雖有若干有關吐蕃官制的記載，但不能找出適合這一條的解釋。

(十三) 原文爲 Urchin，不知何解，疑爲 Urachin 之訛。故暫譯爲巧匠或工匠（見三合第二冊〔有做第三冊者〕六十九頁上）。

答撒禿魯可汗（Achitasaturu Khaghan）⑭舍利（Sharil）的一部分，用香煙燻好，奉給〔喇嘛〕。而且還把「班第達・八思巴帝師」⑮的封號贈給八思巴喇嘛。〔可汗〕在大都過冬，在上都過夏，使釋迦牟尼的宗教興盛得如日中天。

有一個時期，卡爾瑪・巴克什⑯在〔日〕落水際的天空中，顯出掌握飛石的神通。薛禪可汗降上諭說：「我們的帝師，喇嘛・呼圖克圖⑰如果也是「呼畢勒罕」⑱，那麼他神通變化的法術，

---

⑭ 阿赤答撒禿魯可汗（Achitasaturu Khaghan）或爲西藏佛教傳說中的一個王者，與蒙古汗統無關。

⑮ 「班第達・八思巴帝師」原文作 Bandita Pagsba Diseri。班第達亦有譯作「班第智」者。（參照註㊈）Diseri 一字在 Kowalewski 字典一七七九亦作行政長官解。

⑯ 卡爾瑪・巴克什（Karma Baghshi）是與帝師八思巴所屬薩迦（Sa-skya）宗對立的卡珠（Bkah-rgyud）宗的領袖。世世相承，均以卡爾瑪爲名號。他曾得蒙哥可汗之敬重。我們從這一段故事中，也可以察出薩迦宗與卡珠宗之間，確曾有過相當的競爭。關於這一宗派的歷史請參照勝教寶燈日譯本蒙古喇嘛教史第一五〇頁至一五二頁。

⑰ 「呼圖克圖」（Khutughtu）按秘史譯法應寫爲「忽禿黑禿」原意爲有福之人，後來成爲喇嘛的尊號。清朝公文書中均作「呼圖克圖」。請參照大清會典理藩院事例理藩院兼屬清吏司條有關喇嘛之部分，在「須喇嘛之禁令」一語下，註解說：「〔喇嘛〕除封國師，禪師名號者……其餘概不得以呼圖克圖兼諾們罕，班第達，堪布，綽爾濟等職銜。」這些都是高級喇嘛的榮銜。（見蒙藏委員會四十八年印行清代邊政通考第六十七頁，此書即理藩院事例之抽印本）

⑱ 「呼畢勒罕」（Khubilghan）原意是「有神通能變化的。」在喇嘛的習俗上是「轉世」，也就是漢語所說的「活佛」。大清會典理藩院事例理藩院兼屬清吏司條稱：「凡喇嘛能以神識轉生於世曰呼畢勒罕。」（見前揭清代邊政通考本六六頁）

一定要比這多變的法術師㊈〔會的〕更多。」薛禪可汗的皇后聽見了，就把〔這事的〕原委告訴八思巴喇嘛說：「如果〔可汗〕尊重卡爾瑪・巴克什，那麼對薩迦㊉〔宗〕的根本，必有損害。請顯出神通變化來吧！」於是八思巴喇嘛就在可汗和衆臣宰的面前，先用刀把頭和手足割成五段，變成五尊〔不同〕的佛，〔又〕把許多變化顯出來，當做眼目的宴享，顯示給〔衆人〕看。

忽必烈・薛禪可汗免除了佛教僧侶的賦稅徭役，制定〔國家和宗教的〕兩種法度，穩固的統御了成吉思可汗的大社稷，因此被衆人稱讚爲薛禪可汗(Sechen Kkaghan)㊁。在位三十五年，馬兒年（甲午，一二九四年）正月二十二日，在大都殯天。壽八十一歲。薛禪可汗是屬蛇的㊂。

㊈ 原文爲 jügemüi 按 jügemüi 爲咀咒之意（見三合十一冊六十頁上）。Chi 是接尾語，表示是行該動作的人，ri 也是接尾語，但無具體的意思。（見註㊄）所以暫譯爲法術師。按喇嘛教，在宗喀巴改革爲黃教之前，均以行法術持咒語之事爲尚。

㊉ 薩迦宗是以薩迦寺（卽建於白色土地寺院之謂）爲本據。其教長八思巴之伯（也有稱爲叔父的），答克巴・堅藏（Grags-pa rgyal-mtshan）始以薩迦・班禪爲號。後來八思巴受封爲大寶法王蒙賜玉印，遂以薩迦教宗的地位，綜攬吐蕃政教大權於一身，直至元朝末葉，這一個宗派始終掌握着藏土的大權。請參照勝教寶燈日譯本蒙古喇嘛教史一二二頁至一三一頁。

㊁ 元史稱：「上尊謚曰聖德神功文武皇帝，廟號世祖，國語尊稱曰薛禪皇帝。」（見卷十七，本紀第十七，世祖十四，百衲本第六冊第二十三頁上）薛禪（Sechen）是聖明聰慧之意，清代仍用爲尊稱，公文書中均用「車臣」代之。

㊂ 本書及成吉思汗傳（二十五頁上），喀喇沁本蒙古源流（藤岡本第三部第二頁）均稱可汗在馬兒年（甲午，一二九四年）正月二十二日在大都崩逝，在位三十五年。享壽八十一歲。可汗是屬蛇的。按蛇長是己巳（一二〇九）或是辛巳（一二二一）都不合於八十一歲之說。

源流稱：「乙亥年〔一二一五〕降生。……在位三十六年歲次庚申（？）享年八十二歲歿。」庚申顯然是錯誤的。

元史稱：「世祖……乙亥歲〔一二一五〕八月乙卯生。（百衲本，第二冊，卷四，本紀第四，世祖一，第一頁上）又稱：「中統三十一年〔甲午，一二九四年〕春正月，壬子朔，帝不豫。……癸酉〔二十二日〕崩于紫檀殿，在位三十五年，壽八十。」（百衲本第六冊，卷十七，本紀第十七，世祖十四，第二十三頁下、二十四頁上）

第五節　完澤篤可汗——成宗

（下卷一一六頁第四行至第九行）

其後，就在這馬兒年〔甲午，一二九四年〕，完澤篤可汗三十歲，四月初十日，在失乞兒湖〔Shigir Na'ur〕登大位。他〔所尊奉〕的是苔兒瑪（Dharma）喇嘛，在位十四年。四十四歲，羊兒年〔丁未，一三〇七年〕正月初八日，在大都殯天。完澤篤可汗是屬牛的㈠。

㈠ 成吉思汗傳（二十五頁上），喀喇沁本蒙古源流（藤岡本第三部二三兩頁）之記事，完全與本書同。蒙古源流說：「〔薛禪可〕汗云：「我前已有成命，於精吉木〔Jinggim 卽太子真金〕之三子噶瑪拉（Kamala），達爾瑪•巴拉（Darma-bala），特木爾（Temür），弟兄三人，親爲諦視，以特穆爾克承治統。遂將第三孫特穆爾，於汗在時，令其卽位。特穆爾汗係乙丑年降生。歲次甲午，年三十歲，卽汗位。後伊祖歿，自丁酉年（大德元年一二九七）起，纘承治統，供奉有名之薩斯嘉•滿珠郭喀喇特納格都，喇嘛，照前所立之政，以四大道致民人於太平纘緒，十一(?)年，歲次丁未，年四十三歲歿，」」（箋證卷四第十四頁上）

元史卷十八成宗本紀說：「成宗欽明廣孝皇帝諱鐵木耳，世祖之孫。裕宗真金第三子也。……至元二年（甲子，一二六四年）九月庚子生，……〔至元〕三十年乙巳〔一二九三年〕受皇太子寶……三十一年春正月，世祖崩，親王諸大臣遣使告哀軍中，夏四月壬午帝至上都，左右部諸王畢會……甲午卽皇帝位，受諸王宗親文武百官朝於大安閣。」（百衲本第六冊，卷十八，第一頁上下）又在第二十一卷說：「〔大德〕十一年春正月丙辰朔帝大漸，免朝賀，癸酉（初八日）崩于玉德殿。在位十有三年，壽四十有二。……九月乙丑謚曰欽明廣孝皇帝。廟號成宗。國語曰完澤篤皇帝。」（二十一卷二十八頁上）

按「完澤篤」～Öljeitü 是壽考和吉祥如意的意思。

輟耕錄稱：「成宗欽明廣孝皇帝諱鐵木耳。國語曰完者篤。」（四部叢刊本卷一，第十二頁）

勝教寶燈說：「這位可汗在祖父薛禪可汗在世時，就卽了大位，從丁酉年〔一二九七〕起執掌國政，經過了十一年，在四十三歲時崩殂。」（見日譯本～蒙古喇嘛教史第四十五頁）

按以上諸史料推查，本書所說享壽四十四歲之說，必有計算上的錯誤，倘可汗生於乙丑年，則應爲四十二歲。

失吉兒（shigir）湖或爲上都附近之一湖泊。shigir 或爲 shijir 的訛轉。shijir 爲精金之意。

本書所說的蒼兒瑪喇嘛，及源流所說的滿珠郭喀喇特納格都喇嘛，均不見元史釋老傳。按元史，成宗時代的帝師是乞剌斯八•斡節兒，輦真監藏和都家班這三個人。

蒼兒瑪喇嘛原名爲 Chos-sku hod-zer，梵文作 Dhārma-Kayarasmi。關於他在成宗時代的故事，見勝教寶燈日譯本蒙古喇嘛教史一七五至一八一頁。惟黃金史在下第六節把他的名字寫作 Chosgi-odsar 而且說是武宗時代的國師。Chos-sku hod-zer 或寫爲 Chosgi-odsar。

第六節　曲律可汗——武宗皇帝

（下卷一一六頁第九行至第十二行）

其後在這羊兒年〔丁未，一三〇七年〕，完澤篤可汗之弟，曲律可汗二十七歲卽大位。他〔供奉〕的喇嘛是搠思吉・斡惕撒兒（Chosgi-odsar）。在位五年，猪兒年〔辛亥，一三一一年〕，在大都殯天。曲律可汗是屬蛇的。據說這位可汗對〔佛〕教有更大的貢獻㊀。

㊀ 成吉思汗傳（二十五頁下）稱可汗爲海山・曲律可汗（Khaisang Külüg Khaghan）；但未說他是完澤篤汗之弟，所尊奉的喇嘛，和他與佛教的關係。其餘均與本書同。喀本源流之記載（藤岡本，第三部第三頁）僅稱他爲曲律可汗，其餘紀事與成吉思汗傳同。

蒙古源流說：「〔特穆爾汗〕歿，嗣達爾瑪巴拉之子海桑，辛巳年〔至元十八年，一二八一〕生，歲次戊申〔一三〇八年〕，年二十八歲卽位。命有名之托音・垂濟・鄂特色爾（Toyin Choiji-odsar）之羅咱斡僧人，將史咒各經繙譯大半，以道教惠養大衆。在位四年，歲次辛亥，年三十一歲歿。」（見箋證卷四，第十四頁上下）。關於搠思吉・斡惕撒兒請參照前節的小註。

元史武宗本紀稱：「武宗仁惠宣孝皇帝諱海山，順宗荅剌麻八剌（Darmabala）之長子也。……至元十八年〔辛巳，一二八一年〕七月十九日生。……大德十一年〔一三〇七年〕春，閏成宗崩，……五月〔自朔方〕至上都。……甲申皇帝卽位於上都。」（見卷二十二，一二兩頁）。又稱：「〔至大〕四年〔辛亥，一三一一年〕春正月……庚辰帝崩於〔大都〕玉德殿。在位五年，壽三十一。……謚曰仁惠宣孝皇帝，廟號武宗，國語曰曲律皇帝。」（卷二十三，二十七頁下）

勝教寶燈說：「〔帖木兒汗〕之後，其兄荅剌麻八剌之……長子海山。辛巳年（一二八一年）生，戊申（一三〇八）年二十八歲卽位，稱曲律可汗。守法執國四年。三十一歲崩。」（日譯本蒙古喇嘛教史四十六頁）

輟耕錄說：「武宗仁惠宣孝皇帝諱海山。國語曰曲律。」（四部叢刊本卷一，第十二頁下）

曲律（Külüg），秘史作曲魯兀惕（Külüg-üd）複數形。（卷五，三十三頁下）或作曲魯吉（Külüg-i）役格，曲魯昆（Külüg-ün 所有格）（均見卷八，三十七頁下）。旁譯是「傑」或「豪傑」，和現代語中是良駒之意。按元史，武宗海山是成宗之侄，並非其弟。本書的記載，恐怕是在弟～degüü 一字之下脫落了「之子」～yin kübegün 一字。

第七節　普顏篤可汗——仁宗皇帝

（下卷一一六頁第十二行至一一七頁第二行）

其後，在猪兒年〔至大四年，辛亥，一三一一年〕普顏篤可汗三十七歲登大位，所供奉的喇嘛是董岳惕巴（Dongyodba），在位十年，猴兒年〔延祐七年，庚申，一三二〇年〕四十七歲，在大都殯天。普顏篤可汗是屬雞的㊀。

㊀ 成吉思汗傳說：「其後就在這猪兒年，愛育黎•拔力八達（Ayoor-Balbada）普顏篤可汗三十七歲即大位，在位十年。猴兒年四十七歲，在大都殯天。可汗是屬猪的。」（二十五頁下）喀本蒙古源流的記載，除未寫可汗名字之外，其餘都和成吉思汗傳同（見藤岡本第三部第三頁）。蒙古源流說：「海桑〔可汗〕……辛亥年三十一歲歿。弟阿裕爾巴里巴特喇（Ayorbaribadara）汗，乙酉年〔至元二十二年，一二八五〕生。歲次壬子，年二十八歲即位，供奉有名之薩斯嘉錫哩巴特喇嘛，仍遵前政，宏圖永固，在位十年，歲次庚申（一三二〇年），年三十六歲歿。」（箋證卷四，第十四頁下）

元史仁宗本紀說：「仁宗聖文欽孝皇帝諱愛育黎拔力八達，順宗次子，武宗之弟也。……至元二十二年〔乙酉，一二八五年〕三月丙子生。」（二十四卷第一頁上）「〔至大〕四年（一三一一年）三月十八日於大都大明殿卽皇帝位。」（同卷第六頁上）「〔延祐〕七年〔庚申，一三二〇年〕正月……辛丑，帝崩於光天宮，壽三十有六。在位十年。……諡曰聖文欽孝皇帝。廟號仁宗，國語曰普顏篤皇帝。」（二十六卷十九頁上）

輟耕錄說：「仁宗聖文欽孝皇帝諱愛育黎・拔力八達，國語曰普顏篤。」（四部叢刊本卷一，十三頁）按「普顏篤」(Boyantu) 是有福者之意。

董岳惕巴「勝教寶燈」做董岳堅藏（Don-yon rgyal-mtshan）他的歷史，請參照勝教寶燈日譯本蒙古喇嘛教史一八二頁。

第八節　格堅可汗——英宗皇帝

（下卷一一七頁第二行至第五行）

其後，就在這馬兒年（?）㊀格堅可汗年十八歲，在大都即大位。所供奉的喇嘛是札木散(Rchamsan)。在位四年，二十一歲，猪兒年〔癸亥，至治三年，一三二三〕，在上都以南的末鄰—額卜赤溫㊁之地殯天。格堅可汗是屬鼠兒的㊂。

㊀ 馬兒（morin）是猴兒（mochin）之訛。當為庚申年，一三二〇。

㊁ 末鄰—額卜赤溫（Morin Ebchi'ün）地名，意思是「馬胸」。

㊂ 成吉思汗傳說：「其後就在這猴兒年，碩德八剌（Shidibala）格堅可汗十八歲在大都即大位。在位四年，二十一歲，猪兒年，在上都之南，末鄰—額卜赤溫之地殯天。可汗是屬鼠兒的。」（二十五頁下）

喀本源流的記事，除未提汗諱之外，餘均與成吉思汗傳同。（見藤岡本第三部第三頁）

蒙古源流說：「阿裕爾•巴里巴特喇汗……歿。子碩廸巴拉汗癸卯年生。歲次辛酉年十九歲即位。供奉有名之薩斯嘉•

布特達錫哩喇嘛，以道教休養大衆。驅逐唐古特之特卜贊汗，以定密納克之衆，在位三年。歲次癸亥，年二十一歲歿。」（見箋證卷四第十四頁下）

元史英宗本紀說：「英宗睿聖文孝皇帝諱碩德八剌，仁宗嫡子也。……大德七年〔癸卯，一三〇三年〕二月甲子生。……〔延祐〕七年〔庚申，一三二〇年〕三月十一日卽皇帝位，于大明殿。……〔至治〕三年〔癸亥，一三二三年〕八月癸亥，車駕〔自上都〕南還，駐蹕南坡，是夕御史大夫鐵失……等謀逆：…遂弒帝於行幄，年二十一。……泰定元年〔甲子，一三二四〕二月，上尊謚曰睿聖文孝皇帝，廟號英宗。四月上國語廟號曰格堅（Gegen）。」（卷二十七，一—四頁。卷二十八第十一，第四，第十六頁十七頁）按「格堅」是光明的意思。

輟耕錄說：「英宗睿聖文孝皇帝諱碩德八剌，國語曰革堅。延祐七年庚申三月十一日庚寅卽大位。……至治三年癸亥八月四日癸亥遇弒，崩于上都途中南坡行幄。在位四年，壽二十一。」（四部叢刊本卷一，十三頁下）

黃金史和成吉思汗傳，喀本源流都說可汗是屬鼠的。按鼠年是庚子（大德四年，一三〇〇），與上列其他各書所說的年齡不同，似有訛誤，應以元史輟源流所說的癸卯大德七年爲準。

可汗崩殂之地，元史輟耕錄均作南坡，或卽蒙古語所稱 Morin Ebchi'ün 之地。

札木散（Rchamsan）勝教寶燈作索囊堅藏（Bsod-nams rgyal-mtshan）（日譯本蒙古喇嘛教史一八三頁）

第九節　也孫·鐵木兒可汗——泰定帝

（下卷一一七頁第五行至第九行）

其後，猪兒年〔癸亥，至治三年，一三二三〕，也孫·鐵木兒可汗三十歲，在闊迭額—阿剌勒卽大位。所供奉的喇嘛是巴木·索德那木（Bam Sodnam）。有的史書稱爲阿里巴合·可汗（Aribakha Khaghan）。在位六年。三十六歲，龍兒年〔戊辰，致和元年，一三二八〕八月初六日，在上都殯天。也孫·鐵木兒可汗是屬蛇的㊀。

㊀ 成吉思汗傳（見二十五頁下〜二十六頁上）和喀本蒙古源流的記載，除未提到可汗所奉之喇嘛外，與黃金史一字不差。只是成吉思汗傳把可汗御崩的年歲誤作「三十」，脫落了一個「六」字。鮑登（C. R. Bawden）博士在他的英譯黃金史綱第六十三頁五十二節註四下有所說明。

蒙古源流說：「碩迪巴拉汗……歿，嗣噶瑪拉之子伊遜·特穆爾汗，癸巳年生，歲次甲子，年三十二歲卽位。令薩斯嘉布尼雅巴達及蒙古師，羅咱斡錫喇卜·僧格二人，將從前未譯之經繙譯。在位五年，歲次戊辰，年三十六歲歿。』」（見

箋證卷四第十四頁下十五頁上）

元史泰定帝本紀說：「泰定皇帝也遜•鐵木兒，顯宗甘麻剌之長子，裕宗之嫡孫也。……至元十三年（丙子，一二七六年）十月二十九日，帝生于晉邸，大德六年（一三〇二）晉王薨，帝襲封，是爲嗣晉王，仍鎭北邊。……至治三年〔癸亥，一三二三年〕……八月，……英宗南還，駐蹕南坡，是夕鐵失等矯殺〔丞相〕拜住，英宗遂遇弒于幄殿。諸王按梯•不花（Alchi-Bukha）及也先•鐵木兒（Esen-temür）奉皇帝璽綬，北迎帝于鎭所。癸巳卽皇帝位於龍居河。」（卷二十九第一頁上下第二頁上）……又說「致和元年（戊辰，一三二八年）……秋七月……庚午，帝崩，壽三十六。」（卷三十第二十四頁上）

輟耕錄說：「泰定皇帝諱也先•帖木兒。元封晉王，至治三年癸亥，九月四日癸巳，卽位于上都龍居河。……致和元年〔戊辰〕七月十日庚午崩。文宗追廢。在位五年，壽三十六。」按龍居河卽秘史克魯連（Kerulen）河。河畔的闊迭額—阿剌勒亦卽太宗斡歌歹可汗卽位之所，向爲漠北政治中心，太宗本紀一名兩譯，一作曲雕—阿蘭，一作廣鐵烏—阿剌里（見元史卷二第一頁上）。

輟耕錄載「九月初四日癸巳卽位」一語，元史泰定帝本紀只說癸巳，未註月日。但在同頁所載的卽位詔書中，曾有：「九月初四日，於成吉思汗皇帝的大斡耳朶裏，大位次裏坐了也。」一語。（見卷二十九第二頁上下及第三頁上）恰與輟耕錄合。惟輟耕錄所說上都之地似有訛誤。

本書，成吉思汗傳，和兩種源流。都說可汗是屬蛇的，癸巳年生。癸巳是世祖至元三十年（一二九三）。正合各史書所載，戊辰年—致和元年，一三二八年——崩殂，享年三十六歲之說，足證元史所稱至元十三年（丙子，一二七六年）十月二十九日帝生於晉邸的時間，是有訛誤。

勝教寶燈說：「也孫•鐵木兒可汗命薩迦喇嘛達嘎瓦•索德那木（Dgah ba bsod-nams）及蒙古譯官錫喇卜•僧格（Shes-rab Sen-ge）二人翻譯妙法。（見日譯本蒙古喇嘛教史一八三頁）可知黃金史所說的巴木•索德那木（Bam-Sodnam），蒙古源流的布尼雅巴達和勝教寶燈的達嘎瓦•索德那木同是一人。

第十節 剌察巴黑可汗——天順帝

（下卷一一七頁第九行至第十三行）

就在那年，剌察巴黑(Rachabagh)可汗在位四十日崩殂，和世㻋可汗(Kosala Khaghan)也在位一個月崩逝，〔所以〕就在那龍兒年，札牙篤可汗（Jaya'atu Khaghan）年三十五歲，卽了大位。他所供奉的喇嘛是林沁・第納黑（Richin-Dinah）㈠。

㈠ 黃金史的這一節，和下一節的記事，都有些紛亂，遠不及成吉思汗傳寫得清楚而有條理。成吉思汗傳說：「其後，在這龍兒年〔戊辰，一三三八年〕，阿速吉八（Asuchiba）在札牙篤（Jaya'atu）可汗〔文宗〕三十五歲的時候，八月十二日卽了大位。」（二十六頁）

喀本蒙古源流把這一段全部脫落了。蒙古源流把這位坐了四十天的可汗，誤爲海桑汗（武宗）之長子和錫拉（卽明宗和世㻋）。同時又把和世㻋（Kösala）可汗讀成了一個和錫拉，與另一個在位二十天的庫色勒兩個可汗。顯然是很錯誤的。（見箋證卷四第十五頁上）

這裡所說的剌察巴黑（Rachabagh），當然是成吉思汗傳裡的阿速吉八（Asuchibau）的訛寫。據元史泰定帝本紀泰定元年條云：「三月……丙午御大明殿，冊八八罕氏爲皇后，皇子阿速吉八爲皇太子。」（卷二十九第十頁下）又同致和元年條：「七月……庚午〔泰定帝〕崩。……九月倒剌沙立皇太子爲皇帝，改元天順。」（卷三十第二十四頁下）明宗本紀說：「戊辰〔致和元年〕七月庚午，泰定皇帝崩於上都。倒剌沙專權自用，踰月不立君。（卷三十一第二頁下）又說：「九月壬申，懷王〔圖•帖睦爾〕卽位，是爲文宗。改元天曆，詔天下曰，謹俟大兄〔明宗和世㻋〕之至，以遂朕固讓之心。時倒剌沙在上都立泰定皇帝子爲皇帝，乃遣兵分道犯大都。……燕•帖木兒與其弟撒敦，子唐其勢等，帥師與戰，屢敗之。上都兵皆潰。十月……以兵圍上都，倒剌沙乃奉皇帝寶出降。」（元史卷三十一第三頁上下）這正與成吉思汗傳所說的：「阿速吉八，在札牙篤可汗三十五歲的時候，八月十二日卽了大位。」一條是相合的。此處所說：「和世㻋可汗在位一個月就更替了。」這一句話，所指不明。也可能是把文宗先卽位，而後讓與明宗的記事（見元史卷三十一、二兩卷）誤寫所致。

小林高四郎氏的成吉思汗傳日譯本蒙古黃金史把 Mön Jaya'atu Khaghan——「就在這札牙篤可汗〔三十五歲〕的時候」一語，誤爲阿速吉八的尊稱，作「阿速吉八•門•札牙篤•可汗。」（見該書七四頁）鮑登（C. R. Bawden）氏的英譯黃金史綱第六十三頁的蒙古譯音部份，和一四八頁的英譯部分都沒有提到阿速吉八的故事。

勝教寶燈說林沁帕克（Rin-chen-hphags）梵文爲 Ratnārya，並且說可汗所供奉的喇嘛是林沁•旺寶（Rin-Chen dban-po）。（見日譯本蒙古喇嘛教史一八三頁）

第十一節　忽都篤可汗——明宗

（下卷一一七頁第十三行至一一八頁第四行）

其後，蛇兒年〔己巳，天曆二年，一三二九〕，忽都篤（Khutughtu）可汗，年三十歲，在西方聲譽大隆，旋〔師〕而回。於正月十九日，因失落大寶國璽，使〔人〕殺丞相，並派〔軍〕逆迎之。四月初三日，和世㻋・忽都篤可汗（Kosala Khutughtu Khaghan）即大位於赤赤格—納兀兒〔Chichig Na'ur～花兒湖〕，所供奉的喇嘛是那木伯・札木散（Nambai Rchimsürn）。在位四個月，同年八月初六日殯天㊀。

㊀黃金史的這一段記事也是很亂的，我們先把各種史料的記載寫在下邊：

成吉思汗傳說：「翌年，蛇兒年，忽都篤可汗自西方揚名凱旋，正月十九日即大位，年三十歲。因丟失寶璽，使人殺丞相，派兵逆迎，取之而去。忽都篤可汗在赤赤格秃—納兀兒之地，於四月初三日即大位，同年八月初六日殯天。」（二十六頁）

喀本源流的記載是：「其後，這札牙篤可汗三十五歲，龍兒年八月十二日即大位。翌年，蛇兒年，忽都篤汗自西方揚名凱旋，正月十九日卽大位，年三十歲，因失寶璽使〔人〕殺丞相，並以「軍」逆迎，見〔寶璽〕取之而去。忽都篤可汗，在赤赤格納兀兒，於四月初三日卽大位，同年八月初六日殯天。」

蒙古源流說：「伊遜•特穆爾汗……歿。海桑汗之長子和錫拉汗，庚子年生，歲次己巳年，三十歲卽位，在位四十日，卽於是年歿。弟庫色勒汗乙巳年生，歲次己巳，年二十五歲卽位，在位二十日，卽於是年歿。」（見箋證卷四，十五頁上）

元史明宗本紀說：「明宗翼獻景孝皇帝諱和世㻋，武宗長子也。……〔仁宗〕延祐三年春，議建東宮時。丞相鐵木迭兒欲固位取寵，乃議立英宗爲皇太子，又與太后幸臣，識烈門，譖帝於兩宮，浸潤久之，其計遂行，於是封帝爲周王，出鎮雲南。……是年冬十一月，帝次延安……〔恐〕事變〇測，遂與數騎馳去。……帝遂西行至北邊。金山西北諸王察阿台〔疑爲察哈台汗國封主〕等，聞帝至，咸率衆來附。帝至其部，與定約束，每歲冬居札顏，夏居斡羅斡察山，春則命從者耕於野泥。十餘年間，邊境寧謐。……戊辰〔致和元年〕七月，庚午泰定皇帝崩於上都。倒剌沙專權自用，踰月不立君，朝野疑懼。時僉樞密院事燕•鐵木兒留守京師，遂謀舉義。八月甲午，黎明召百官集興聖宮，兵皆露刄，號於衆曰：『武皇有聖子二人，孝友仁文，天下歸心，大統所在，當迎立之。』……帝方遠在沙漠，猝未能至，慮生他變，乃迎帝弟懷王〔文宗〕于江陵，且宣言已遣使北迎帝。……丁巳懷王入京師，羣臣請正大統。固讓曰：『大兄在北，以長以德當有天下，必不得已，當明以朕志，播告中外。』九月壬申，懷王卽位，是爲文宗。改元天曆，詔天下曰：『謹俟大兄之至，以遂朕固讓之心。』時倒剌沙在上都，立泰定皇帝子爲皇帝。乃遣兵分道犯大都。……燕•帖木兒……等，帥師與戰，屢敗之，上都兵皆潰。十月辛丑……以兵圍上都，倒剌沙乃奉皇帝寶出降。兩京道路始通，於是文宗遣哈散，及撒廸等相繼來迎。朔漠諸王，皆勸帝南還京師。遂發，北邊諸王察阿台……等咸帥師扈行。……天曆二年〔己巳，一三二九年〕正月乙丑，文宗復遣中書左丞躍里•帖木兒來迎。乙酉撒廸等至，入見帝于行幄，以文宗命勸進。丙戌，帝卽位于和寧之北。……二月……辛酉，文宗遣右丞相燕•鐵木兒奉皇帝寶來上。……四月癸巳，燕•鐵木兒見帝於行在，率百官上皇帝寶。……〔上〕遣武寧王徹徹禿……立文宗爲皇太子，五月……乙亥，次禿忽剌，敕大都省臣，鑄皇太子寶。時求太子故寶，不知所在。近侍伯•不花言，寶藏于上都，行幄遣人至上都索之，無所得，乃命更鑄之。……八月乙酉朔，次王忽察都〔Ongghuchatu〕之地。丙戌，皇太子入見。是日宴皇太子，及諸王大臣于行殿。庚寅，帝暴崩。年三十。……是月己亥，皇太子復卽帝位。十二月乙巳，知樞密院事臣也不倫等議請上尊謚，曰翼獻景孝皇

帝，廟號明宗。」（元史卷三十一）

又元史寧宗本記中稱明宗爲「忽都篤皇帝」（見三十七卷第二頁下第三行）。

輟耕錄說：「明宗翼獻景孝皇帝。諱和世㻋，國語曰忽都篤。天曆二年己巳，正月二十八日丙戌卽位于和寧北。八月二日大駕次王忽察都。六日暴崩。不改元，在位八月。壽三十。」（四部本卷一，十四頁上）

在上列的蒙漢文史料中，除蒙古源流不足憑證之外，其餘均大同小異。同時也可以說黃金史和成吉思汗傳的記載，甚爲扼要，首先說和世㻋可汗揚名於西方。這一點可從元史中得到詳證。（小林高四郎的日譯蒙古黃金史第七四頁稱「西方」爲「東方」不知何所根據。當有訛誤。）關於寶璽的記載，明宗本紀中也有三處提到這個問題。但無法確定黃金史中所說遺失的寶璽，是否卽元史所說的皇太子故璽，抑或指文宗先把皇帝寶璽從上都拿走的故事而言，則無法斷定。至於忽都篤可汗所要殺的丞相是誰？我們也無法斷定。所謂派兵逆迎一節，可能是指可汗率大軍自塞外南下之事而說的。但我們總可以從黃金史記事中，看出明宗是爲了掌握國權，下決心，率軍南下，不惜殺死一個宰相。可能這就是促成他在王忽察都暴死的主因。陳邦瞻的元史紀事本末說：「胡粹中曰：『聞之故老言，燕•帖木兒奉上璽綬，明宗從官有不爲之禮者，燕•帖木兒且怒且懼。旣而帝暴崩。燕•帖木兒聞哭聲，卽奔入帳中，取寶璽扶文宗上馬南馳。本史乃言皇太子入哭盡哀，燕•帖木兒以皇后命奉皇帝寶授於太子，其說不合。豈當時忌諱有不敢明言者歟。』」（見臺灣商務印書館國學基本叢書版四十四頁），又黃金史下卷第一一八頁首行第三字作 Al-Temür，可能是 El-Temür 之訛。El-Temür 卽燕•帖木兒之原音。假如這個字原是 El-Temür，那麼元史紀事本末的說法，更值得我們參考了。黃金史和成吉思汗傳都說札牙篤可汗（文宗）卽位時三十五歲，忽都篤可汗(明宗)卽位時年三十歲。按忽都篤可汗爲札牙篤可汗之兄，二書所記的年齡當然不確。元史寧宗本紀中所說的蒙語廟號，及輟耕錄所說的尊稱——「忽都篤」，正與蒙古史料所說的 Khutughtu 相合。「忽都篤」是有福者之意，清代成爲轉世喇嘛的尊稱，漢文寫作「呼圖克圖」或「胡圖克圖」。

勝教寶燈稱和世㻋可汗所供奉的喇嘛的是那木喀•堅藏（Nam-mkhah rgyal-mtshan）。

第十二節　札牙篤可汗——文宗

（下卷一一八頁第四行至第六行）

其後，就在這月的初十日，札牙篤（Jaya'atu）可汗卽大位，所供奉的喇嘛是伊希・林沁（Yishi-Rinchin）。在位四年。猴兒年〔壬申，至順三年，一三三二年〕，三十五歲。在大都殯天㊀。

㊀ 成吉思汗傳說：「其後就在這八月初十日，圖・帖睦爾（Tüb-Temür）札牙篤可汗卽大位。在位五年，壬申年三十五歲，在大都殯天。」（二十六頁上）（鮑登英譯太未提汗名，一四九頁）喀喇沁本蒙古源流除未言可汗之名爲 Tüb-Temür 外，其餘均與成吉思汗傳同（藤岡本三部第四頁）。

蒙古源流說：「阿裕爾・巴里巴特喇汗〔仁宗〕之子托克・特穆爾（Togh-Temür）汗，甲辰年〔大德八年，一三〇四年〕生。歲次己巳（天曆二年，一三二九年），年二十六歲卽位。奉有名之薩斯嘉・阿難達巴達喇嘛。崇祀昭〔卽拉薩大昭寺〕釋迦牟尼佛。於上方福地〔卽西藏〕，大施金銀寶貝。於釋迦牟尼佛法，極加敬重。修明道教，在位四年，歲次壬甲，年二十九歲歿。」（箋證卷四第十五頁上下）

元史文宗本紀說：「文宗聖明元孝皇帝，諱圖•帖睦爾。武宗之次子，明宗之弟也。……大德八年〔甲辰，一三〇四年〕，春正月癸亥生。……致和元年〔戊辰，一三二八年〕九月十三日，卽皇帝位於大明殿。……以致和元年爲天曆元年。……天曆二年(己巳，一三二九年)……四月……癸卯，明宗遣武寧王徹徹禿，中書平章政事哈八兒禿來錫命，立帝爲皇太子。八月乙酉朔，明宗次于王忽察都。丙戌帝入見，明宗宴帝及諸王大臣于行殿。庚寅明宗崩，帝入臨哭盡哀。燕•帖木兒以明宗后之命，奉皇帝寶授于帝遂還。……至順三年〔壬申，一三三二年〕……三月……己酉……帝崩。壽二十有九。在位五年。……元統二年〔一三三四年〕……上尊謚曰聖明元孝皇帝。廟號文宗，國言謚號曰札牙篤皇帝。……〔順帝〕後至元六年〔一三四〇年〕六月，以帝謀爲不軌，使明宗飮恨而崩，詔除其廟主。」（見卷二十六第九頁下）

順帝本紀說……「〔後〕至元六年……六月丙申，詔撤文宗廟主……其略曰：「昔我皇祖武宗皇帝昇遐之後，祖母太皇太后，惑於憸慝，俾皇考明宗皇帝出封雲南。英宗遇害，正統寖偏，我皇考以武宗之嫡，逃居朔漠，宗王大臣同心翊戴，肇啓大事于時，以地近先迎文宗暫總機務。繼知天理人倫之攸當，假讓位之名，以寶璽來上，皇考推誠不疑，卽授以皇太子寶。文宗稔惡不悛，當躬迓之際，乃與其臣月魯•不花，也里牙，明里•董阿等謀爲不軌，使我皇考飮恨上賓。歸而再御宸極，思欲自解於天下，乃謂夫何數日之間，宮車弗駕。海內聞之。靡不切齒。又私圖傳子，乃構邪言嫁禍於八不沙皇后，謂朕非明宗之子，遂俾出居遐陬，祖宗大業，幾於不繼。內懷愧慊則殺也里牙以杜口。上天不祐，降殞罰。叔嬸不答失里，怙其勢燄，不立明考之冢嗣，而立孺稚之弟亦憐真班，奄復不年。諸王大臣以賢以長，扶朕踐位。國之大政，屬不自遂者，詎能枚擧。每念治必本於盡孝，事莫先於正名。賴天之靈，權奸屏黜，盡孝正名，不容復緩，永惟鞠育罔極之思，忍忘不共戴天之義。既往之罪，不可勝誅，其命太常撤去脫•脫木兒〔卽圖•帖睦爾〕在廟之主。……」（見卷四十第六、七兩頁）

輟耕錄說：「文宗聖明元孝皇帝諱脫•脫木兒，國語曰札牙篤。致和元年戊辰九月十三日壬申，卽位于大明殿，改元天曆。詔讓大兄明宗，明年己巳五月帝發京師北迎，八月二日丙戌遇於王忽察都。庚寅明宗暴崩。己亥復卽位于上都。……至順三年壬申八月十二日己酉崩。在位五年。壽二十九。……後至元六年庚辰六月丙申，以帝謀不軌，使明宗飮恨而崩，詔撤其廟主。」（卷一第十四頁）。由元史的記載來看，明宗暴崩，是由於文宗一派的逆弑，似乎是被動的。但從黃金史不完全的記載中來看，明宗率大軍南下，是主動，而且是積極爭取政權的一種行動。這一場政爭，雖然是用弒逆的手段，作了一個結束；但這一場悲劇，似乎是與忽必烈同阿里•不哥的政爭，具有同一的性質。一方是代表守舊的「蒙古本位主義。」一方是代表華化主義的革新派。我們從久居漠北的明宗言行，和他與北路諸王，及察哈台汗國宗王們的關係，以及文宗的久居江南交接文士，愛慕漢地文藝的性格來看，可以察出這一場汗位的爭奪，並不僅是兄弟鬩墻之禍，而是蒙古主義與漢化主義的一場嚴重衝突。

勝教寶燈說札牙篤可汗所供奉的喇嘛是薩迦宗的伊希•林沁和卡爾瑪派的林沁•多爾吉(Ran.-byun rdo-rje)二人。(見日譯本蒙古喇嘛教史一八四頁)

第十三節　額爾德尼・超克圖可汗——寧宗

（下卷一一八頁第六行至第九行）

就在那猴兒年〔壬申，至順三年，一三三二年〕，懿璘質班（Irchamal?）額爾德尼・超克圖・可汗（Erdeni-Choghtu Khaghan）在十月初五日即大位，所供奉的喇嘛是桑結・巴拉（Sangjai-Bal）。〔可汗〕在同猴兒年同月二十五日，在大都殯天㊀。

㊀ 成吉思汗傳說：「壬申年，本月初五日懿璘質班（Rinchinbala）可汗即大位，同月二十五日大都殯天。」（二十六頁上）喀本蒙古源流的記載（第三部第五頁），與黃金史及成吉思汗傳同；但喀本源流均與黃金史稱汗名爲 Irchamal。而無 Rinchin 字樣。

蒙古源流說：「庫色勒汗之子額琳沁巴勒，丙寅年〔泰定三年，一三二六年〕生，歲次壬申，年七歲即位。在位一月歿。」（箋證卷四第十五頁下）。

元史寧宗本紀說：「寧宗冲聖嗣孝皇帝，諱懿璘質班，明宗第二子也。……至順三年十月初四日〔庚子〕，帝即位于大明殿。……十一月〔?〕壬辰帝崩，年七歲。明年六月己巳，明宗長子妥懽・帖木耳即位。至元四年三月辛酉，謚曰冲聖嗣孝廟號寧宗。」（三十七卷第五頁）但元史順帝本紀說：「至順……三年……十一月壬辰，寧宗崩。」（三十八卷順帝一，第一頁下第七行）與寧宗本紀所說的「二月壬辰」不合。當有訛誤。以輟耕錄所載：「寧宗冲聖嗣孝皇帝，諱懿璘質班。至順三年壬申十月四日，卽位于大明殿，至十一月十六日壬午崩，……年七歲……。」（卷一第十四頁下）之說對證，可知寧宗本紀的「二月」是錯的。

勝教寶燈說，懿璘質班（Rin-chen-dpal）可汗所供奉的喇嘛是桑結・巴勒（Sans-rgas-dpal）。（見日譯本蒙古喇嘛教史一八四頁）

第十四節　烏哈噶圖可汗——順帝

（下卷一一八頁第九行至一二四頁第十一行）

其後就在這猴兒年〔壬申，至順三年，一三三二年〕，妥歡・帖木兒（Toghon-Temür）烏哈噶圖（Ukhaghatu）可汗在大都即大位㊀。所供奉的喇嘛名叫福龍（Boyan-u Luu）。〔他〕失掉了成吉思汗所建立的偉大社稷。從成吉思可汗起，到妥歡・帖木兒可汗都是供奉薩迦（Saskya）宗的喇嘛。烏合噶圖可汗不從諦特蘇特・伊卜蘇特・魯・喇嘛（Tidsud-Ibsud-Lu-

---

㊀ 關於妥歡・帖木兒汗即位年代，元史（卷三十八順帝本紀第二頁上），輟耕錄（卷一第十四頁下），蒙古源流（箋證卷四第十五頁下）均作癸酉年（至順四年，一三三三年）。元史稱：「〔至順〕四年六月己巳帝即位於上都，」與輟耕錄同。元史於順帝本紀之末尾稱：「大明皇帝以帝知順天命，退避而去，特加其號曰順帝。」北元朝廷所上之廟號爲惠宗。**蒙語尊號爲烏哈噶圖。「烏哈噶圖」是「有智慧者」的意思。**

Lama）的法旨，廢掉〔他祖先〕和八思巴喇嘛的誓約㊁。因此失掉了忽必烈・薛禪可汗所建設的大都宮闕。

在烏哈噶圖的時代，〔一個〕主兒扯惕〔卽金人之意〕老翁的兒子，名叫朱〔葛〕，〔他〕出生的時候，從房子裡有彩虹出現，拉干（Laghan），伊巴呼（Ibakhu）兩個人知道了這個預兆，就奏稟可汗說：「這個小兒對我們的可汗，好可以效勞，壞可以爲害，〔莫如〕從小就把他除掉！」可汗不聽他兩人的話，不肯殺死那個小孩。拉干，伊巴呼兩個人說：「您沒有殺他，以後可不要爲您的頭顱後悔呀！」

這個孩子長大之後，就奉命鎭守左〔幾〕省的人民，右〔幾〕省的人民由托托（Toghtogh），合剌章（Khara-jang）㊂兩人掌管。後來朱葛（Jüge），布哈（Bukha）兄弟二人㊃向可汗

㊁ 蒙古源流也記有妥歡・帖木兒汗，與元代諸汗在傳統上所崇奉的，薩迦宗的喇嘛之間，發生齟齬之事。但源流所記載的喇嘛是阿難達・瑪第喇嘛（箋證卷四第十五頁下）。

勝教寶燈說，妥歡・帖木兒汗所供奉的喇嘛是薩迦宗的貢嘎・羅結（Kundgah blo-gros）和卡爾瑪宗的羅勒柏・多爾吉（Rol-pahi rdo-rje）二人。其中卡爾瑪宗的大師多受可汗的尊重。（見日譯本蒙古喇嘛教史一八四頁、一八七頁至一八九頁）

㊂ 托托卽丞相托托，元史卷一三八，列傳第二十五有傳。合剌章是他的長子，其事見托托傳。元室北徙，他曾輔佐昭宗愛猷識里達臘和脫古思・帖木兒兩可汗，維持北元的殘局。事見明史韃靼傳。（百衲本三二七卷第二頁上下）。

㊃ 關於布哈，張爾田在蒙古源流箋證的小註說：「布哈卽右丞相別兒怯・不花（Berke-Bukha），史稱其欲陷脫脫，以致誤爲朱葛之弟兄。（卷四第十六頁上小註）按別兒怯・不花欲陷托托於死之事，見元史托托傳。（卷一三八列傳二十五第三十九頁下）

進托托，合剌章兩人的讒言說：「這兩個達魯花〔赤〕掌管你的倉廩，自己吞了大的好的，把小的不好的纔拿來獻給可汗你。」爲了這話，可汗就派朱葛去把托托，合剌章兩人帶來。朱葛前去，沒到那裡，中途回來。就報告可汗說：「〔他〕不肯來」。〔可汗〕又派〔他〕去。〔他〕又回來說以前的話，可汗發了怒，罷免托托，合剌章兩人達魯花〔赤〕的職守。就叫朱葛，不花二人掌管全國。朱葛，不花二人去接管了倉廩，三年之間都沒有回來。可汗降上諭說：「朱葛的腿太沉重了，若是朱葛前來，可不要給他們開門！」如此給門衞下了旨諭。

那事以後，可汗做了一個夢。夢見許多敵兵圍住了我們的城。因爲怕那些敵〔兵〕，就在城裡繞着跑，幾乎連看一看的時間都找不到。趕緊往西北跑，〔在那裡〕看見一個洞，恨不得把可汗的〔大〕位，全國的百姓都撇下，從洞裡鑽出去纔好。因此就叫漢地的賢者解釋說：「我這個夢是好還是壞呢？」那個賢者解可汗的夢說：「好像可汗將要失掉汗位。」那以後，蒙古的托托丞相遠征得利，打了勝仗㈤。〔有一天〕可汗按夢的預兆，到西北一看，果然有一個洞。〔心想〕：「我這個夢竟是眞的。」就害起怕來。

後來朱葛，不花兩個人，用一萬輛車，裝載官倉〔的財富〕前來。用多半的車輛裝載財貨。在三千輛車上，裝了穿鎧甲的士兵。〔可汗的〕門衞不給〔他〕開門。他就送給門衞財寶，騙進〔城門〕，顯出〔伏〕兵，要突襲可汗的金殿。可汗知道了，就把三十萬蒙古人都撇下，從以前所看見的〔那個〕洞，把皇后們皇子們帶出去走了。〔可汗這次〕僅帶十萬蒙古人出去。

㈤ 原文作 Sain ayalakhu（下卷一二〇頁第十八行）。按字義，Sain 是好，ayalakhu 在秘史上作長征解。此處或有豫示勝利之意。但爲愼重起見，譯作遠征。大概是指他討江南諸賊而說的。

在那倉惶出走的時候，善射者合撒兒(Khasar)的後裔答忽•巴圖爾(Dakhu Ba'atur)之子，多木勒和•巴圖爾(Domulkhu Ba'atur)㊅派他的兒子合赤•忽魯格(Khachi-Külüg)出陣，率領他那六十名有旗幟的戰友(nökör)前來，說：「〔俗語〕說：『寧叫骨斷，莫使名折！』」說着就迎上漢兵厮殺前去。這就是所謂：「合撒兒的後裔對可汗的子嗣做過一件好事」的那件事。

〔可汗〕出兎兒口(Moltugchin-u Sübe)㊆，建立虎兒城(Bars Khota)㊇居住。漢兵

㊅ 多木勒和•巴圖爾(Domolkhu-Ba'atur)蒙古源流作多古勒•巴圖爾，喀剌沁本蒙古源流（藤岡本第三部第七頁第十一行）做Domolkhu-Ba'atur。成吉思汗傳（第二十七頁下第九行）做 Tokhu-Batur。按墨爾根活佛的黃金史(張家口版)八十九頁，說他是合撒兒的九世孫，在順帝失國之際，與漢兵厮殺陣亡，年五十一歲。

㊆ 蒙古源流作古北口（箋證卷五第二頁上）。同處的蒙文則作 Moltugchin Sübe（見施密特 Sch-mitd 本蒙文蒙古源流第一三六頁）。亦有稱之爲獨石口者。

㊇ Bars Khota 之漢譯就是虎兒城，關於它的記載，日本和田清博士在他的「有關兀良哈三衞之研究上」論文註解第五十七說：「根據蒙古源流，大都失守後，順帝『聚集於克魯倫河邊界，起造巴爾斯——和坦居住。』其他蒙古人方面的所傳，也多一致支持此說。實則順帝適走是由漢南的開平遷至應昌，這是無庸再敍的。而巴爾斯——和坦城是在漠北克埒倫河畔，乃今外蒙古車臣汗會盟之地，所以此說當然是不能憑信，然而此種傳說之所以發生的原因，可能是因明初這一地區，曾是蒙古可汗一個衙庭所在之處。」這是和田清氏和論說順帝之子愛猷識理達臘與明太祖抗衡時所作的註解。（見和田清東亞史研究蒙古篇一八二頁及二五二頁）。

按清代外蒙車臣汗部亦稱爲克魯倫——巴爾和屯盟。大清會典會盟編，外札薩克會盟條稱：「車臣汗部二十三旗，盟於克魯倫巴爾——和屯爲一會。」（見蒙藏委員會於四十八年在臺北出版的清代邊政通考—卽大清會典理藩院事例一第二九三頁）又張穆（石州）蒙古游牧記卷九，外蒙古，喀爾喀，克魯倫——巴爾——和屯盟游牧所在，中末旗條牧地小註說：「〔龔之鑰後出塞錄〕又曰達賴貝子所屬境内，有城名巴喇——河屯，譯言虎城也。城内廢寺甚大。後殿有二塔，一七層，一五層，二塔壁間所縷諸佛像俱在。其七層者，内有石台，上供木匣，長三尺許，貯畫一軸，上繪三世佛及文殊，普賢，四大天王像。殿側有碑記，字多剝落，間有一二字可識，彷彿遼時之物。」云。（見蒙藏委員會本二三三頁）

就建築沙狐城（Kirsa Khota）[九]住下了。據說烏哈噶圖可汗的兒子必力格圖（Biligtü）〔可汗〕，叫暴風雪降下[十]，使漢兵軍馬幾乎死光。殘兵〔退〕回的時候，〔蒙古〕兵一直追殺到長城（Kerem）。逃散的潰兵燒毀了他們的兵器，倒斃在他們的〔軍〕糧之上，所謂：「漢人上了山頂，沙狐的尾巴做了帽纓」[十一]就是指這個說的。

〔以下是烏哈噶圖可汗懷念兩都的歌詞：〕

用各種珍寶，以至美至善建立的，我的大都啊！
古代諸可汗宴居的夏宮，我的上都金蓮川[十二]呀！
涼爽美麗我的開平，上都；
〔溫暖壯麗我可愛的大都〕[十三]；

[九] 按Kirsa或Girsa是狐的一種。牠體型較小，皮毛較次，漢語稱為沙狐或沙狐子。khota是城。這正是殺胡城的對譯。按明人的記載，多說永樂帝築殺胡城，駐屯大軍以攻本雅失里可汗。和田清氏在之「明初之蒙古經略」一文中，認為其地當在外蒙古喀爾喀東路車臣汗部之會盟地巴喇思城附近。（見東亞史研究五十九頁）可能其地原為 Kirsa Khota 以其漢譯為沙狐城，明人遂以殺胡名之。順帝時代，明宗築沙狐城之說，當然是後人根據本雅失里可汗時代的故事而揑造的。

[十] 即秘史一四三節（卷四）所說的「札荅」（jada）。

[十一] 這句俗話顯然是諷刺明兵的，可能是說「屬下的漢人登了高，卑賤的沙狐尾巴也當了纓帽」的意思吧。

[十二] 金蓮川原文做 Shira Tala。蒙古源流譯為尚都—沙喇—塔拉。按 Tala 是川，即平川或平原之謂。Shira 是黃色。當然是有黃花遍野的平原之意。且因其地在上都附近，自然是金蓮川無疑。

[十三] 這一句不見本書，但成吉思汗傳（二十八頁上第九行）有這一句，自詞義上看來，這是顯然脫落的。所以把它填寫在這裏。

在紅兎兒年失陷了的，我〔所愛〕的大都㉔；
清晨登高，就聞到了你那芬芳的香氣。
在我烏哈噶圖可汗跟前，曾有拉干，伊巴忽兩人〔勸諫〕；
明明察覺，竟爾失掉了〔我〕可愛的大都！

生而無知的「那顏」，
連國家也不相看顧！
我祇有哭哭啼啼的停在這裏，
我好像遺落在營地裏的小紅牛犢！
用各樣〔美飾〕建造的，我的八稜白塔；
維繫朝廷大國名分的，用九種寶器建立的，我的大都！
保持四十萬戶蒙古社稷名譽的，方形有四坐城門的，我的大都；
宏法傳教，超渡地獄枯骨的㉕，我可愛的大都！

㉔ 紅兎兒年是丙卯年，而大都失守係在庚申（一三六八年），顯然是個錯誤。在成吉思汗傳中（第二十八頁上）沒有這一句。

㉕ 原文作 Temür Shatu khughuraji（下卷一二二頁第十三行），意思是「鐵梯折斷」，似與上下文不合。成吉思汗傳（二十八頁下第五行）做 Tamu Shantu darshighuraju。喀本蒙古源流（第三部第九頁第五行）亦同。足證黃金史的詞句是錯了。按 Tamu 是地獄，Shantu 是脛骨，darshighuraju 是留戀或沉醉之意。所以勉強的把它譯做：「超渡地獄枯骨」，以符上下文之義。

〔啊！〕我的名分，我的朝廷！
冬季不去過冬，夏天做爲夏營的，我的開平上都，我的金蓮川啊！
不聽拉干，伊巴忽勸諫，造成了我的錯誤！

有福之人建造的〔翠〕竹宮殿㊅；
呼畢勒罕㊆・薛禪可汗，渡夏的開平，上都！
都給漢人賺去了！
〔啊！〕這荒唐的惡名，就加在我烏哈噶圖可汗的身上！
用〔盡〕一切建造的，美玉〔一般〕的大都；
建立宮殿，用以過冬的，可愛的大都；
都給漢人奪去了！
〔啊！〕這昏亂的惡名，就加在我烏哈噶圖可汗的身上！
用〔盡〕一切建造的，寶貝一般的大都；
都給漢人虜去了！
〔啊！〕這庸劣的惡名，就加在我烏哈噶圖可汗的身上！

㊅　關於忽必烈可汗的竹宮，小林高四郎氏在他的日譯蒙古本黃金史第八十八頁註二之處，提到馬可孛羅游記中亦有相同的記載。

㊆　「呼畢勒罕」（Khubilghan）是有神通且能變化者之意，也就是現在漢語的活佛，見第四節註㊅。

可汗主上所奠定的偉大名譽〔和〕社稷；
令人景仰的薛禪可汗所建造的，可愛的大都；
舉國仰望，做爲全國支柱的，寶貝大都；
〔如今〕已被漢人奪去了！
〔啊！〕可愛的大都！

汗・騰格里㊇之子－成吉思可汗的黃金氏族。
諸佛轉世的，薛禪可汗的黃金宮闕。
普薩轉世的烏哈噶圖可汗，因汗・騰格里的定命，
失守了可愛的大都！

在袖裏藏好汗主的玉寶璽，
從衆敵當中廝殺奪陣而出；
不花・帖木兒丞相㊈要在動亂之中，

㊇「汗・騰格里」卽漢語「皇天」之意，但以保留原形，似乎更能表示原來薩蠻教的色彩故不翻譯。

㊈不花・帖木兒（Bukha-temür）丞相，元史無傳；但在宰相年表中却有他的名字。順帝至正二十四年（甲辰），和二十五年（乙巳），他都是右丞。二十六年（丙午）他是平章政事。（見卷一一三表六下，宰相年表二，第十一頁下，十二頁上，十三頁上。）

給汗主的後嗣，奠定萬世〔不易〕的疆土！
誤中詭計，失守了可愛的大都，
從家逃亡，遺下了寶貝梵經佛法，
願神明睿智的衆普薩辨別〔善惡〕！
願今後成吉思可汗的黃金氏族再回來重定〔疆土〕！

其後，可汗二十九歲，〔又〕經過了四年，狗兒年〔庚戌，一三七〇年〕在稱爲應昌府〔Ing-Changbu〕的城裏殯天⑳。衆蒙古人的社稷，被大明可汗（Dai-Ming Khaghan）所奪取。自是以後，佛法敎化也就衰殘了。從忽必烈•薛禪可汗居住大都以來，到烏哈噶圖可汗，共住了一百零五年又六個月㉑，失守了大都㉑！

---

⑳ 這裏顯然是錯誤的，蒙古源流作戊申年（至正廿八年，一三六八）五十一歲（箋證卷五第一頁）。元史順帝本紀說：「八月庚申，大明兵入京城。國亡後一年，帝駐於應昌府。又一年，四月丙戌，帝因痢疾，殂于應昌。壽五十一，在位三十六年。」（卷四十七本紀第四十七，第十四頁）。

㉑ 按元史地理志，「世祖至元元年（一二六四年）中書省臣言，開平府闕庭所在，加號上都，燕京分立省部，亦乞正名，遂改中都。……四年（一二六七年）始於中都之東北置今城而遷都焉。九年（一二七二年）改大都。」（卷五十八地理志十第三頁上）
這裏所說的，當是指世祖至元元年（一二六四年）給燕京以中都的名號之時起至順帝北遷的一三六八年，共是一百〇五年。若以世祖冬季居住大都的確實年月來算似乎仍有問題。

㊂關於這一段，成吉思汗傳（自二十六頁下首行至二十九頁下第四行）和喀喇沁本蒙古源流（藤岡本第三部第三行至十一頁首行）的記載，與黃金史只有一些細微的出入。蒙古源流（箋證卷四第十五頁下至卷五第三頁上）的記載，雖然相彷，但有相當的出入。所謂順帝懷念兩都的歌詞，自若干角度上看來，也似乎是後人之作，這篇名歌以黃金史，成吉思汗傳，喀本源流所保存的遠較蒙古源流完整的多。喇希彭楚克（Rashipungsugh）書第四冊六三三頁至六三四頁也有一首類似而簡短的歌詞。

第十五節　關於明朝諸帝的記載和傳說

（下卷一二四頁第十一行至一二七頁第三行）

當社稷淪亡的時候，烏哈噶圖可汗的翁吉剌惕夫人正懷着三個月的孕。那位夫人就藏在〔一個〕甕裏。那個甕漢語叫做「缸」。蒙古語做作 botong 。漢族的朱洪武可汗娶了那個夫人，〔留她〕住在宮裏。那個漢人想，如過了七個月就生產的話，〔必〕是敵人的兒子，就〔把他〕殺掉；若是過了十個月〔纔〕生產，就是自己的兒子，不可胡作非爲。夫人就〔暗中〕祈禱說：「我們的天父啊！請你垂恩，給加添三個月，叫過十個月〔再生下來〕吧！」上天垂恩，果然過了十三個月，纔生下一個男孩兒，朱洪武可汗的漢族夫人〔也〕生了一個男兒。

洪武可汗就做了一個夢，夢見有兩條龍相鬪。北邊的龍勝過了南邊的龍㊀。就叫卜者解說：

㊀ 原文是東（左）jegün 和西（右）baraghun 。在蒙古游牧區的房舍帳幕都是面向東，而稱東爲南；所以東就是北，南就是西了。以龍爲可汗的象徵，所謂「真龍天子」之說，在蒙古並不存在。龍王（Loos）不過是一個可以爲善可以爲惡的一個地方神祇，並不特別受尊敬。所以這傳說是漢化，或內地化的神話，不像蒙古的原裝品。

「我這夢是吉還是凶呢？」卜者說：「那不是兩條龍，是你的兩個兒子。南邊的龍是漢族夫人的兒子。北邊的龍是蒙古夫人的兒子，〔他〕有坐你汗位的命運。」爲了卜者的話，洪武可汗就想：「雖然同樣都是〔我的〕子嗣，可是他的母親，曾是敵人的夫人，由她生的兒子來坐我的汗位，實在不好。」就叫〔他〕從宮裏出去，在長城的末尾，建造呼和──浩塔（Köke Khota）城㈡住在那裏。其後洪武可汗在位三十一年之後，就死了㈢。

㈡ 按 Köke Khota 卽歸化城之原名，意思是「青城」，這城是阿拉坦（俺答）汗所造的與燕王無關。

㈢ 關於永樂帝爲元順帝遺子之說，蒙古源流卷八說：「漢人朱葛諾延……襲取大都城，卽汗位，稱爲大明朱洪武汗。其烏哈噶圖汗之第三福晉，係洪吉喇特，托克托太師之女，名格哷勒德●哈屯，懷孕七月，洪武汗納之，越三月，是歲戊申生一男。朱洪武降旨曰：「從前汗曾有大恩於我，此乃伊子也，其恩應報，可爲我子，爾等勿以爲非。」遂養爲己子。與漢福晉所生之子朱代，共二子。朱洪武在位三十年，歲次戊寅五十五歲卒。大小官員商議，以爲蒙古福晉之子，雖爲兄，係他人之子，長成不免與漢人爲仇，漢福晉之子雖爲弟，乃嫡子，應奉以爲汗。朱代庚戌年生，歲次戊寅年二十九歲卽位。在位四越月，十八日卽卒。於是年無子。其蒙古福晉所生之子，於己卯年三十二歲卽位，……在位二十二年，歲次庚子五十歲卒。子宣德汗，丙寅年生，歲次辛丑，年三十六歲卽汗位。」（箋證卷八第十七頁上末行至十八頁下末行）沈增植，張爾田兩氏在上邊這一段記事中，寫下兩段小註，他說：「〔劉獻廷〕廣陽雜記：『明成祖之母甕妃，蒙古人，元順帝妃也。宮中別有廟，藏神主，世世祀之，不關宗伯。』此書前稱托克托太師爲洪吉喇氏，本又作甕吉剌氏，彼此不相合。爾田案（蒙古）世系譜，「汗避位出京，弘吉喇氏哈吞，猝藏覆甕中，爲明洪武所獲，時哈吞懷娠已三月，默祝曰：『彌月而產，勢難留也，惟天憫佑，至十三月而生乃得安全。』後果十三月生一子，洪武以爲己子育之。此卽明之永樂也。後妃以磌爲姓云。」與此所述同一事，而傳說小異。他又說：「爾田案，朱竹垞南京太常寺志跋：『海寧談遷，棗林雜俎中述孝慈高皇后無子，不獨長陵〔成祖〕爲高麗磌妃所出，而懿文太子及秦、晉二王皆李淑妃產也。聞者爭以爲駭。今觀天啓三年南京太常寺志大書，孝陵殿宇中，設高皇帝后主，左配生子妃五人，右祇磌妃一人。

他的兒子札兀剌（Ja'ura）可汗〔即建文帝〕㊃在位四年之後，翁吉剌惕夫人的兒子永樂可汗，就率領他自己的少數伴當（nökör），山南的六千蒙古人㊄，水〔濱〕的三萬女眞人，佔領了

事足徵信，然則實錄曲筆不足從也。太常寺志今未見，使其信然，則碽妃甕妃必居其一，與瘋國公事殆同一例。野史遺聞或未盡無稽歟？」（箋證卷八，十七頁下十八頁上）

關於這一段傳說傅斯年先生於民國二十一年在中央研究院史語所集刊第二本第四分發表「明成祖生母記疑」一文。其後朱希祖氏又在中山大學文史月刊二卷一期發表「明成祖生母記疑辯」一文。民國二十五年三月，李晉華氏又在中研史語所集刊第六本第一分發表「明成祖生母問題彙證」一文，同時在同一刊物上，傅氏又發表了「跋『明成祖生母問題彙證』並答朱希祖先生」一文。傅、李兩氏認爲成祖之生母爲碽妃，而非高后。朱氏則持相反的意見。傅、李兩氏所引證的史料極詳，惜朱氏之原文此間無法讀到，頗覺悵然。小林高四郎氏在他的日譯蒙古黃金史第九十一頁註三中也略提到上述的一些論說，同時他更說到田清波（A. Mostaert）神甫所編著的鄂爾多斯口碑集一三三頁第三十九亦有記載。並謂田氏以爲這是從內地流入蒙古的傳說。可惜這本書此間無從借閱。勝教寶燈的記載也大致相同。（見日譯本蒙古喇嘛教史八六頁至八八頁）。

㊃「札兀剌」——Ja'ura 一字是「半途的」或「不到頭的」之意。可能是當時蒙古人對建文帝的一種含有諷刺和卑視的稱呼。也可能是誤寫。喀喇沁本蒙古源流作 Jaghun。（藤岡本第三部第十二頁）成吉思汗傳（三十頁第十行）作 Jaghuya 可能是 Jaghura 的訛寫。

㊄這裏（下卷一二六頁第二行）說是六千蒙古人，等到下邊（第八行）就說是六千烏濟葉特人。成吉思汗傳並喀本源流均作 Üchiyid。但這一族究屬於蒙古何部，尚待考證。英人包登（C.R. Bawden）（同氏英譯蒙古年代記—Altan Tobchi 第一五五頁）日人小林高四郎（蒙古黃金史九一頁註二）也曾提到這問題，但都未得解決。蒙古源流說：「額森於大同地方，擒獲大明正統汗……交與阿里瑪丞相留養於六千烏濟葉特之高阜和暖地方。」（見箋證卷五第十三頁上）可知烏濟葉特必是個統屬六個千户，而居住離大同不遠的漢南地方的一個部族。

長城（Khara Kerem?）㈥之地，組織軍隊，前去捉住漢族洪武可汗的兒子札兀剌可汗，在他的頸項上加蓋銀印，放逐出去。

烏哈噶圖可汗的兒子，永樂可汗佔了〔大〕位。我們〔可汗〕的子嗣做了中國正統的可汗。因為曾給永樂上過尊號「大明」（Daiming），〔且〕曾效過力的緣故，〔他〕就賞賜山南的烏濟葉特（Üchiyed）族㈦三百份勅書（daidu）㈧。這永樂可汗在位二十二年賓天。

這永樂可汗的子嗣做了十一代，他們是：

洪熙（Khunshi）可汗在位一年㈨。

宣德（Sende）可汗在位十年。

正統（Jingtüng）可汗在位十四年。

景泰（Jingtai）可汗在位十五年㈩。

成化（Chingkhua）可汗在位二十三年。

㈥ 長城普通稱為 Chaghan Kerem——白墻子，惟此處稱為 Khara Kerem——黑墻子。

㈦ 同註㈤。

㈧ 勅書原文作 Daidu。關於這一個字的問題，Henry Serruys 曾為中國文化（Chinese Culture）第二卷第四號（一九六〇年五月）撰寫"Ta-tu, Tai-tu. Dayidu"一文，論之甚詳，可參考。據他的考證，凡持有這種勅書的，可到邊卡交易或領賞賜。

㈨ 蒙古源流卷八在記述明代諸帝時，把洪熙帝脫落，勝教寶燈也把他脫落了。

㈩ 景泰帝在位七年（一四五〇年——一四五六年），這裏的十五年，是包括英宗復位後的天順八年在內。成吉思汗傳另列天順帝一條，自其拼音來看，似為後人所加。喀本源流未列入此條。

弘治（Khuningchi）可汗在位十八年⑪。
正德（Jingde）可汗在位十六年。
嘉靖（Jadang? Jadeng?）可汗在位四十六年⑫。
隆慶（Lüngching）可汗在位四十六年⑬。
〔萬曆（Wanli）可汗在位四十六年。〕⑭
泰昌（Tayisun）可汗在位一個月。
大明朝廷（Daiming-Chu-Ting）天啓（Tinchi）可汗在位一年⑮。從洪武可汗到天啓可汗共二百五十七年⑯。

---

⑪ 弘治 Khuningchi，成吉思汗傳（三〇頁下末行）作 Khuwangchi，喀本源流（三部第十二頁九行）作 Khungchi。

⑫ 嘉靖 Jadang 成吉思汗傳（三十一頁下首行）及喀本源流（三部第十三頁十一行）均作 Jiding。

⑬ 按隆慶帝（穆宗）在位六年（一五六七年至一五七二年），成吉思汗傳（三十一頁首行）喀本源流（第三部十三頁十二行）亦均作六年。

⑭ 黃金史把萬曆帝這一代脫落未寫，似乎是把他和隆慶帝混在一起，現在按喀本源流在成吉思汗傳把這一句補起來，萬曆喀本源流（三部十三行）作 Wali，實際上萬曆計為四十七年（一五七三年至一六一九年）

⑮ 天啓帝，成吉思汗傳（三十一頁下三行）喀本源流（同前第十五行）均作在位二十六年。

⑯ 以上列諸帝在位年數總和得不出二百五十七這個數字，顯然是有訛誤之處。勝教寶燈的記載比較詳盡，且記有正統的被俘，和崇禎的失國等事。（見日譯本蒙古喇嘛教史八八頁至九十頁）。

第十六節　必里格圖可汗

（下卷一二七頁第四行至第六行）

妥歡帖木兒可汗的兒子，必里格圖（Biligtü），就在這狗兒年〔庚戌，洪武三年，一三七〇〕，在稱爲應昌的城裏卽大位，在位九年，馬兒年〔戊午，洪武十一年，一三七八年〕殯天㈠。

㈠　成吉思汗傳（第三十一頁上）喀喇沁本蒙古源流（藤岡本第三部十四頁）的所記與本書同。
蒙古源流說「〔托歡•特穆爾汗〕歲次庚戌〔一三七〇〕年五十三歲歿，子阿裕錫哩達喇汗（Ayur Shiridara Khan），戊寅年〔一三三八〕生，歲次辛亥〔一三七一〕，年三十四歲卽位。在位八年。歲次戊午年〔一三七八〕，四十一歲歿。」（箋證卷五第三頁上）
元史說：「〔庚戌年〕五月癸卯，大明兵襲應昌府，皇孫買的里•八剌（Maidaribala）及后妃，並寶玉皆被獲，皇太子愛猷•識里達臘從十數騎遁」。（卷四十七順帝本紀末尾）。
明史韃靼傳說：「洪武十一年（戊午，一三七八）夏，故元太子愛猷•識里達臘卒，太祖自爲文遣使弔祭。」（卷三二七列傳二一五第二頁下）
按愛猷識理達臘汗的漢語諡法是昭宗。「必里格圖」—Biligtü 是蒙語尊稱，意思是「博聞强記的，或聰敏的」昭宗是蒙古可汗中最後有漢語諡號的一個人。

第十七節 兀思哈勒可汗

（下卷一二七頁第六行至第七行）

兀思哈勒（Uskhal）可汗，就在這馬兒年〔戊午，洪武十一年，一三七八年〕即大位，在位十一年，龍兒年〔戊辰，洪武二十一年，一三八八〕殯天㊀。

㊀ 成吉思汗傳（三十一頁上），喀喇沁本蒙古源流（藤岡本第三部十四頁）兩書所說的與本書相同。蒙古源流說：「〔阿裕•錫哩達喇汗〕歿，弟特古斯•特穆爾汗(Tegüs-Temür Khan)壬午年〔至正（後）二年，一三四二年〕生，己未〔洪武十二年，一三七九〕，年三十八歲即位，在位十年，歲次戊辰〔洪武二十一年，一三八八〕，年四十七歲歿。」張爾田氏在註解這一段時說：「據明史外國傳〔韃靼傳〕，脫古斯•帖木兒爲愛猷•識里達臘之子，當以此書爲正，成祖諭本雅失里，有「太祖遣脫古斯•帖木兒歸嗣爲可汗」語。史蓋緣之而誤。蒙古世系譜稱烏薩哈爾汗。」又沈增植說：「特古斯•特穆爾嘗爲明擒，此書不敍，知蒙古人諱之。其卒在洪武二十一年與此合。不言爲也速迭爾所弒者，不詳其事，亦諱之也。明史太祖紀，二十二年，也速迭兒弒其主脫古斯•帖木兒，而立坤•帖木兒，與外國傳異。又與成祖詔『順帝後至坤•帖木兒六傳皆不善終』異。」當據此正之。王靜安校明史：「脫古思•帖木兒既遁，將依丞相咬住於和林，行至土剌河，爲其下也速迭兒所襲，衆復散，獨與捏怯來等十六騎偕，時咬住來迎，欲共依闊闊•帖木兒，大雪不得發，也速迭兒兵猝至縊殺之，並殺其子天保奴。」（箋證卷五第二頁上下）

這一段話指出明人的若干錯誤的記載，頗爲扼要。

兀思哈勒—Uskhal 是脫古斯•帖木兒汗的蒙語尊稱，意思是「謙恭和藹的」。

第十八節　卓里克圖可汗及恩克可汗

（下卷一二七頁第七行至第九行）

其後就在這一年，卓里克圖（Jorightu）可汗即大位。在位四年。羊兒年〔辛未，一三九一〕殯天。恩克（Engke）可汗在位四年㊀。

㊀ 成吉思汗傳（第三十一頁上）和喀本蒙古源流（藤岡本第三部十四頁）所記有關卓里克圖汗之事，與黃金史相同，但無有關恩克汗的任何記載。

蒙古源流：「特古斯・特穆爾汗……歿。生子恩克・卓里克圖汗（Engke Jorightu Khan），額勒伯克・尼克埒蘇克齊汗（Elbeg Nigülesügchi Khan），哈爾古楚克・都古楞・特穆爾・鴻台吉（Kharghuchugh-Dügüreng-Temür Khong Taiji）弟兄三人。恩克・卓里克圖汗，己亥年〔至正十九年，一三五九年〕生，歲次己巳〔洪武二十二年，一三八九〕年三十一歲即位。在位四年，歲次壬申（洪武二十五年，一三九二年），年三十四歲歿。」（見箋證卷五第三頁下）

由以上三書的證明，知道黃金史是把一個可汗的尊稱或是名字誤作爲二人，Engke是「平安」。Jorightu是「有志氣」的意思。

第十九節　額勒伯克・尼古埒蘇克齊可汗

（下卷一二七頁第九行至一三〇頁第三行）

其後就在這狗兒年（甲戌，一三九四年），額勒伯克（Elbeg）可汗即大位。〔一天〕額勒伯克可汗行獵，看見所殺野兎的血，洒在雪上，就說：「有顏色白如雪，臉兒紅似血的美女嗎？」瓦剌〔Oirad—斡亦剌惕或衞喇特〕族的浩海・達裕（Khoukhai-dayu）㊀說：「有像這樣的婦人。」〔可汗〕就問：「她是誰？」〔他〕說：「如果要〔我〕稟奏，〔我〕就說吧，那就是你兒子哈兒古楚克・都古楞・帖木兒・鴻台吉（Kharghuchugh-Düğüreng-Temür Khong Taiji）的鄂勒哲依圖・洪郭斡・拜濟（Öljeitü Khong Gho'a Begi）。你的

㊀ 蒙古源流稱，浩海・達裕是衞喇特部扎哈・明安氏族的人。（見箋證卷五第四頁上）達裕—Dayu 可能是「太尉」的轉音，但不敢斷言。

兒媳婦就是這麼美麗的啊！」㈡

額勒伯克・尼古埒蘇克齊・可汗（Elbeg-Nigülesugchi Khaghan），爲他兒婦的美色所惑，就對瓦剌的浩海・達裕降旨說：「使見所未見的，遠者來歸的，滿足盼望的，都是我浩海・達裕的功勞啊！」

〔浩海・達裕〕奉了可汗的上諭來對拜濟說：「〔可汗〕叫我來說，〔他〕要看看你的光彩。」拜濟就生氣說：「天有跟地和在一起的吧？在上的可汗有看自己兒媳婦的嗎？你兒子都古楞・帖木兒・鴻台吉死了嗎？可汗成了黑〔狗〕嗎？」㈢聽了這些話可汗大怒，竟把自己的兒子殺死，佔了自己的兒媳婦。

其後浩海・達裕來請封賜，要當「荅兒罕」（darkhan）㈣，可汗說：「不可以。」就叫〔他〕坐在房子的前面。〔這時〕洪拜濟派個使者來說：「宴會要等可汗的，你自己到前面的房子來吧！」

浩海・達裕一進來，拜濟就拿起〔酒〕杯說：「你使我由卑賤變成高貴，由渺小變成偉大。使我的名分由拜濟成爲太后了。」說着，就用有一個口，兩個肚，一邊盛着水，一邊盛着烈酒的〔轉心〕壺來〔斟酒〕，自己喝水，用烈酒把〔浩海〕・達裕灌倒。爲了給〔鴻〕台吉報仇，把

㈡ 蒙古源流說，帖木兒・鴻台吉是額勒伯克汗的弟弟。洪・郭幹・拜濟是可汗的弟婦。（見箋證卷五第四頁上）又勝教寶燈也說是可汗之弟和弟婦。（見蒙古喇嘛教史第五十六頁）

㈢ 原文缺「狗」字，是按成吉思汗傳（第三十一頁下第八行）和喇本源流（藤岡本三部第十五頁第五行）補上的。

㈣ 「荅兒罕」（darkhan）即清代之「達爾罕」。按蒙古秘史這是對元勳的封號，九次犯罪不罰，並賜封地之義。

縵帳拉下，把〔浩海〕・達裕放在兩層褥子上面，又把自己的臉抓破，把頭髮弄斷，派使者到可汗那裏去〔報告〕。

可汗聽見趕來，〔浩海〕・達裕逃跑了。可汗就追去和〔他〕斷殺。〔他〕射斷了可汗的小指。可汗把〔浩海〕・達裕殺死，叫蘇尼特（雪你惕 Sünid）的札新太保（Jashin Taibo）㊄把他皮剝下來，拿去送給拜濟。〔她〕把可汗的血，和〔浩海〕・達裕的脂油，一起舔了〔一口〕，說：「拿殺死親子的，可汗的血，當作賠償，把它和謀害自己主人性命的，〔浩海〕・達裕的脂油，混在一起，這就是〔一個〕女人所能報的仇！什麼時候要死，就死！沒遺憾了！」

可汗雖然知道中了拜濟的計，反倒自己認錯，也沒有難爲拜濟。〔因爲誤殺了他們的父親〕㊅就叫〔浩海〕・達裕的兒子巴圖拉丞相（Batula Chingsang），烏格齊・哈什哈（Ügechi-khashagha）二人管轄（瓦剌 Oirad）四個萬戶。

在汗位坐了六年之後，蛇兒年〔辛巳，建文三年，一四〇一〕，額勒伯克可汗被瓦剌的巴圖拉丞相，烏格齊・哈什哈二人所害殯天。巴圖拉丞相，烏格齊・哈什哈二人就率領瓦剌〔衞喇特〕四萬戶，變成敵人。蒙古王朝，被瓦剌滅亡了一次，就是指這個說的㊆。

㊄ 蒙古源流作旺沁太保（Wangchin Taibo）。

㊅ 這一句是按蒙古源流（箋證卷五第五頁上）補加的。

㊆ 這一段的記事，與成吉思汗傳（三十一頁上至三十二頁下）及喀本蒙古源流（藤岡本第三部十四頁至十六頁）完全一致，與蒙古源流（箋證卷五第四至第六頁）大同小異。其不同的地方，已見註㊀至註㊅。其中最不同的一點，就是稱都古楞・帖木兒・鴻台吉爲弟。墨爾根活佛的黃金史綱也稱之爲弟。這一點恐伯源流和墨爾根活佛的書較黃金史正確。源

流又說烏格齊•哈什哈弒汗之後，娶了拜濟爲妻，時已有孕，生子名阿寨。

額勒伯克•尼古埒蘇克齊是「豐富而仁慈的」之意。

恩克•卓里克圖汗及額勒伯克•尼古埒蘇克齊汗之名不見明史。據日本和田清博士在他「有關兀良哈三衛之研究(上)」一文中之考證，當爲脫古思•帖木兒汗之子，和被明軍所俘的天保奴，地保奴兩汗子的兄長。他引明茅元儀殘元世系考所列，說：

「元順帝一傳爲愛猷識里達〔剌〕。

二傳脫古里（思）•帖木兒，愛猷識里達〔剌〕次子，爲藍玉所破，也速迭兒迭縊殺之。

三傳四傳不知名。

五傳坤•迭木兒

三君俱短祚。

六傳鬼力赤，去帝號，稱可汗，非元裔，衆不附。」

其中的第三、第四兩代不知名的可汗，正是他們兩個人。（見和田清東亞史研究蒙古篇二〇〇頁至二〇四頁）

蒙古源流說，烏格齊•哈什哈不是浩海•達裕之子，而是瓦剌的另一個首長，其地位也在巴圖拉（馬哈木）之上，不滿可汗以其女妻巴圖拉，並授以掌管瓦剌四部之權，起而攻殺可汗。（見箋證卷五第六頁）

和田清氏又在前揭論文中，舉出明人所謂（瓦剌）順寧王馬哈木，及其子脫歡，卽蒙古史傳所稱之巴圖拉丞相及其子托歡無疑。（見同書二三〇頁）

又考證烏格齊•哈什哈就是明人所說的鬼力赤，並主張鬼力赤不是韃靼，而是瓦剌的一酋。同時也提出若干可疑之處。（見同書二一一、二三五，二六五頁）

第二十節　托歡可汗

（下卷一三〇頁第三行至第四行）

其後托歡（Toghon）可汗，就在這一年即大位，在位四年，馬兒年殯天㊀。

㊀ 關於托歡（Toghon）可汗，成吉思汗傳（三十二頁下），喀本源流（藤岡本第三部十七頁）與本書記載完全相同；但蒙古源流中，並未記有這一個可汗，在明人所留的史料中，也找不到有關他的記事。

這裏所說的這一年，當然是指蛇兒年，即辛巳，建文三年，一四〇一年而言。那麼在四年後，當然是甲申，猴兒年，永樂二年，一四〇四年。如果馬兒年，必是壬午，建文四年，一四〇二年了。這裏的記事，顯有矛盾。鮑登(C.R. Bawden)曾指出這一個問題，並假定他是蒙古源流所說的混•特穆爾（Gün-temür）汗。(見同氏英譯蒙古年代記一五九頁第六十五節，註六)

墨爾根活佛的黃金史綱稱：「額勒伯克的兒子，坤•帖木兒，額勒•帖木兒及德勒伯依三人相繼爲汗，計達十六年之久。」（九十九頁、九、十兩行）。按蒙古源流：「額勒伯克汗之長子混•特穆爾丁巳年〔洪武十年，一三七七〕生，歲次庚辰〔建文二年，一四〇〇〕，年二十四歲即位，在位三年，歲次壬午年，二十六歲歿。」（箋證卷五第七頁上）

又按源流稱其父額勒伯克汗之死，是在己卯年。以此來推，可知托歡可汗，就是源流所說的混•特穆爾汗，和明史三二七韃靼傳所見的坤•帖木兒。可能托歡是他的另一個名字。Toghon 的意思是「釜」。Gün-temür 是「深鐵」之意。如爲 Ghun-temür 就是三歲牛犢和鐵的意思。

第二十一節 兀雷・帖木兒可汗

（下卷一三〇頁第四行至第五行）

其後兀雷・帖木兒（Öljei-temür）可汗卽大位，在位三年（？），虎兒年〔庚寅，永樂八年，一四一〇年〕殯天㈠。

㈠ 成吉思汗傳（第三十二頁下），喀本源流（第三部第十七頁）均稱兀雷・帖木兒汗在位十三年，可能庫倫本黃金史印刷時脫落一個「十」字。但不論在位三年或十三年，假如他是在壬午年卽位的話，都不會是在庚寅年殂歿。所以這個年代是有問題的。

蒙古源流說：「額勒伯克汗之長子坤・特穆爾……歿，無子。弟額勒錐・特穆爾（Öljei-temür）己未年〔洪武十二年，一三七九〕生，歲次癸未〔永樂元年，一四〇三〕，年二十五歲，卽位，在位八年，歲次庚寅〔永樂八年，一四一〇〕，年三十二歲歿。」（見箋證卷五第七頁上下）

墨爾根活佛的黃金史綱稱他爲 El-temür（第九十頁第九行）。El 是「平安」之義。

兀雷・帖木兒就是額勒錐・特穆爾的訛轉，蒙古的史册，無論和說他是在位幾年，但都是說是虎兒年殂歿。

和田清氏在他的「有關兀良哈三衛的研究，（上）」一文中，提到霍渥爾斯（H. H. Howorth, History of the Mongols, I, pp. 353）及原田淑人（見同氏明代之蒙古）兩氏均證明 Öljei-Temür 就是明史上的本雅失里汗。他本人也引明實錄所記：「完者禿元之遺裔，名本雅失里者，比指揮丑驢至雅馬兒罕，見其部屬不過百人」之語，證實本雅失里曾往中亞依帖木兒之事。（見同氏東亞史研究（蒙古篇）二〇五、二一四、二一五、二七五等頁）

按明史韃靼傳：「阿魯台殺鬼力赤，而迎元之後本雅失里于別失八里為可汗。〔永樂六年，一四〇八〕帝卽書諭本雅失里……不聽……秋命淇國公邱福為大將軍，……將精騎十萬討，……時本雅失里已為瓦剌所襲破，與阿魯台徙居臚朐河。……〔邱〕福乘勝渡河追敵，敵輒佯敗，引去。諸將以帝命止，福不聽，敵衆奄至，圍之五將皆沒。帝益怒，明年自將五十萬衆出塞。本雅失里聞之懼，欲與阿魯台俱西。阿魯台不從。君臣始各為部。本雅失里西奔，阿魯台東奔。帝追及斡難河，本雅失里拒戰，帝……敗之，本雅失里……以七騎遁。……班師……大敗……〔阿魯台〕……乃還。冬阿魯台使來貢馬，帝納之。越二年（一四一〇年）本雅失里為瓦剌馬哈木〔卽巴圖拉〕等所殺。」（見百衲本明史三二七卷第六頁上下）

第二十二節　德勒伯克可汗

（下卷一三〇頁第五行至第七行）

其後，翌年─兎兒年〔辛卯，永樂九年，一四一一年〕，德勒伯克（Delbeg）汗即大位，在位五年，羊兒年〔乙未，永樂十三年，一四一五年〕殯天㊀。

㊀ 成吉思汗傳（三十二頁下）稱爲荅勒巴克（Dalbagh）汗。喀本源流（三部第十七頁）也稱爲 Dalbagh 或 Talbagh 汗，餘均同。

蒙古源流說：「額勒錐•特穆爾……殂，子德勒伯克（Delbeg）汗，乙亥〔洪武二十八年，一三九五年〕年生，歲次辛卯〔永樂九年，一四一一年〕年十七歲即位。在位五年，乙未〔永樂十三年，一四一五年〕，年二十一歲歿。」（見箋證卷五第七頁下）

墨爾根活佛的黃金史綱稱他爲 Delbei 或 Dalbai 汗。（第九十頁第九行）

拉希朋楚克書稱他作 Delbe 或 Dalba（第四冊六四二頁）。

明史韃靼傳稱：「〔永樂八年，一四一〇〕阿魯台奏，馬哈木〔即巴圖拉〕等殺其主〔本雅失里或稱兀雷•帖木兒〕，又擅立答里巴，願輸誠內附，請爲故主復仇。天子義之，封爲和寧王。」（百衲本卷三二七第六頁下、第七頁上）。和田清氏在他的「論北元帝系」一文中，說德勒伯克可汗卽明人記錄中的荅巴汗。他說：按明人記載，永樂八年，本雅失里汗受成祖窮追，別韃靼之阿魯台，而投西方瓦剌大酋馬哈木，旋爲其所弒。馬哈木以本雅失里汗難以制馭，故弒之，立其遺兒答里巴。永樂十二年，於忽蘭•忽失温之役，卽奉此汗而與明成祖一爭輸贏。其後〔馬哈木〕忽爲阿魯台所敗，死於永樂十四年春夏之交，其所奉之答里巴汗，消息亦不復聞。」同時他又依蒙古源流所載，答里巴汗歿於永樂十三年〔乙未〕之記載，以駁國史考異卷六第四項「至馬哈木死，阿魯台連破瓦剌之衆，而答里巴亦歸迤北。至〔永樂〕二十一年夏，馬哈木之子脫歡大破阿魯台……阿魯台蓋以是時虜而戕答里巴。」之說。（見和田清東亞史研究（蒙古篇）八三七頁～八三八頁）

按蒙古史料，均稱德勒伯克（或答里巴）爲額勒伯克汗之子，兀雷•帖木兒〔或稱本雅失里〕之弟。惟蒙古源流稱德勒伯克爲額勒錐•特穆爾之子。

第二十三節　斡亦剌台可汗

（下卷一三〇頁第七行至第八行）

其後，就在這羊兒年〔乙未，永樂十三年，一四一五年〕，斡亦剌台（Oyiratai）可汗即大位，在第〔十〕一年，蛇兒年〔乙巳，洪熙元年，一四二五年〕，殯天㊀。

㊀本書原作在第一年蛇兒年殯天，但旁註有個「十」字，但未說明其來歷。成吉思汗傳（三十三頁上）及喀本源流（第三部第十七頁）之記事雖同；但均稱可汗之名為 Oyaratai 與本書所記者差一個母音，且其殂沒均在其第十一年。蒙古源流中，找不到這一個可汗的名字；但有這樣的一段記載說：「烏格齊•〔哈什哈〕之子額色庫，丁卯年〔洪武二十年，一三八七年〕生，歲次乙未〔永樂十三年，一四一五年〕，年二十九歲即位，娶巴圖拉丞相之妻薩穆爾，稱為額色庫汗。乃令鄂勒哲夫依圖•鴻•拜濟，阿寨台吉母子，及阿薩特之阿嚕克台太師三人，於額色庫汗家中使役。額色庫汗在位十一年，歲次乙巳〔洪熙元年，一四二五年〕年三十九歲歿。」（見箋證卷五第八頁）在墨爾根活佛的黃金史綱中，也找不到這一個可汗的名字。和田清氏在「兀良哈三衛之研究（上）」文中，說德人胡特（Huth）氏所譯的 Jigs-med nammk'a（即勝教寶燈）

稱為 Esenkü 可汗，可能是明人記錄中大酋也孫台的變形，也孫古的對音，並指出蒙古源流的記事可能有訛誤之處。

他又在「論北元帝系」一文中，引 Altan Tobchi（黃金史綱）的一段記載之後，說他可能是鬼力赤的兒子。（見同氏東亞史研究蒙古篇二一二、八三九頁）

由以上的史書所載，可證蒙古源流的額色庫可汗，成吉思汗傳及喀喇沁本蒙古源流的 Oyaratai。據鮑登 C. R. Bawden 氏的英譯 Altan Tobchi 第七十一頁六十六節註十三，知道棍布業夫 Gomboev 本 Altan Tobchi 作 Oyiritai 可汗，和本書的 Oyiratai 都是一個人。Oyaratai, Oyiritai, Oiritai 都是 Oiratai 的訛轉。Oiratai 就是斡亦剌惕族，瓦剌族或衛喇特族的意思。因為他是斡亦剌惕族的烏格赤喇惕族的烏格赤•哈什哈的兒子，不是蒙古可汗的正統，而沒有被墨爾根活佛的黃金史綱寫在可汗的名列之內。鮑登氏在它的英譯本中，直接譯為一個瓦剌（衛拉特）的可汗 (a khaghan of the Oirad) 是正確的，但未說明何所根據。

Esekü——額色庫——的意思是「不然的話」。Esenkü 是「平安的」的意思。可知藏文的勝教寶燈的記載是正確的。（見日譯蒙古喇嘛教史五十七頁）施密特本蒙古源流蒙文一四六頁第五行作 Esekü。

和田清氏把 Esenhü 比作也孫台 Yesüntei，過於牽强，因為 Yesüntei 是一個普通名字，意思是「有九種福氣的」。

第二十四節　阿岱可汗

（下卷一三〇頁第八行至一三五頁第五行）

其後，就在這蛇兒年〔乙巳，洪熙元年，一四二五〕，阿岱（Adai）可汗即大位㊀。

㊀ 關於阿岱可汗究竟屬於孛兒只斤的黃金氏族的那一支？史料記載不一。蒙古源流說：「額色庫汗歿後，額爾克徹古特人（Ereg-chüd）（chud 爲複數標記。此部卽王靜安氏所考證的額爾克族）衆大亂……時科爾沁烏濟錦諾延之子，阿岱台吉已佔據前所餘剩蒙古人衆。……阿岱台吉係丙辰年〔洪武八年，一三七六〕生。歲次庚寅〔永樂八年，一四一〇年〕，年三十五歲，攜鄂勒哲依圖・鴻拜濟卽君位。」（見箋證卷五第九頁上下）又說：「阿岱汗庚午年〔洪武二十三年，一三九〇年〕生；歲次丙午〔宣德元年，一四二六〕，年三十七歲卽位。在位十三年，歲次戊午年四十九歲爲托歡太帝所殺。」（見箋證卷第五十二頁上）前後略有出入。墨爾根活佛的黃金史綱第八十九至九十頁說，合撒兒第九世孫圖木勒忽（Tumulkhu）的兒子孛羅特・不花（Bolod-bukha）。他的兒子是阿岱台吉（Adai Taiji）。又說：「額勒伯克〔可汗〕子琨・帖木兒（Gün-temür），額勒・帖木兒（El-temür），荅勒伯（Dalbai）三人相繼爲可汗計十六年。三人均無子而殂。衆議奉阿岱台吉爲可汗。同乙巳年〔洪熙元年，一四二五〕，烏格齊・〔哈什哈〕卒。」由此可知阿岱台吉是合撒兒之後，並不是斡惕赤斤〔烏濟錦〕的子嗣，而蒙古源流所說的科爾沁，確是合撒兒後裔的部屬，這一點並沒有錯誤。明史韃靼傳稱：「宣德九年〔一四三四年〕阿魯台復爲脫脫・不花所襲。……未幾瓦剌脫懽襲殺阿魯台。……阿魯台既死，其故所立阿台王子及所部朶兒只伯等復爲脫脫・不花所窘，竄居亦集乃路，外爲納款，而數入寇甘涼。」（百衲本三二七卷第八頁上上下）

阿岱可汗爲了以前的仇恨，率領〔他〕自己的蒙古〔韃靼〕㊁討伐瓦剌。可汗降上諭說：「派翁里兀惕（Ongli'ud）㊂部的察干・圖們・額色灰（Chaghan-tümen-eseküi）㊃出陣，做那隻軍隊的前哨！」㊄〔又〕說：「雖然壯馬跑的快；可是老馬跑的遠」，就叫失古失台・巴圖爾王（Shigüshitei Baghatür Ong）㊅出陣。瓦剌〔那邊由〕貴林赤・巴圖爾（Ghui-

---

㊁ 此時已是明史上韃靼和瓦剌對立的時代。按蒙古的記載這是 Monghol 與 Oirad 爭雄的時期。所以在蒙古一詞之下，加註韃靼以便參考明史；但在一切蒙古史料中，均找不到「韃靼」這一個專有名詞，足證這是明人給所謂「迤北蒙古」的代稱了。

㊂ 翁里兀惕（Ongli'ud），成吉思汗傳（三十三頁上第五行）作 Ongni'ud 卽今內蒙昭烏達盟之翁牛特旗。翁牛特是以成吉思汗幼弟斡惕赤斤〔卽蒙古源流的烏濟錦〕爲始祖的。據和田清氏的考證，明代兀良哈三衞的泰寧衞，就是此部。和田氏在「論兀良哈三衞之本據」一文中說，武備志（卷二二七北虜考）所引北虜譯語，蒙古語稱三衞之名：朶顏爲「五兩案」，泰寧爲「往流」，福餘爲「我着」。（見東亞史研究蒙古篇一二七頁）

㊃ 察干・圖們・額色灰（Chaghan-tümen-eseküi）成吉思汗傳（三十三頁上第五行）及喀喇沁本蒙古源流（藤岡本第三部第十七頁第十一行）均作 Chaghan Tümen-ü Eseküi，意思是察干・圖們的額色灰。Chaghan 是「白」，Tümen 是「萬」。可能這是一個萬户單位的名稱。額色灰纔是人名。Eseküi 疑 Ensenküi 之訛。理由見前註㊀關於「額色庫」的一段。

㊄ 按前哨或步哨 kharaghul 一字的另一解釋是「兩軍相遇」，也可譯爲「當兩軍衝殺（或相遇）時，派翁兀惕部的察干圖們・額色灰出陣。」

㊅ 失古失台・巴圖爾・王（Shigüshitei Ba'atür Ong）成吉思汗傳（二十三頁上第七行）及喀本源流（藤岡本第三部十七頁第十三行）均作 Shigüsütei Ba'atür Wang。他是合撒兒的後裔。Ong 是王爵，Ba'atür 是勇士，Shigüsütei 是「有汁液」或「有精力的」之意。Shigüshitei 則不知當作何解。蒙古源流作「烏爾哈特（Urkhad）之巴圖魯・錫古蘇特（Shigüsüd）；但是所記他的時代較晚。（見註⑫）

linchi-Baghatür）㈦出陣。

他們兩個人原來是「安荅」㈧，就說：「蒙古，瓦剌交戰，我們兩個也出〔陣〕了！」貴林赤說：「凡穿鎧甲的，都逃不過我的箭法！」失古失台就說：「凡戴盔兜的，都逃不出我的刀法！」其後交綏的時候，蒙古的失古失台・巴圖爾，穿了三重鎧甲，胸前掛上鐵板〔護胸〕騎上〔一匹〕白鼻樑的粟子毛馬，叫豁兒剌惕〔Ghorlad又稱郭爾羅斯〕的斡勒灰・篾兒干（Olkhui-Mergen）騎上了〔一匹〕白鼻樑的紅馬，勇士失古失台來到陣前。瓦剌的貴林赤戴上雙重的盔兜，騎上〔一匹〕白鼻樑的青馬出陣〔雙方〕在哈剌・諾海因・召（Khara-Nokhai-in Jon）㈨的〔坡〕上打起仗來，貴林赤幾乎把勇士失古失台射得從馬鞍的前鞽坐到後鞽上㈩。這時斡勒灰・篾兒干射中了貴林赤的馬，把心脈⑪給射斷了。失古失台說：「憑我的馬首所向，憑我的環

㈦ 貴林赤・巴圖爾（Ghuilinchi Ba'atür），Ghuilinchi是「乞丐」之意。蒙古源流在記述時代較後的一段戰爭中，稱他是屬於布里雅特（Buriyad）部的。（見註⑫）

㈧ 「安荅」（anda）即盟兄弟之意。成吉思汗與札木合曾結為「安荅」。其事請詳蒙古秘史一一六，一一七（卷三）兩節。

㈨ 哈剌・諾海因・召（Khara Nokhai-in Jon），地名，是「黑狗脖脊」之意，可能是一個高坡之地，位置不詳。

㈩ 意思是射中了他戴的鐵板，震得他倒坐了一下。

⑪ 原文作kharchakhai，成吉思汗傳（三十三頁下第六行）及喀本源流（第三部第十八頁，第十，十一兩行）均作khara chiginagh，不知所指為何。小林高四郎未加翻譯，鮑登（C.R. Bawden）的翻譯也不恰當。（見日譯蒙古黃金史第一〇二頁及英譯Altan Tobchi第一六〇頁）今承旺沁多爾濟先生指教，說這是把khara chaghan這兩個字，和一個役格的格助詞——i寫在一起的訛誤。khara sudal是通過心臟的動脈，Chaghan sudal是靜脈。這纔解決了這一個問題。

刀所指吧！不能再看親族的情分了！」說罷就把戴着八角盔兜的貴林赤的頭給砍碎了。

跟着這個行動，追襲瓦剌，殺了〔浩海〕•達裕的兒子巴圖拉丞相(十二)。可汗自己納了他的妻。把他的兒子脫歡（Toghon）(十三)交由阿魯台太師（Arughtai Taishi）拿去放羊。這就是所謂：「瓦剌人的一個朝代，被蒙古人〔韃靼〕給奪取了」的那一次。

(十二) 這一次的戰爭，似爲明史瓦剌傳所說：「明年〔永樂十四年，一四一六年〕瓦剌與阿魯台戰，敗走。未幾，馬哈木〔卽巴圖拉〕死。」（見百衲本卷三二八第二頁上）的那一場戰爭。也就是韃靼傳所說的「〔阿魯台於永樂〕十四年，以戰敗瓦剌，使來獻俘」（百衲本三二七卷第七頁上）的那一次戰役。

蒙古源流：「阿岱台吉已佔據前所餘剩蒙古人衆……卽君位。……阿岱汗，阿寨台吉，阿嚕克台太師三人爲首，加兵於濟勒滿汗，征伐四衛剌特，俘擄巴圖拉〔馬哈木〕之子巴噶穆〔卽脫歡〕。」（見箋證卷五第九頁下第十頁上）可知明史，蒙古源流及本書所記的這一段，都是這一場戰爭。這是韃靼三巨頭合謀併力打擊共同敵人——瓦剌的戰爭。各種史料中，以黃金史的記載較詳。

蒙古源流把黃金史所記的這一段戰爭，分成了兩段，第一段就是我們在前面所提到的，第二段是蒙古源流的作者把錫古蘇特，及貴林赤兩個勇士的決戰，寫在岱總可汗於己未（正統四年，一四三九年）卽位後，攻伐瓦剌反爲瓦剌所敗的那一次戰役之内，（見箋證卷五第十三頁下至十六頁上）與本書大有出入。

(十三) 蒙古源流說：「阿岱汗，阿寨台吉，阿嚕克台太師三人爲首……征伐四衛喇特，俘巴圖拉之子巴噶穆。……阿岱汗……將巴噶穆羈留。阿嚕克台太師謂之曰：「昔日爾父巴圖拉丞相，曾令我負筐拾糞，呼爲阿嚕克台，以供使役。今日所值，誠如日月旋轉。今將昔時爾父之仇，卽報之於爾，因取覆於釜中之義，名曰托歡。」（見箋證卷五第十頁）**又據蒙古源流，巴圖拉之妻是薩穆爾公主，請詳下節註㊀。**

其後，阿岱可汗自己召集了一次盟會⑭。脫歡太師在放着羊走的時候，遇到了從盟會同去的人們，脫歡太師就問從盟會中同去的兩個人說：「盟會談了些什麼？」那〔兩〕個人就譏笑他說：「因爲你不在場，就什麼都沒談。」等那〔兩〕個人走了之後，脫歡摘下帽子說：「這不是你們的話語，這是〔上〕天的旨意！」說着就向天叩拜了⑮。

〔又有一天，〕阿魯台太師對他的妻子說：「這個脫歡太師，是好人的子嗣，在他的面前梳頭髮撓身子都不應該！」⑯聽了這話，脫歡就立刻〔跑〕出去說：「這不是你們的話語，這是上天的旨意！」說着又向上天叩拜。

以後〔有一天〕，斡訥依・阿嘎（Onoi Agha）⑰正給脫歡太師梳頭髮，阿魯台太師的弟弟⑱說：「聽說這脫歡太師爲大人物的子嗣啊！與其梳他的頭髮，莫如斷他的喉嚨！不然就把他放逐〔野地〕丟在那裏吧！」斡訥依・阿嘎不聽他話，並且還阻止他。〔阿魯台〕的弟弟又說：「阻止〔我說〕這話麼！將來可不要爲你的頭顱後悔呀！」這些話使蒙古的女兒們痛哭；馬羣聚

---

⑭ 盟會原文作 chighulghan，這就是蒙古盟旗制度中，所說的「盟」字。盟的成立是以會盟爲它的歷史背景，所以這裏所說的「盟會」，就是元代的「忽剌兒台」，也就是宗親勳臣之會的意思。

⑮ 這可與成吉思可汗每當大難臨頭，而得天祐之時，向長生天叩拜的情形，對照來看（見秘史第一〇三節）。可證這種對天崇拜的習俗，一直到瓦剌、韃靼爭雄時期，仍是照舊。

⑯ 原文作 nighultai，是「有罪惡的」之意。

⑰ 斡訥依・阿嘎——Onoi Agha。蒙古源流說給脫歡櫛髮的是阿魯克台之妻格哷勒・阿哈（Gerel Agha）（見箋證卷五第十頁下）Onoi 是「衣襟的開岔」。Gerel「光明」。Agha 是婦女的尊稱。

⑱ 蒙古源流稱他是蒙郭勒津（Mongholjin）之蒙克拜（Möngkebei）。（見箋證卷五第十頁下）

在一起悲斷；狗也號叫起來了！脫歡太師知道〔已〕成這樣的凶兆，就拜謝上天。

在那以後，脫歡的母親奏稟阿岱可汗說：「你叫我作了可敦，爲何叫我兒子脫歡給人家操賤役呢？如不〔想〕殺死，就〔把他〕驅逐了吧。」可汗同意可敦的這句話，就叫失勒篾臣（Shilemechin）⑲，賽亦木臣（Sayimuchin）兩個使臣，把脫歡太師歡送了回去⑳。

脫歡太師被遣返之後，就與瓦剌的厄魯特（Ögeled），巴噶圖特（Baghatutd），輝特（Khoyidt）㉑等四個萬戶（tümen）會盟：〔會衆〕向脫歡太師問：「蒙古〔韃靼〕的可汗，太師以及上邦㉒的國情怎樣？」脫歡太師說：「我想阿魯台太師老了，庶政多有錯誤。

他的箭囊，雖然換了；
他的思想，還沒改變。
叫當掌國政的良臣，遠居邊外；

---

⑲ 此處稱此人之名爲 Shilemüjin，以後作 Shilemüchin。成吉思汗傳第三十四頁五行，及他處均作 Sayimalchin。

⑳ 蒙古源流說脫歡的得以遣返，是薩穆爾公主向阿嚕克台太師央求的。薩穆爾公主是額勒伯克汗的女兒，嫁給巴圖拉的。

㉑ 蒙古俗稱瓦剌爲 Dörben Oirad 卽斡亦剌惕（衞拉特）四部之意。本書前於記載額勒伯克汗殺死浩海•達裕之後，命其子巴圖拉烏格齊•哈什哈二人管理瓦剌四個萬户之事。這裏雖說四個萬户，但僅指出三部的名稱：㈠厄魯特（Ögeled），就是後來的準格爾，這是脫歡和其子也先(Esen)的本部。㈡巴噶圖特(Baghatud)。㈢輝特(Khuyid)。獨缺其第四部的部名。不知是否把土爾扈特（Torghud）客列亦惕（Kereyid）氏脫落了。又輝特部原文作 Khuyagh，僅從字義上看來就得作「披甲兵」解，想必是 Khuyid 的訛寫。

㉒ 「上邦」原文作 yeke ulus 是大國的意思。

良駒戰馬，騎在家中。
用知識淺陋的匹夫，執掌社稷；
硬拿幼駒，充當鐵騎。
以無定性的亡命徒，操持國務；
强把烈酒，倒入皮壺。
他們是：
沒有雄駝的駝羣；
沒有牡牛的牛羣；
沒有兒馬的馬羣；
沒有公羊的羊羣。
你們若不信我的話，
必步烏格齊・哈什哈的後塵！」

（他們）使詭計，說服了蒙古的兩個使者，失勒篾臣和賽亦木臣，宣稱脫歡太師要（親自）把駿馬，貂鼠，猞猁和良美器俱獻給阿岱可汗，送過國境來。可汗看了就降上諭說：「莫非這就是遣送脫歡太師回他故鄉的好處嗎？」失勒篾臣和賽亦木臣兩個人也奏稟說：「瓦剌並無可疑之處。脫歡太師從遠方很辛苦的給你來獻貢賦，請准許（他們）僅僅留宿一天吧。」可汗允許說：「要尊敬外人。」

隨脫歡太師之後，四萬瓦剌軍隊追上前來，掩襲蒙古。脫歡太師就在那裡拿獲了阿岱可汗。

可汗降上諭說：「叫你的母親做了可敦，也沒殺你呀！」脫歡太師說：「我的母親不是喪了丈夫嗎？我自己不是失去了父親嗎？」說着就要殺死可汗，可汗說：「〔誤〕信失勒篾臣和賽亦木臣兩個人的話，連隻箭都沒能射，就死了啊！」

阿岱可汗卽大位後十四年，馬兒年〔戊午，正統三年，一四三八年〕在瓦剌脫歡太師手中殯天了㉓。蒙古的一個朝代爲瓦剌所〔簒〕取，就是指這個說的㉔。

㉓ 阿岱汗之死，黃金史，蒙古源流均稱死於脫歡之手，故事雖然不同，但都說是在一次突襲之後遇弒的。勝教寶燈也說：「阿岱汗在位第十三年爲脫歡太師所弒。」（見日譯本蒙古喇嘛教史五七、五八兩頁）墨爾根活佛的黃金史綱第九十二頁稱：「阿台可汗丙申年〔永樂十四年，一四一六年〕卽汗位，在位二十三年，至丁午〔或戊午之訛〕爲岱總可汗〔卽脫脫不花〕，阿噶巴爾濟（Agh-barji）及脫歡所害。」都與明史韃靼傳所記：「阿魯台旣死，其故所立阿台王子及所部朶兒只伯等復爲脫脫·不花所窘，竄居亦集乃路。」（明史三二七第八頁）的說法不同。

㉔ 這一段故事的記載，與蒙古源流頗有出入；但若干要點却是一致。黃金史的記載，與成吉思汗傳和喀喇沁本蒙古源流兩書，幾乎一樣；不過黃金史所錄用的這一段文字較古，而那兩本書的文字似乎是經過後人整理的。墨爾根活佛的黃金史綱和蒙古源流，都不記斡亦剌台可汗的這一段。墨爾根活佛的黃金史綱稱阿岱汗的卽位是丙申（一四一六）。蒙古源流說是庚寅（一四一〇），那時德勒伯克可汗尚在位，似可旁證明史韃靼傳所說：「阿魯台……至是奏馬哈木等弒其主，又擅立答里巴，願輸誠內附，請爲故主復仇。天子義之，封爲和寧王。」（三二七卷，第六頁下第七頁上）的記載是正確的。同時也可以知道答里巴（或德勒伯克）是瓦剌所立的傀儡可汗，不是阿魯台等東部蒙古的領袖們所奉立的。因此就另立了旁系的阿岱台吉爲可汗。

第二十五節　岱總可汗

（下卷一三五頁第六行至一四一頁第一行）

其後就在這馬兒年〔戊午，正統三年，一四三八年〕，岱總（Daisung）可汗㊀即大位㊁。

㊀ 岱總可汗本書作 Daisung Khaghan，成吉思汗傳（第三十六頁第六行）作 Daizung Khaghan。據鮑登（C. R. Bawden)氏的英譯 Altan Tobchi（七十四頁，七十一節，註四十三）和棍布業夫（Gomboev）氏的 Altan Tobchi 也是作 Daisung Khaghan。喀本蒙古源流（第三部二十二頁第七行）作 Daisung（Taisung）。墨爾根活佛的黃金史綱（九十二頁）作 Daizung。按蒙古源流，先是額勒伯克汗殺其弟哈爾古楚克・鴻台吉，而納其弟婦鄂勒哲依圖・鴻・拜濟，後額勒伯克汗爲烏格齊・哈什哈所弒，鄂勒哲依圖・鴻・拜濟又爲衛喇特之烏格齊・哈什哈所娶。時鴻・拜濟已懷孕七月，又三月歲次庚辰〔建文二年，一四〇〇年〕生一子，取名阿寨（Ajai）。後烏格齊・哈什哈卒，其子額色庫即汗位。額色庫汗曾娶已死巴圖拉（即馬哈木）之妻，額勒伯克汗正后之女薩穆爾公主爲妻。比額色庫卒，薩穆爾公主懷記烏格齊・哈什哈作惡之仇，將鄂勒哲依圖・鴻・拜濟並其子阿寨台吉匿而出之，遣往蒙古地方。此時旁系之阿岱台吉已登汗位，乃與阿寨台吉，並阿魯克台太師協力討伐衛喇特敗之。後阿岱汗爲衛喇特之托歡所襲遇弒。阿寨台吉生三子。長子岱總台吉生於壬寅年〔永樂八年，一四一〇年〕。次子阿噶巴爾濟台吉，生於癸卯年〔永樂二〇一年，一四二三年〕。幼子滿多固勒台吉，生於丙午年〔宣德元年，一四二六年〕。岱總年十八歲〔丁未宣德二年，一四二七年〕即位。」（見箋證卷五第四頁上至十三頁下）。

沈曾植氏及他的箋證中說：「岱總事不見明史……以後又爲瓦剌所破，爲徹卜登所殺考之，岱總即脫脫・不花也。脫脫是其名，岱總其稱號耳。」（見箋證卷五第十三頁下）

㊁ 如果按註㊀裏所提到的，他就是脫脫・不花，那麼按明史三二八卷瓦剌傳所載：「馬哈木……〔以〕脫脫・不花〔王〕子在中國請遣還」（列傳二一六第一頁下）和三二七卷韃靼傳所記：「宣德九年，阿魯台復爲脫脫・不花所襲。」可知脫脫・不花或岱總可汗的即大位，是由瓦剌貴族所支持，用他來作號召，以便統一東部蒙古的。

即位之後，岱總可汗和阿卜乞爾臣（Abgirchin）㊂濟農㊃兩個人，與瓦剌在明安柰・合剌（Mingghan-ai Khara）㊄聚會。瓦剌先到明安柰・合剌紮營駐下。〔可汗與濟農兩個人駐營在額勒・忽失溫 El-Khushighun 地方〕㊅。與可汗和濟農一同〔聚會的〕，有瓦剌的也先太師（Esen Taishi）㊆，涅卜圖列・薛禪（Nebtüre Sechen），薩都拉・額客台（Sadula-eketei）等。此時阿拉克・帖木兒（Alagh-temür）〔即阿剌知院〕，哈丹・帖木兒（Khadan-temür），阿巴孛兒吉（Ababorgi），岱同（Daitung），托歡・忽蔑赤（Toghon-kümechi），

㊂ 阿卜乞爾臣（Abgirchin）蒙古源流作阿噶巴爾濟（見箋證卷五第十三頁下）。墨爾根活佛的黃金史綱（第九十二頁）及喀喇沁本蒙古源流（第三部二十二頁第七行）均作 Agbarjin 與源流同，成吉思汗傳（三十五頁下第六行）作 Anbarchin，當爲 Agbarchin 之訛。勝教寶燈作 Anabarji，當爲 Agbarji 之訛訓。（見日譯本蒙古喇嘛教史五九頁）本書後於下卷一五三頁第二行，及一八〇頁第五行均作 Agbarchin。

㊃「濟農」亦作「吉囊」或「吉農」。本書此處首作 Jonong，以後多作 Jinong。Jinang 是現代的一般寫法，意思是副汗或副王之意。明代蒙古右翼三萬户之貴族多具此一封號。故清代凡任伊克昭盟之長者，均有「吉囊」之稱；但清代其他蒙古各部貴族，沒有使用這一個尊號的。

㊄ 明安柰・合剌（Mingghan-ai khara）地名，地點不詳。成吉思汗傳（三十五頁下第七行）及喀喇沁本蒙古源流（第三部二十二頁第八行）均作 Mingghan-ai Ghar。蒙古源流作「吐魯番之哈喇地方」（箋證卷五第十四頁上）。當爲瓦剌四部之一的，明安所屬的哈喇地方。

㊅ 額勒・忽失溫（El-Khushighun）地名，是「平安山嘴」之意。這一句話是按喀本源流第三部二十二頁八、九兩行及成吉思汗傳卅五頁第七行補加的。

㊆ 也先太師（Esen Taishi）即明史上的也先，係巴圖拉（脫歡）之子，蒙古源流譯作額森。Esen 是平安的意思。

勞卜失（Lobshi）等太師們，率領一千人兼程先行，拿着〔能致風雨的〕「札答」〔石〕，招來了一陣寒風㈧，使蒙古的士兵和戰馬感到寒冷異常。可汗和濟農召開大會，說要與瓦剌把意見統一起來。

敖漢（Aukhan）〔部〕㈨的撒答克臣・薛禪（Sadagchin Sechen）來晚了，就在會後問可汗說：「來的瓦剌太師們是誰跟誰呀？」〔可汗〕就都數給〔他聽〕。撒答黑臣・薛禪說：「這是天賜的〔機會〕呀！殺掉他們，摧毀他們的軍隊吧！」可汗和濟農兩個人阻止，並且責備〔他〕說：「叫制止〔衝突〕的人，喪盡人格〔嗎〕？〔這個該〕責備的人！」㈩撒答克臣・薛禪就生起氣來，打着他一匹白馬的頭，說：「毀該毀的；揀該揀的吧！」⑪哈爾固察克・台吉（

㈧ 「札答」（jada）是一種能致風雨的魔石，見前第十四節註㈩，並蒙古秘史第一四三節，及輟耕錄卷四禱雨條。

㈨ 敖漢（Aukhan）本書作 Aghukhan，卽「比較偉大的」之意。Aukhan 是由它轉音而來的。今內蒙昭烏達（Juu-Uda）盟的敖漢旗，就是這一部的後裔。按蒙古源流（箋證卷六第十五頁上）說：當達延汗統一蒙古後，由其子格哷・博羅特統率，後來這部的統屬權又轉入達延汗長子圖魯・博羅特曾孫岱青・杜稜之手。（蒙古游牧，記蒙藏委員會本，六〇頁）

㈩ 這一句話，無論小林高四郎依棍布業夫（Gomboev）的俄譯（見蒙古黃金史一一〇頁）或鮑登氏的英譯（見英譯 Altan Tobchi 一六三頁七二節），都不中肯。這句話似有文字脫落之處，不過原文 Kümün baran 一語（下卷第一三六頁第三行），是一句俗語，是「丟人」或「喪人格」之意。這是困惑小林和鮑登兩氏的地方。斯欽自己的翻譯也覺得有一點牽强之處。

⑪ 這句話中的「毀」字——bara。喀喇沁本蒙古源流（三部二十二頁第六行）作 bari。bari 是拿的意思，不知正誤誰屬。這句話的意思是乘機去作，不要把時間錯過的意思。

Kharghuchagh Taiji）⑬贊同撒答克臣・薛禪的話；可是岱總可汗仍然阻止〔他們〕降諭說：「死願與大家同死；生願與大家共生！」於是瓦剌來聚會的人們都回去了。

回去之後，有阿拉克赤兀惕（Alaghchi'ud）部名叫〔亦那克・〕察干（Inagh-Chaghan）的〔一個〕人，在岱總可汗〔回來〕之前，偷了〔可汗的一匹〕名叫哈兒哈（Kharkha）的黃馬，和鎧甲等物，逃亡到阿卜乞爾臣濟農那裏。可汗要把他捉回去，濟農不肯交出。亦那克・察干又說了些挑撥的話，叫濟農向可汗說：「公黃羊幾時會〔跑〕進來呢？牡鹿的犄角幾時會掉下來呢？」⑭可汗〔聽了非常〕忿怒說：「跑進來的公黃羊是拙笨的；問〔這話〕的阿卜乞爾臣是愚蠢的！」阿卜乞爾臣濟農聽了〔也很〕忿怒說：「〔你〕也不是不知道我的愚蠢！」

其後〔可汗〕硬把亦那克・察干捉去了。阿卜乞爾臣濟農就發誓說：「我再不拿你當作哥哥！」以後當濟農叛變將投奔瓦剌的時候，哈爾固察克・台吉說：「俗語說：

背叛故鄉的不能興旺；
離開母腹的纔能生長。
祖護外邦的不能興旺；
維護血族的纔得隆昌！
把在上當了可汗的自己，降低下來；

---

⑬「台吉」（taiji）是貴族的尊稱。原是漢語「太子」的音轉。現在是一切屬於成吉思汗屬孛兒只斤（Borjigin）一族的稱呼。

⑭這句話的意思是，用比喻來說明，這是一件永不可能的事。

把已經當了領袖的自己，充當尾巴；
實在可怕！」

雖然這般規勸，仍是不從。

阿卜乞爾臣・濟農叫鄂爾多斯（Ordos）部⑭的哈丹・帖木兒（Khadan-temür），永謝布（Yüngshiyebüü）部⑮的涅海・帖木兒（Nekei-temür）兩個人做使臣去到瓦剌說：「我已經離開〔我的〕哥哥岱總可汗，要和你們四萬戶瓦剌合在一起了！哈爾固察克・台吉不就是一支〔軍隊〕嗎⑯？我們殺死〔他和〕撒答克臣・〔薛禪〕兩個人吧！」瓦剌不肯答應。〔那時〕涅卜

---

⑭ 鄂爾多斯——Ordos 部族名。Ordo 是宮帳——斡兒朶，s 是複數的標記。今內蒙伊克昭盟的鄂爾多斯七旗，就是這一個部族的後裔。按蒙古源流，達延汗曾說：「鄂爾多斯者乃爲汗守禦八白室之人。」（箋證卷六第六頁下）他們是屬於右翼三萬的。在達延汗之後，由其子巴爾斯・博羅特，並其後裔統屬。

⑮ 永謝布（Yüngshiyebüü）部族名，和田清氏在「論達延汗」及「論中三邊及西三邊之王公」兩文內，對於這一部論證極詳。他說這是屬於右翼諸部中最強的一個。明、清兩代史料中作「應紹不」，「永邵卜」及「永謝布」。其地包括今察哈爾及錫林郭勒盟中，西部地區。達延汗即位初期的權臣亦思馬因（Ismail）太師就是這部的「諾顏」。達延汗統一蒙古右翼之際，首先平定這一部，由其第六子烏巴繖察〔鄂卜錫袞〕・青・台吉（Ubasanja Ching Taiji）來統治，後爲其兄巴爾斯・博羅特之子，博弟達喇・鄂特罕台吉（Bodidara-Odghan Taiji）所據。在明末之記錄中，此部頗強大，部落四萬有餘。後再分爲兩部，一部曾與林丹汗對抗，一部遷至青海。雖均強盛一時，後隨察哈爾被清軍所迫西遷，和西方厄魯特部的興起，而崩潰消失。（見東亞史研究蒙古篇四九〇一七、六七七一八二）

⑯ 原文作 Khushighu（下卷一三七頁第八行）。此字的意思是尖嘴的東西，山嘴，一旗的「旗」，和一支軍隊的「支」字，故譯爲「一支軍隊」。

圖列・薛禪（Nebtüre-sechen）㊆正揞着拳頭，坐在〔那裏〕說：「他〔一個〕小孩子知道什麼？」瓦剌的太師們和那顏們就說：「濟農若是想合作，〔叫〕濟農你做可汗，把你自己的『濟農』名號送給我們。若是同意這話，要合作就合作吧。」那使臣回來，把〔瓦剌的〕太師們和那顏們的話，完完全全的報告濟農。濟農同意〔他們的意見〕，就離開他的哥哥岱總可汗，另外游牧去了。

從那裏，濟農與瓦剌合兵向他的哥哥進軍，〔晚間〕士兵們燃火的時候，濟農降旨說：「我的哥哥可汗〔很懦〕弱。士兵們每人要點起十把火來！」㊇說着就按照旨意，把火點起來了。可汗的哨望知道是濟農和瓦剌的〔聯〕軍〔來到〕，就給可汗去報信，可汗說：「要自己去看。」看了就說：「這火好像是天星降在地面一般，怎能得勝呢？」岱總可汗說了〔這話〕，就同幾個伴當〔和子女〕逃向客魯漣河去了㊈。

㊆ 湼卜圖列・薛禪（Nebtüre Sechen），成吉思汗傳作 Nebtere Sechen（三十五頁下第八行），喀喇沁本源流作 Abdara Sechen（第三部二十四頁十一行）。古寫，na 字時常不加一個點，所以容易誤作 a。這裏的 Abdara，是 Nebtere 之訛。Nebtere 是「貫通」之意。漢譯的蒙古源流作阿卜都拉。（見箋證卷五，十四頁下）想必是出於同一的誤會。

㊇ 秘史第一九三節說：成吉思可汗征乃蠻時，也曾叫士兵們每人燃火五起以爲疑兵。

㊈ 明史瓦剌傳說：「也先與脫脫，不花兩相猜，脫脫・不花妻，也先姊也。也先欲立其姊子爲太子，不從。也先亦疑其通中國，將謀己，遂治兵相攻。脫脫・不花敗走，也先追殺之，執其妻子，以其人畜給諸部屬，遂乘勝迫脅諸蕃。」（見三二八卷第六頁下）

這裏「和子女」一句，原文缺，這是按喀本源流第三部二十五頁八、九兩行，和成吉思汗傳三十七頁上第十行加入的。

先是因撒卜登（Chebden）的女兒阿勒塔噶納夫人（Altaghana Khatun）⑳與塔剌沁〔氏〕的哈勒察海（Tarachin-ai Khalchakhai）有染，〔可汗〕就把哈勒察海殺死，把〔阿勒塔噶納〕夫人的耳鼻刺傷之後，送回她的娘家郭爾羅斯（Ghorlas）㉑的撒卜登那裏去㉒。有一個原籍是撒兒塔兀勒(Sarta'ul)㉓地方，名叫闊出克(Köchüg)的人，用計把〔一隻〕銀鍋切破，留在〔他〕那裏，可汗知道失鍋的事情，就問：「誰靠得住？可以派去〔查問〕。」闊出克就稟告可汗說他要去，可汗就從自己所騎的一匹黑馬上下來，給〔他騎上〕，叫〔他〕前去。闊出克，就拿了銀鍋，背叛到濟農那裏去了。

可汗到撒卜登家，住在他所休回的夫人那裏，撒卜登說：

「哈剌兀納山㉔的山背，以前是暖和的㉕，現在怎麼冷了？
可敦夫人的懷抱，以前是〔冰〕涼的，現在怎麼〔又〕溫暖了？
阿勒台汗（Altai-Khan）〔山〕的山背，以前是暖和的，現在怎麼寒冷了？

---

⑳ 阿勒塔噶納（Altaghana）原文（下卷一三八頁第七行）作 Altai，這裏是按一三九頁第二行更正爲 Altaghana。源流作阿勒塔噶勒沁（Altaghalchin）（箋證卷五，十五頁下。）

㉑ 郭爾羅斯（Ghorlas）部族名。秘史一二〇節作豁羅剌思。今內蒙哲里木（Jerim）盟的郭爾羅斯兩旗即其後裔。

㉒ 原文本是與下文連接的一句話，但爲文意清楚起見，把它分爲兩段。

㉓ 撒兒塔兀勒（Sarta'ul）即秘史漢譯，和元史中所稱爲回回的花剌子模，或波斯之謂。

㉔ 哈剌温納（Khara'una）山就是興安嶺，其名曾見秘史第一五〇節一八三節作哈剌温，嗔都山。

㉕ 蒙古山脈向陽的一面因水分不足多無樹木；陰面多是森林，可以擋風，均比較温暖。

我女兒阿勒塔噶納的懷抱，以前是〔冰〕涼的，現在怎麼〔又〕溫暖了？
牧草一沒，就挪到別的地方去下營，
面子㉖一沒，就要〔往日〕遺棄的老婆了！」

岱總可汗有三個兒子，長子蒙哥來（Möngkelei）台吉，說是早年就殯天了。可汗和他的兩個兒子伊里（Ili），答里（Dali）㉗，兩個伴當——郭爾羅斯的阿噶・博羅特（Agha-bolod）和巴噶・博羅特（Bagha-bolod）等五個人都被擒住。猴兒年〔壬申，景泰三年，一四五二年〕岱總可汗在斡爾臣的齊乞爾（Orchin-ai Chigir）地方，在撤卜登的手裏，殯天了㉘。可汗在位計十五年。

阿噶・博羅特，巴噶・博羅特兩個人的哥哥滿都・兀爾魯克（Mandu Ürlüg）㉙〔那時〕住在別的人家，他名叫忽拉干（Khulaghan）和哈喇干（Kharaghan）的兩匹〔駿〕馬，向着〔可汗住的〕那個方面，用蹄子刨地悲嘶。滿都・兀爾魯克看見他的戰馬悲嘶，就說：「到有害

㉖ 原文（下卷一三九頁第四行）作 öngge，本意是顏色、姿色和光彩，也有面子的意思。

㉗ 答里 Dali 成吉思汗傳三十七頁下末行作 Düli。

㉘ 沈曾植氏在蒙古源流箋證說：「四夷考景泰三年春，脫脫・不花與也先不相能……也先亦疑其主與中國通，疑己，遂治兵相攻。不花王敗走，依兀良哈〔類函：「也先攻普化，普化敗走，依兀良哈沙不丹」即此事〕，弒死。也先盡收其妻子，殺元裔幾盡。」（見箋證卷五第十七頁下）這與明史韃靼傳所記相類似。（明史三二七，列傳二一五第九頁）

㉙ 滿都・兀爾魯克（Mandu Ürlüg）人名。Mandu 是興旺。Ürlüg 是將軍之意。可能此人是忠於脫脫・不花王的一員大將。

的地方去，就是這樣！」〔第二天〕一早起來，就去追趕可汗，在他到達之前，可汗和他兩個弟弟都已經遇害。滿都·兀爾魯克就把可汗的頭，枕在他一個弟弟〔的身上〕，把〔另〕一個弟弟放在〔可汗的〕脚下，〔一同〕埋葬。後來滿都·兀爾魯克帶領着幾個伴當襲擊撒卜登，報了他的寃仇。

那事以後，瓦剌人自己聚會，〔他們〕商議說：

「不疼愛自己親族的人，能疼愛我們的親族嗎？
不愛護自己社稷的人，能愛護我們的社稷嗎？
不關心自己名譽的人，能關心我們的名譽嗎㉒？
〔他〕在自己的火裏倒了水，在我們的火裏倒了油。
這是對誰能有幫助的濟農啊？」說着就研究要毀掉〔他〕的辦法。瓦剌的「那顏」和大臣們就〔派人〕去向濟農稟奏說：「濟農爲要做可汗，曾說要把自己的尊號——『濟農』，賜給我們的也先太師。我們不是說定了嗎？〔我們〕給濟農上可汗的尊號。〔濟農〕把自己的尊號賜給也先吧！」因此就準備宴會，請濟農前來。

瓦剌人在房子當中挖下了一個大洞，洞上鋪好氈毯，他們請濟農和三十三個飾以羽毛的，四十四個頭戴翎子的，六十一個佩戴小旗幟㉓的〔長官們〕，從一個門進去，從兩個門出去，殺的

㉒ 這裏所用的「疼愛」「愛護」和「關心」，在原文都是 Sanaghsan，但包括以上的三個意思。

㉓ 在記載妥懽·貼睦爾可汗的第十六節裏，也記有佩戴小旗子的將軍，想這必是當時貴族們的一種華飾。

把那一個洞都塡滿了。「貴族（noyan）之死，死於聚會，家犬之死，死於野猪」㊂的這句比喻，就是由這件事來的。

㊂ 原文作ghang（一四〇頁首行）旁註bodong，意思是野猪。成吉思汗傳三十九頁第十行作ghang，喀喇沁本蒙古源流作ghang（第三部廿八頁第五行），藤岡氏譯爲「礓」字。鮑登氏也就譯作alleyway。（鮑登英譯本Altan Tobchi六七頁七八節）

第二十六節　哈爾固楚克・台吉及其子並失古失台・勇士的故事

（下卷一四一頁第一行至一四六頁第十行）

那裡哈爾固楚克・台吉㊀對他的伴當納噶出（Naghachu）說：「進前面房子裏去的濟農和大小『那顏』們都怎麼了？」說着就叫〔他〕去〔看〕。納噶出去看了，回來說：「濟農和別的人，我都沒有看見；可是沿着房子左邊的毡帷流出血來。」哈爾固楚克・台吉說：「要睡〔的〕睡吧！」尋死的死吧！」㊁說着就帶了他唯一的伴當逃亡到山崖裏去。

㊀ 哈爾固楚克・台吉（Kharghuchug-Taiji）蒙古源流稱之為岱總汗之弟，阿噶巴爾濟農之子，且稱為有威可畏，才智過人。（見箋證卷五第十四頁下十五頁上）

㊁ 黃金史上的這句話有文字脫落之處，按成吉思汗傳（三十九頁第三行）和喀喇沁本蒙古源流（第三部第二十六頁第九第十兩行）加以補充。但仍按黃金史所採的動詞現在形譯出，不用前述兩書所採的過去形。

在山崖峽縫的一條路上，有穿上了兩層鎧甲〔的人〕，一前一後的走過來㊂。納噶出射穿兩重鎧甲，那個人就向後和他的伴當倒下去了，又有三個〔身〕穿重鎧甲，〔手裏〕拿着扎槍〔的人追上〕來，納噶出說：「我不行，你來射吧！」哈爾固楚克・台吉就用青角頭箭㊃射穿三個穿雙重鎧甲的，〔射得那〕角頭箭都出了聲，那〔三個〕人也倒下去了。納噶出說：「即便活着出去，徒步還是不行，從這〔些〕瓦剌人偷匹馬吧！」說着，就去了。

也先太師正在上風頭，用斗篷㊄擋着火坐着，〔納噶出〕就從圍繞〔也先太師〕睡臥的人們〔身上〕邁過去，解拴在也先太師附近的〔一匹〕不生駒黃騍（牝）馬，〔一匹〕快黃兒（牡）馬的時候，忽有鼕鼕的響聲，一看，並不見人，就解下來，騎上一匹，牽了一匹走。又有鼕鼕的聲音，一看〔還是〕沒有人，這纔知道是自己的心跳。

那時兵營裏的人們就問：「你是誰？」〔他〕回答說：「你是多麼機警的人啊？〔這兒〕有蒙古的哈兒固楚克・台吉〔和〕納噶出兩個人。〔去〕抓他們去！」說了，就越營而去。來到哈爾固楚克・台吉附近呼喊，但是沒有回音，他已經逃跑了。再往後去呼喊〔他〕纔出來。〔納噶出〕就問：「爲什麼逃跑了？」他說：「恐怕瓦剌人捉住你，把我指出來。」說了他兩人就騎上納噶出帶來的馬〔逃〕走了㊅。

㊂ 原文（下卷一四一頁第七行）作 Chibun 似有訛誤，按成吉思汗傳（三十九頁上第五行）及喀喇沁本源流（第三部第二十八頁第十二行）改爲 Chobun 並加漢譯。

㊃ 原文（一四一頁第十行）作 jorgha 三合第十一冊四十八頁下之漢譯作「角頭箭」。

㊄ 原文（一四一頁末行）作 Yangchi，按成吉思汗傳第三十九頁上末行改爲 jangchi，譯爲「斗篷」。

㊅ 若按詞句的構造，這裏不應分段，但分開，意義比較明顯。

到了豁多郭都（Khodoghodu）有蘆葦㊆的地方，用緞子把馬拴起來㊇，坐下〔休息〕的時候，看見有人正按跡追趕沙狐，他們〔馬上〕就逃跑，沒有帶食糧，也沒有把鞍子備在馬上。哈爾固楚克〔台吉〕就射死〔一匹〕帶斑紋的牡鹿，用牠的肋骨做鞍子，用肉做食糧，走到托〔克〕木克（Tomog＝Togmog）㊈〔一個〕富翁的家裏。富翁的弟弟說：「這個人眼中有火㊉，不能和他做伙伴，殺死了吧！」〔富翁〕說：「誰的人不能跟誰做伴呢？」就沒有殺。

其後納噶出對〔哈爾固楚克〕台吉說：「我們孤孤單單的怎麼行呢？我到瓦剌去，看看能不

㊆ 原文為 Khodoghodu-yin khulusun。khulusun 是蘆葦或竹子。似以譯為「有蘆葦的地方」為相宜：鮑登、小林兩氏也譯為專有名詞，似不妥善。Khodoghodu 是「胃」的意思，是個地名。成吉思汗傳（三十九頁下第十行）和喀本源流（第三部第十頁第三三行）均作 Khutugh Toyin，意思是「有福的貴族喇嘛」，似乎是錯了。

㊇ 本書這句話原文不明，這裏是按成吉思汗傳和喀本源流譯出的。

㊈ 原文作 Tomogh，成吉思汗傳（四十頁上第二行）及喀本源流（第三部第三十頁第四行）均作 Tongmogh，其實都是 Toghmogh 的訛寫。蒙古源流這裏也作通瑪克（見箋證卷五第十八頁下），並說是通瑪克汗為珠齊（卽拙赤）之後嗣。同處王靜安校卷四云「成吉思汗在時，令次子珠齊於託克馬克地方，卽汗位，此通瑪克卽託克馬克」。又本書下卷第一〇五頁第八行亦稱拙赤之封地為托克木克。似是欽察汗國的代稱，其實是指察哈台汗國說的。Toghmogh 是伊斯色克湖以西楚河以南的地方。

㊉ 是指大有福之人說的，秘史第六十二節德•薛禪曾稱幼年的帖木真是眼裏有火，臉上有光。蒙古源流稱這個富翁之名為阿克•蒙克（Agh-Möngke）其弟為章錫•蒙克（Jangshi-Möngke）（見箋證卷五第十九頁上）

能把你的夫人⑪給你接來。在我回來之前，不要叫人知道你是『那顏』。不要依靠人。不要把許多的野獸一起殺絕！」說了這話，納噶出就〔到〕也先太師那裏去，說「我殺了哈爾固楚克〔台吉〕，把他的辮髮⑫拿來作證。」

以後那富翁把他的女兒〔嫁〕給了哈爾固楚克〔台吉爲妻〕。〔一天〕在打獵的時候，遇到二十隻黃羊，哈爾固楚克〔台吉〕射中兩隻，把其餘的也都殺光了。〔以後〕再打獵的時候，那富翁的弟弟因爲嫉妒，就聲稱是個誤殺把他害死了。

納噶出到〔瓦剌〕之後，〔也先太師的〕母親⑬用計對⑭也先太師說：「納噶出如果來的話

---

⑪ 據蒙古源流，哈爾固楚克・台吉的夫人是額森（也先）之女，齊齊克・拜濟・哈屯（Chichig-Begi Khatun）（箋證卷五第十九第二十二頁。請參照本節註⑥。

⑫ 原文作 gejige 辮髮。頭髮是 üsü 在韃靼、瓦剌爭雄的第十五世紀，蒙古男子的髮飾究竟怎樣，我們除看到有梳髮的記載之外，還不見其他，這裏辮髮 gejige 的出現，還是第一次。

⑬ 也先的母親，據蒙古源流卷五所載，是額勒伯克汗大福晉（夫人）庫伯袞岱（Köbegüntei）之女薩穆爾公主（Samur Güngjüü）。額勒伯克汗把她嫁給巴圖拉（卽馬哈木）。巴圖拉被烏格齊・哈什哈殺死。後烏格齊之子額色庫汗（卽斡亦剌台汗）娶她爲妻。巴圖拉之子巴噶穆爲阿魯克台所俘，改名托歡。後由薩木爾公主把他帶回衛喇特。額森爲托歡之子。所以薩穆爾公主應是也先之祖母，而非母親。按蒙古游牧地區之習慣，爲表示更親愛起見，孫輩常有稱祖父母爲爸爸，媽媽的，而祖父母也稱孫輩爲兒子女的，這裏的稱呼必是因此搞亂了。

⑭ 原文作 akha（一四三頁第九行）是兄長之意，按成吉思汗傳（四十頁上末行），及喀本源流（第三部三十一頁第二行）的 arga 一字譯爲計謀。

你要殺嗎？」〔他〕說：「納噶出來，如果〔我〕看見他，就吃他的肉，喝他的血！」他母親說：「若是把哈爾固楚克〔台吉〕害死了，還殺〔他〕嗎？」說：「那就不殺。」因此他母親就讓納噶出和也先太師見面，因此這有福分的人得以活命。

後來也先太師出兵征伐托〔克〕木克㊎，在那支軍隊中沒有帶納噶出前去。納噶出騎了兩匹馬，從軍隊外邊〔繞着〕走。這時瓦剌軍已經擊破托〔克〕木克。納噶出跟着瓦剌的先頭部隊走，得到一個馬羣，就獻給也先太師。也先太師因爲〔納噶出〕曾把〔一個〕銀海碗〔和一件〕灰鼠外衣，暗中送給他的母親，就生了氣。他母親說：「跟媽媽也要較量嗎？〔他不是〕殺死哈爾固楚克·〔台吉〕，把你不生駒的黃騍馬給〔你〕拿來了〔嗎〕？」〔現在〕也先太師見〔他〕帶來馬羣來，就說：「這不是個人，是〔一頭〕鵒鷹！」因此納噶出就得了「鵒鷹」這個名字。〔人們〕叫他「鵒鷹」納噶出。

也先太師的女兒，哈爾固楚克·台吉的〔阿勒坦〕別乞(Altan Bigichi)㊏〔那時〕正在懷孕。瓦剌的斡兒拜·豁吉乞兒(Orboi-Khojilgir)㊐娶了〔她〕。等瓦剌佔領蒙古〔韃靼〕之後，

㊎ 同註㊈。

㊏ 黃金史沒有提她的名字。「阿勒坦」是按成吉思汗傳第四十頁下末行的 Altan Bigiyachi 增添的。喀本源流第三部卅二頁首行作 Altan Bigchichi。Bigiyachi, Bigchi。都是秘史 Begi——「別乞」的轉寫和訛寫。請參照本節註㊊。

㊐ 斡兒拜·豁吉乙兒（Orboi Khojigir）人名，成吉思汗傳（第四十一頁上第一行）及喀本源流（第三部卅二頁首行）均作 Oboi Khojigir。khojigir 是「禿頭者」的意思。

也先太師把失古失台那顏（Shigüshitei Noyan）〔招贅〕，又把她嫁給了。因此失古失台就帶了三十名伴當同去。帶十名伴當進了穹帳。也先太師派人去向失古失台索取砍死貴林赤（Guilinchi）的刀⑱。失古失台知道〔他們的〕惡意，就用帶着鞘的刀砍了七個⑲人。這時斡勒灰・蔑兒干（Olkhui-Mergen）就抓住〔他〕，不叫再砍。失古失台就把他的刀給了〔他們〕。那人拿了刀，說：「是不是砍死貴林赤的刀？」失古失台說：「物是原物，主非原主！」⑳於是〔瓦剌人〕就把失古失台王，斡勒灰・蔑兒干和十個伴當一同都殺死了。

〔有一個〕瓦剌人捉住了〔一隻〕鳥，正想：「這是什麼鳥兒呢？」〔這〕時候，來了一個赤着身子的小孩兒，說：「牠的嘴大，爪子長，翅膀寬，尾巴尖，這樣的鳥兒是要放入野熊羣裏的。這是大鵰的幼雛，叫作 Khajir-derbid 的。」那個人就去對也先太師說：「我們認不出這個鳥兒，有一個蒙古的小孩兒知道〔牠〕。」也先太師說：「這個孩子很好勝，帶〔他〕來！找失古失台勇士的孩子，正找不到。他必是仇人的子嗣。若是女兒就梳她的頭髮；若是男兒就斷他的咽喉㉑！」說着，就派使者前去。

高麗（Solongghud）㉒桑固勒答理（Sangghuldari）的妻子哈喇克沁太夫人（Kharaghchin

---

⑱ 這段故事見前有關阿岱可汗的那一節（第二十四節）。

⑲ 這裏說是七個（dologhan），成吉思汗傳（四十一頁上第五行）和喀本源流（第三部卅二頁第六行）均作tologhai，意思是「頭」。

⑳ 影射也先並非其主之意。

㉑ 就是切斷他的咽喉之意。

㉒ 蒙語稱高麗為 Solonggho 或 Solonggha。蒙古秘史二七四節續卷二第廿八頁上作莎郎合思。

Taibujin）㉓看見使者，就叫〔那孩子〕，博羅乃（Bolonai）㉔不要動，用〔一隻大〕鍋蓋上他，在鍋上〔又〕倒了乾牛糞㉕。把自己的兒子交出來哄騙他們。其中一個〔人〕說：「勒死〔他〕吧！」就脫他衣服，在脖子上套了繩套。他的伴當說：「那天的孩子頸背相連的地方像兎兒，眼中有火，不是這個。別殺！」說着就放了。

等那使者出去之後，哈喇克沁太夫人教訓〔那〕孩子說：「〔現在〕放你去逃命。你把瓦剌人連大帶小都恨透了！你以後就這樣說着走吧。『從小被俘，不知道父母的家鄉氏族。後來就〔被〕放在瓦剌亦拉出·富翁（Ilachu Bayan）家裏。〔我〕也不知道父母〔是誰〕。以爲就是瓦剌人的子嗣。〔他們〕很疼愛我。』」

哈喇克沁太夫人對她丈夫說：「把『那顏』當做我們的子嗣，送回蒙古地方去吧。」桑固勒答理因爲地太遠，不願意〔去〕。〔她〕說：「你住下，我帶這兒子走！」說着就叫長子馬嘎什

㉓ 成吉思汗傳第四十一頁下第五行作 Kharachin Taibujin。蒙古源流譯爲「岱福晉」（見箋證卷五第十七頁上），當爲漢語太夫人的轉音。

㉔ 博羅乃（Bolonai）人名，成吉思汗傳（四十一頁下第五行）及喀本源流（第三部卅三頁第五行）均作 Bolohai。蒙古源流稱，薩穆爾公主媽媽（祖母之意）命名爲巴延·蒙克（Bayan Möngke）（箋證卷五第二十頁上）。鮑登（C. R. Bawden）在他英譯的黃金史綱第一七〇頁八十五節註一，把各種史料中對這個小兒名字的記載相異之處，寫的很清楚。這一段小說式的記錄，和它人名的不一致，對研究這一個時期的蒙古史，反能解決一個重要的問題。其理由詳下第三十二節註㉖。

㉕ 這是指當燃料用的乾牛糞說的。

(Maghashi) 把博羅乃偸出來，就送到他弟弟諾顏・博羅特王 (Noyan-Bolod Ong) 那裏㊁。

那顏，博羅特王說：「哥哥你不在〔這兒〕我就無理的做了王，〔現在〕我的哥哥，你做王吧！」說着，就把黑色大纛旗交給了他。

㊁ 諾顏・博羅特王 (Noyan-bolod Ong)，此處原作 Nayan-balad，後於一五三頁第十二行作 Noyan-bolod。喀喇沁本蒙古源流第三部三十四頁第三行作 Noyan-bolod。成吉思汗傳第四十二頁上第五行誤作 Noyan Bologhad，茲改正為諾顏・博羅特。他的故事見後第三十一節，前後互證可知這裏的記載頗有出入。

第二十七節　脫歡之死，也先太師和明英宗

（下卷一四六頁第十行至一五一頁第三行）

佔據了蒙古社稷之後，脫歡太師，就想得到可汗的〔大〕位。〔他〕懷着雄心，來到〔聖〕主的八白室㈠，拜伏叩頭，做了可汗。脫歡太師得了主的恩典，竟像醉酒〔般的狂傲起來〕說：「你若是有洪福的聖者，我就是有洪福可敦的子嗣！」說着大話，大聲喊叫，敲打聖主的〔神〕帳。等脫歡太師反身出去，就從他口鼻流出血來，〔他〕抱着馬頸獃在那裏，說：「這是怎麼一回事？」一看原來聖主箭囊裏有鵰翎的挑遠箭正帶着血在顫動。〔這個〕大家都看見了。脫歡說：

㈠ 八白室是指祭祀成吉思汗的宮帳說的，蒙古源流箋證卷四第八頁說：「遂造長陵，共仰庇護，於彼處立白屋八間。」下面有張爾田氏的按語說：「爾田案史，至元三年，丞相安圖●巴延言，祖宗世數、尊謚、廟號、法服、祭器等事，皆宜定議。命平章政事趙璧等，集羣臣議定爲八室。」又這幾句話爲文詞通順起見，翻譯時把原來次序略加顛倒。

「大丈夫聖主顯了他的威力！有洪福的婦人之子，我脫歡死了！我的荆棘都經除盡，惟有蒙古勒眞（Mongholjin）㊁的蒙哥（Möngke）還在㊂，把他除掉！」把這話告訴他的兒子之後就死了。照他父親的話，〔也先〕就把蒙古勒眞的蒙哥殺死。這次瓦剌奪取了蒙古的社稷㊃。

那以後，也先太師做了可汗㊄，率領瓦剌〔和〕蒙古兩部征討水濱三萬女眞，收降他們㊅。也先太師說：「女眞的〔這〕一座城，因爲建築在像馬胸脯的山嘴上，沒能攻下，全城的人〔都〕看見了，〔現在攻下也〕沒有再要的理由。」㊆就〔把他們〕都殺絕，扔在湖裏。因爲流〔滿〕了血，就〔把那湖〕叫作紅湖（Ula'an Na'ur）。

㊁ 蒙古勒真（Mongholjin）是蒙古（韃靼）右翼諸部之一，是一個强有力的部族。今卓索圖盟的吐默特左旗就拿 Mongholjin 作它的族名。蒙古秘史作忙豁勒真（見卷一第二頁下）。它也是明人史料上的滿官嗔。源流作蒙郭勒津。（見箋證卷五第十二頁上）

㊂ 蒙哥（Möngke）人名，蒙古源流作蒙克拜。（見箋證卷五第十二頁上）

㊃ 這一段故事與蒙古源流的記載大同小異。（見箋證卷五第十一頁下至十二頁上）
這一段是追述脫歡襲殺阿岱可汗的一段往事。

㊄ 也先稱汗是在襲擊岱總可汗托托•不花之後，據明史三二八瓦剌傳說：「〔景泰〕五年〔一四五四〕冬，也先自立爲可汗，……來朝書稱大元田盛大可汗，末曰添元元年。田盛猶言天聖也。報書稱曰瓦剌可汗。」（三二八卷第七頁上）

㊅ 按明史這事在也先稱汗之前，明史瓦剌傳說：「脫脫•不花敗走，也先追殺之，……乘勝迫脅諸蕃，東及建州，兀良哈，西及赤斤蒙古，哈密。」（見卷三二八第六頁下）建州，就是這裏所說的女真，也就是後日的滿洲。

㊆ 這幾句話與成吉思汗傳和喀喇沁本蒙古源流兩書說的前後次序不一致。

在遠征女眞的途上，永謝布（Yüngshiyebü）㈧的額森・撒米（Esen-sami）㈨夢見把大明可汗擒住了，就報告也先太師，也先太師說：「但願能擒住！如果擒住，就交給你！」

佔領女眞國，回師的時候，漢人的〔正統〕可汗㈩正帶着軍隊來攻蒙古。中途相遇，不等漢〔軍〕挖好圍濠，也先太師，就回頭來，逆迎而上，越過漢〔軍〕的濠溝，把漢〔軍〕擊敗。〔其中〕有三百人不肯逃走，就把他們一起砍死。只活捉了一個人，就問：「你們爲什麼不走？」那人說：「我們是大明可汗的大臣，怎能把可汗扔下走呢？」問：「你的可汗是那一個？」那人就把藏在地〔洞〕裏的可汗指認出來⑪。把他從〔地〕洞裏弄出來，〔用刀〕砍也砍不動，那刀却一節一節的斷了。扔在水裏，浮着不沉。因爲沒能殺死，就按夢的預兆，把〔正統〕可汗交給了額森・撒米。

也先太師回來的時候，降諭說：「不許說這件戰利品——擄獲〔正統〕可汗的事！誰說就殺誰！」也先太師到家〔沒分給〕他母親戰利品，〔只是〕說：「〔我們〕還平安。」〔他母親〕說：「你爲什麼還藏着呢？聽說有很大的戰利品，〔不是〕把大明正統可汗給抓住了〔嗎？〕」〔也先問：〕「這話是誰說的？」他母親就對她兒子也先說：「蒙古永謝布的索爾遜（Sorsun）

㈧ 永謝布（Yüngshiyebü）部族名，見前第二十五節註㉕。

㈨ 額森・撒米（Esen-sami）人名，成吉思汗傳（四十二頁下末行）喀本源流（第三部卅五頁第九行）均作Esen-samai。

㈩ 原文作 Jing-tai 譯音當是景泰。這很明顯的是把 Jing-tung 寫成 Jing-tai了，不然豈不是把所俘的英宗變成了景泰嗎？成吉思汗傳和喀本源流都犯了同一的毛病。可能所用的史料是出於一源。

⑪ 明英宗被俘之事，是正統十四年（一四四九年）七月間的事，遠在脫脫・不花被弒之前，蒙古源流的記事順序是對的。關於這一段的記載，成吉思汗傳（四十三頁上）和喀本源流（三部第三十六頁）較全，就按兩書加上幾句。

說的。」也先說：「我們〔不〕是說，不許說。你爲什麼說呢？」說完就把索爾遜殺死，把他的臀部胸部都掛在樹上。

那事以後，瓦剌右翼的阿拉克・帖木兒（Alagh-temür）丞相⑫〔和〕左翼的哈丹・帖木兒（Khadan-temür）⑬兩個人說：「也先你做了可汗，把你的尊稱太師給我們吧。」也先不肯聽從這話，說「我太師尊號已經給我兒子了。」不肯答應⑭。他們說：「你藉着阿拉克・帖木兒的武勇，哈丹・帖木兒的決心，涅卜圖列・薛禪（Nebtüre-sechen）⑮的智謀，享有瓦剌〔和〕蒙古雙方的社稷，做了可汗，以爲就是憑了你自己的力量嗎？」⑯他們就聚兵前來攻襲，也先出

⑫ 阿拉克・帖木兒丞相是蒙古源流（箋證卷五第二十三頁上）的阿拉克丞相，也就是明史的阿剌知院。據瓦剌傳說：「也先……〔正統〕十四年〔一四四九〕七月，遂誘脅諸番分道大舉入寇，脫脫・不花以兀良哈寇遼東，阿剌知院寇宣府，圍赤城。」（見三二八卷第四頁上）可知阿拉克是與也先，脫脫・不花鼎足而三的一個巨頭了。

⑬ 在前第二十五節有兩個哈丹・帖木兒，一個是瓦剌的，就是此人。另一個是阿卜乞爾臣・濟農的使者，韃靼鄂爾多斯的哈丹・帖木兒。

⑭ 明史瓦剌傳只說：「明年〔景泰五年，一四五四〕冬，也先自立爲可汗，以其次子爲太師。」（三二八卷第七頁上）但未提到這一件事，曾引起他重要支持者們的不憤。

⑮ 見前第二十五節的註⑰。

⑯ 蒙古源流說：「衛喇特右翼之阿拉克丞相，左翼之特穆爾丞相，二人前來告於額森汗云：『爾已爲……汗矣，今可將爾太師之號，給與阿拉克丞相。』汗答以：『我未計及爾等出此言，已與我子矣。』二人大恚云：『爾不過仗阿卜都拉・撤辰之計，巴圖拉・巴圖爾之謀，尼根德・墨爾根之力，承受蒙古之統耳，豈以爾之善乎？試看爾父子二人承受〔蒙古及瓦剌〕之統！』言訖而去，旋乘馬來戰。」（箋證卷五第二十二頁上）所說人名略有出入。

亡。〔他們〕擄獲了他的妻兒物資和家畜㊆。

那以後，也先太師隻身逃亡，來到索爾遜家裏，喝馬奶子，將出去的時候，索爾遜的妻子看見，就說：「這個人走的快，一幌一幌的走，好像也先的走法。」對他母親的話，她兒子說：「他幹什麼來我們這裏？」他母親說：「聽說也先太師他們自己內部失和了。這就是他，好好的留意看吧！」以後〔他〕又來了，索爾遜的兒子孛渾（Bokhun）㊇認出也先，抓住〔他〕殺了。孛渾兄弟九人。

〔也先在時〕，曾把〔一個〕名叫摩羅札嘎圖（Molo-jaghatu）的女子㊈，給了〔正統〕

㊆ 明史瓦剌傳說：「也先持强，日益驕，荒於酒色。六年，阿剌知院攻也先，殺之。韃靼部孛來復殺阿剌，奪也先母妻，並其玉璽。也先諸子火兒忽答等徙居干趕河。弟伯都王，姪兀忽納等往依哈密。伯都王哈密王母之弟也。」（三二八卷第七頁上）

和田清氏於「兀良哈三衛之研究（下）」一文中，引明實錄景泰五年十月甲午條，說，「宣府大同等處總兵官奏報阿剌攻也先，也先爲阿剌舊部卜剌禿簽院等所剌。」又引鄭曉吾學編皇明北虜考，說，「平章哈剌欲繼也先爲太師，未果，引兵攻之，也先敗走，道中饑窘，至一婦人乞酪，其夫歸，婦以狀告之，夫疑爲也先，追而殺之。」（見東亞史研究三四八一一九頁）

㊇ 索爾遜（Sorsun），源流作布庫•索爾遜，稱其子孛渾（Bokhun）爲巴郭（Baghu）（見箋證卷五第十三頁上及二十二頁上）。布庫（Böke）是力士的意思。

㊈ 摩羅•札嘎圖（Molo-jaghatu）。成吉思汗傳（四十四頁上第九行）作Molo-jaghatu。喀本源流（第三部卅九頁首行）作Molo-jaghutu。本書此處（一五〇頁第二行）作Jaghtu，一五一頁第二行作Jaghatu。蒙古源流說：「阿〔蘇〕特（Asud）之阿里瑪丞相（Alima Chingsang）之女摩羅，給與正統汗。」（見箋證卷五第二十二頁上下）

可汗，給他起名叫摩豁兒・小廝（Mokhor Shigüse）⑳，放在永謝布的額森・撒米家中做使役㉑。在那些百姓之中，雖然沒有天災疾病；可是使用〔正統〕可汗的人，都不順綏。在他睡後，從他身上有光出現。

〔正統可汗〕寫了〔一封〕信，〔信中〕說：「我在這裏。」把〔信〕藏在要賣的皮襖的〔長〕毛裏，寄了出去。漢人看到那封信，就上書說：「你們使喚正統可汗，對你們不方便，給我們拿來吧。」

山前的六千烏濟葉特（Üghiyed）人㉒就把他給送回去㉓。〔因此〕得了「敕書」㉔。〔他們〕曾爲永樂可汗効力，得了三百份勅書，爲〔正統〕可汗効力，又得了三百份勅書。那就是山前的六百份勅書。有人說蒙古人送回〔正統〕可汗，他對山後的〔蒙古人〕也給了三百份勅書。因爲蒙古人自己失和，躭誤了，沒能領取。山前六千烏濟葉特人就把山後三百份勅書也要過去了。

---

⑳ 「摩豁兒」是「禿」。Shigüse 是「小廝」。兩字在一起，就是「禿小廝」之意。蒙古秘史二七三節也有把金帝稱做小廝—「薛兀薛」（Ss'üse）的記載。蒙古源流說是改名爲「察罕・秀薩」—Chaghen-Si'üse（箋證卷五第二十二頁下）意思是「白小廝」。

㉑ 本書說是把正統汗交給永謝布族的額森・撒米。蒙古源流說：「交與〔阿蘇特族之〕阿里瑪丞相，留養於六千烏濟葉特之高阜和煖地方。」（見箋證卷五第十三頁上）

㉒ 烏濟葉特（Üjiyed）部已見前第十五節註㊄。

㉓ 據明史景帝本紀，沒有提到也先叫何部把英宗送回。（頁十一第四頁）瓦剌傳也只說：「也先……遣其頭目七十人送至京。」（卷三二八第六頁上）

㉔ 敕書原文作 daidu（一五〇頁第八行），旁註作 Shang，卽賞賜之意。請參照前第十五節註㊇。

據說那〔正統〕可汗在蒙古娶的，名叫摩羅．札嘎圖的妻子生了一個小孩兒，蒙古人把他留下了。他的子嗣就是阿速惕（Asud）的塔勒拜．塔布囊（Talbai Tabunang）㉟，㊱。

㉟ 蒙古源流說：「正統汗所娶蒙古地方之女名摩羅者，生子朱泰薩爲阿〔蘇〕特之女塔勒拜之婿（Tabunang）。」（見箋證卷五第廿三頁上）

㊱ 關於明英宗被俘的記事，黃金史把它寫在脫脫．不花〔岱總〕汗被弑之後，顯然是錯誤的，但有幾點與明史瓦剌傳相似的地方。明史說：「土木地高，掘井二丈不得水，汲道已爲敵據，衆渴，敵騎益增。明日，敵見大軍，止不行，僞退。〔王〕振遽令移營，而南軍方動，也先集騎四面衝之，士卒爭先走，行列大亂。敵跳陣而入，六軍大潰，死傷數十萬，英國公張輔，駙馬都尉井源，尚書鄺埜，王佐，侍郎曹鼐，丁鉉等五十餘人死之。振亦死。帝蒙塵，中官喜寧從。」（卷三二八，第四頁下）和黃金史所說：「中途相遇，就不等漢軍挖好圍壕，也先太師回過頭來逆迎而上，跳過漢軍的濠溝，也先太師把漢軍擊敗。其中有三百人不肯逃走，把他們一齊砍死。只活捉了一個人就問：」你們爲什麼不走？」那人說：「我們是大明可汗的大臣，怎能把可汗扔下走呢？」問：「你的可汗是那一個？」那個人就把藏在地洞中的可汗指出來了。非常相似。此外黃金史、蒙古源流等蒙古史料都說，從英宗的身上有光出現，也和明史所說：「上皇北行，也先常於御幄上遙見赤光奕奕若龍蟠，大驚異。」的傳說相似。不過明史說，也先「致禮甚恭」，「置酒爲壽，稽首行君臣禮」的說法，和蒙古史料，所說給他起名叫做「白小廝」，「禿小廝」之說，大相逕庭。可能也先沒有苛待英宗，但也不會「致禮甚恭」。這是明人史料中所避諱的地方。

第二十八節　馬嘎・古兒乞可汗

（下卷一五一頁第三行至第五行）

其後，馬嘎・古兒乞（Magha-gürgi）可汗即大位，在位八年，鷄兒年〔乙酉，成化元年，一四六五？〕殯天。馬嘎・古兒乞可汗沒有子嗣㊀。

㊀ 成吉思汗傳四十五頁首行作 Magha-gürgis。喀本源流第三部三十九頁第四行也做 Magha-gürgis。喇希彭楚克書第四冊第六五六頁作 Maghagürgis，並且說他是岱總可汗小可敦 Samara 的兒子。

勝教寶燈說：「岱總可汗之子 Merkürgen 台吉，丙寅年〔一四二二〕生，七歲壬申〔一四五二〕即汗位，後爲多倫——土默特之多郭郎台吉所弑。」（見日譯本〜蒙史佛教史五十九頁）

蒙古源流作蒙古勒克哷・青吉斯・台吉。（見箋證卷五第廿三頁上）惟施密特（Schmidt）德譯本一七〇頁作 Mergüs-khas Tayiji。蒙古源流稱：「蒙古勒克哷・青吉斯・台吉丙寅年生，其母薩睦爾福晉貯於皮櫃，以馬負之，七歲即汗位，稱烏珂克圖（Ükegtü）汗。歲次癸酉八歲，爲多倫土默特（Dolon Tümed）之多郭郎台吉（Dogholang Taiji）所害。」（箋證卷五第廿三頁上）以上諸書，雖然都說這一可汗在鶴兒年殂歿，可是都沒說他在位八年，而且這鶴兒年，也是一個有問題的年號。關於這一可汗在位的年代，若依明史的記載來看，至少是在十年左右，所以這裏所說的在位八年，是比較可靠。同時這一個鶴兒年，不應是源流所說的癸酉（景泰四年，一四一五），可能是乙酉（成化元年，一四六五）。

明史韃靼傳說：「也先爲瓦剌可汗，未幾爲所部阿剌知院所殺。韃靼部長孛來復攻破阿剌，求脫脫•不花子麻兒可兒立之，號小王子。阿剌死，而孛來與其屬毛里孩等皆雄視部中，於是韃靼復熾。……〔天順六年，壬午，一四六二年〕……時麻兒可兒復與孛來相仇殺，麻兒可兒死，衆共立馬古可兒吉思，亦號小王子。自是韃靼部長益各專擅，小王子稀通中國，傳世次，多莫可考。……〔成化〕二年〔丙戌，一四六六〕……未幾諸部內爭，孛來殺馬古可兒吉思，毛里孩殺孛來，更立他可汗。」（見三二七卷，第九頁下至十一頁下）看來似有訛誤之處。其中，麻兒可兒與馬古可兒吉思均爲一人，也就是馬嘎古兒乞的變音。

墨爾根活佛的黃金史綱第九十四頁說：「岱總可汗次子馬哈•古兒乞（Makha-gürgi）其母將其放於櫃中，移動之時與其母並爲多郭郎•帖木兒•台吉（Dogholang Temür Taiji）所弒。岱總可汗長子之母，爲可汗所出，其子摩倫與其母另居他處，往依巴圖爾•毛里孩，毛里孩藉口弒之。」由此可知這馬哈•古兒乞是脫脫•不花王的幼子，是摩倫可汗的異母弟。

和田清氏在「兀良哈三衛之研究」一文中，引用若干明人史料，謂麻兒可兒，麻馬兒可兒吉思，馬可古兒吉思，麥兒苦兒吉思，馬兒苦兒吉思，都是同一人名的訛傳。（見東亞史研究蒙古篇三五二——三六〇頁）

第二十九節　摩倫可汗

（下卷一五一頁第五行至一五二頁第二行）

徹卜登（Chebden）殺害岱總可汗的時候，因摩倫（Moulun）㊀台吉是〔他〕自己的外孫

㊀ 摩倫（Molon），成吉思汗傳（四十五頁第二行）及喀喇沁本蒙古源流（第三部三十九頁第五行）均作 Molan。明史上找不到這一個名字。和田清氏在「兀良哈三衛之研究（下）」一文中，說：「鄭曉吾學編皇明北虜考在述說無名的初代小王子被孛來等所殺之後，說：『是時孛來稍衰，其大酋毛里孩，阿羅出少師，猛可與孛來相讎殺，而立脱思爲主。虜中言，脱思故小王子〔馬○•古兒乞〕從兄也。』無論其爲兄或爲弟，總是異母兄弟，與蒙古所傳吻合，無疑是正確的。脱思恐怕是 Tögüs 的略譯。」（見東亞史研究蒙古篇三六〇頁至三六一頁）斯欽按，〔脱思〕——tos 乃蒙古古語「正主」之意，也就是正統的可汗之意。見秘史第一四九節，卷五，第五頁下，第二行。

沒有殺害㈡。後來克木齊古特(Kemchigüd)〔部〕的達嘎達爾太傅（Daghadar Taibu)㈢，郭爾羅斯(Ghorlas)〔部〕的忽卜赤兒(Khubchir)，摩拉台（Molatai)兩個人㈣，把他從徹卜登〔那裏〕送到大國的邊上，交給〔一個人〕，那個人把他送到毛里孩王（Mokhulikhai Ong)㈤那裏。

那時翁牛特（Ongnighud)㈥〔部〕的大臣〔Sayid〕毛里孩王，執掌大國的社稷，〔有人勸他〕說：「你坐汗位吧！」毛里孩說：「我的汗主也不是沒有子嗣。這對我本身和〔我〕後裔都

㈡ 蒙古源流說：「初岱總汗離異阿勒塔噶勒沁福晉時，曾留其三歲子，係丁巳年〔正統二年，一四三七〕生，名摩倫•台吉，年十六歲，徹卜登謂係己甥，收養之。歲次癸酉〔景泰四年，一四五三〕徹卜登既歿，乃役於郭爾羅斯之和巴齊爾（Kebchir）家。」（見箋證卷五，廿三頁下）

㈢ 達嘎達爾太傅（Daghadar Taibu）人名。Taibu 漢譯可作太傅，也可以譯作太保。Daghadar 成吉思汗傳（四十五頁第三行）和喀本源流（第三部卌九頁七行）均作 Daghadir。蒙古源流（箋證卷五第廿四頁上）作達嘎泰。

㈣ 忽卜赤兒•摩拉台（Khubchir Molatai），成吉思汗傳（四十五頁第四行）及喀本源流（第三部卌九頁七行）均作 Khubuchir-molantai。蒙古源流稱他只爲摩勒泰。忽卜赤兒卽源流所說的和巴齊爾（見註㈡）。當爲另外一個人。所以這裏所說的兩個人，應作克木齊古特部的一個人，和郭爾羅斯部的兩個人，計三個人解。

㈤ Molighai 明史韃靼傳（三二七卷十一頁下）作毛里孩，蒙古源流作摩里海。（箋證卷五第二十四頁上）

㈥ 翁牛特（Ongni'ud），蒙古源流（同上處）作翁里郭特，卽今內蒙昭烏達盟的翁牛特旗。原本是成吉思汗末弟斡惕赤斤的屬族。明代的泰寧衛，亦做往流，就是這部的對音。惟下節記諾顏•博羅特所說，毛里孩殺摩倫可汗，是別勒古台之裔報帖木真、合撒兒殺其兄別克帖兒之仇。來看這一部似乎是別勒古台之裔了。這一個問題應另行詳考。

不相當。」就沒有聽從。鷄兒年〔乙酉，成化元年，一四六五〕毛里孩王叫〔十〕七歲的㊆摩倫可汗，騎上他自己的〔名叫〕奎蘇圖（Küisütü）的黃白馬，揷上金杖，坐在大位裏。

其後，鄂爾多斯（Ordos）〔部〕的蒙哥（Möngke）、哈答・不花（Khada-bukha）㊇兩個人來挑撥說：「毛里孩王與他薩滿岱夫人（Samanantai Khatun）通聲息㊈，對你將有惡意。」〔可汗信以爲眞〕，說：「在他們〔行動〕之前，我們出兵吧！」說着就出了兵。〔有人〕看見摩倫可汗的軍馬，就給毛里孩王送消息。毛里孩王不信，等看見軍〔馬揚起〕的灰塵，纔知道〔這是眞的〕。毛里孩王召集自己的軍隊，向天上灑奠〔馬奶子〕說：「在上的長生天（Möngke Tenggeri），願你垂鑒！有洪福的聖主，願你處分他們！我對你的後嗣做過好事！你的子嗣却對我懷起惡意來了！」

毛里孩王帶着三百士兵隱藏起來，以有蒙古「札兒忽赤」（Jarghuchi）㊉名份的弟弟爲首，

㊆ 蒙古源流作十七歲（見箋證卷五第廿四頁上）。墨爾根活佛的黃金史綱九十四頁，說他是岱總汗的長子，是馬哈・古兒乞的異母兄。十七歲之說比較可靠。

㊇ 蒙古源流（同上頁）稱這挑撥的人是高麗的和托卜罕（Khada-Bukhan?）。

㊈ 這句話因 daliju（一五一頁第二行）這一個字，容易發生困惑。鮑登（C.R. Bawden）氏也曾對這一句發生過問題。（見英譯 Altan Tobchi 一七五頁九一節註四）蒙滿漢三合字典八冊五十二頁 dalimui 作「斜眼看」講。所以譯爲通聲息。

㊉ 「札兒忽赤」——Jarghuchi 字意是「司詞訟的人」，就是元史上的斷事官。元史百官志說：「斷事官……國初嘗以相臣任之，其名甚重……其人則皆御位下，及中宮東宮諸王各投下，怯薛丹等人爲之。」（卷八十五百官志第六頁）據秘史，第一任「札兒忽赤」是失吉・忽禿忽，而以怯薛丹等人輔之。其事見秘史第二三四節。

三個弟弟們出去迎戰，擒住了摩倫可汗。狗兒年〔丙戌，成化二年，一四六六〕⑪就在毛里孩王的家裏殯了天。

孛爾孛克（Borbogh）的富翁，斡爾默格爾（Örmerger）被生擒了。大家都要殺〔他〕。〔毛里孩王〕說：「這是在摩倫可汗前面當先鋒的，爲自己可汗充當先鋒的〔必〕是好人。怎麼不能給我作先鋒呢？」⑫就沒有殺。釋放之後，斡爾默格爾用〔一把〕有黃色〔刀〕柄的環刀，在可汗屍體周圍，劃量土地，給葬埋了。

摩倫可汗的蒙古勒台夫人（Möngholtei Khatun）⑬悲傷痛哭〔說〕：

「使我偉大可愛的社稷崩潰了的；

使我和萬有之主可汗分離了的；

是這蒙哥，哈答•不花，兩個〔惡〕人啊！

---

⑪ 這個狗兒年，蒙古源流作甲戌，景泰五年（一四五四），這是不對的。按本書前一節所說，馬嘎•古兒乞可汗的殂歿年代來考證，應爲丙戌，成化二年（一四四六）這纔與明史的記載符合。和田清氏的考證，也以摩倫汗的殂歿當爲成化二年之交。見本節註⑭。

⑫ 成吉思汗對於爲正主（Tos ejen）盡忠，而抵抗他自己的人，都予以寬容和獎勵，可能這種封建道德，在這極度混亂的時代，仍受尊敬。參照秘史一四九，一八八等節。

⑬ 蒙古源流稱蒙古勒台夫人爲蒙古徹福晉。（箋證卷五第廿五頁上）以摩倫汗在位的短暫，和他夫人的事來推，他的即位，不可能是七歲。十七歲之說，是比較正確。

使我偉大完整的社稷殘損了的；
使我和一切之主可汗分離了的；
是這蒙哥，哈答・不花，兩個惡人啊！」⑭
摩倫可汗沒有子嗣⑮。

⑭ 蒙古源流說毛里孩聽見之後，很悼悔，就把說讒言的人殺了。（箋證卷五第二十五頁上）

⑮ 馬嘎・古兒乞和摩倫兩汗的卽位和殂歿年代，頗有問題。和田清氏在「兀良哈三衛之研究（下）」一文中，論述甚詳。在他列舉許多明人及蒙古方面的史料之後，他作了一個結論說：
「也先爲阿剌知院所殺，瓦剌勢力傾墜。代表韃靼勢力的大酋孛來，毛里孩與脫脫・不花王的嫡妻薩睦爾太后共立其幼子烏珂克圖汗馬可・古兒吉思。其時必在景泰五、六年之際。擁立烏珂克圖汗之後，襲擊瓦剌汗。在位約十年。當在其將達成年之時，約在天順，成化之間（一四六四——五），爲權臣孛來，多郭郎等所殺。毛里孩擊破孛來，擁立先可汗之異母兄摩倫汗脫谷思，旋兩者不和，毛里孩弒摩倫汗。其時當爲成化元、二年（一四六五～六）之交。」（見東亞史研究蒙古篇三六三～四頁）

第三十節　滿都固理可汗

（下卷一五三頁第二行至第十行）

岱總可汗，阿克巴爾臣（Agbarchin）㊀濟農兩人被瓦剌和撤卜登雙方奪去社稷的時候，他們名叫滿都固理（Mandughuli）㊁的異母弟分出去，住在吉蘇特山坡（Jsüd-un Jon）。以後

㊀ 阿克巴爾臣（Aghbarchin）黃金史在前第二十五節做 Abgirchin。

㊁ 蒙古源流說：「摩倫汗無嗣。歿後，其叔阿寨台吉之衛剌特福晉所生一子，名滿都古勒（Mandughul）台吉者，係丙午〔宣德元年，一四二六年〕生。歲次癸未〔天順七年，一四六三〕年三十八歲即位。爲烏珂克圖汗復仇，興兵殺哈齊金〔成吉思汗弟合赤斤〕之姻親多郭郎台吉，收撫多倫•土默特。適於彼處邂逅表弟巴延•蒙克台吉……」。（見箋證卷五第二十五頁）喇希彭楚克書第四冊六五九頁說：「毛里孩殺死進讒言的蒙哥，哈答•不花兩個人，就在七月奉阿寨〔台〕可汗瓦剌夫人所生的滿都固理台吉，在金帳之內，做可汗。」說明這一個可汗也是毛里孩所立的傀儡。墨爾根活佛的黃金史綱第九十三頁說：「阿寨台吉蒙古夫人所生的滿都兀勒台吉，十三歲時分開，遷居到東部去住。」第九十四頁說：「〔毛里孩，多郭郎等殺摩倫之後〕……滿都兀勒•台吉與諾延•博羅特（Noyan-bolod）二人合兵擊敗毛里孩，多郭郎台吉。滿都兀勒做了可汗。給他從瓦剌回來的〔孫兒〕巴延•蒙和（Bayan-möngke）以濟農的封號。」滿都兀理是「使之興旺的」之意。明史韃靼傳稱之爲滿魯都可汗。成化七年（一四七一）條說：「滿魯都入河套稱可汗，乩加思蘭爲太師。九年秋滿都魯與孛羅忽竝寇韋州。……滿魯都等敗歸，……自是不復居河套。……初乩加思蘭以女妻滿魯都立爲可汗。」（三二七卷）

羊兒年〔?〕滿都固理可汗在哈撒闌台山坡（Khasarantai-yin Jon）㊂即大位。

滿都固理可汗有兩位可敦。一位是滿都海（Mandukhai）㊃，另一位是伊克・哈巴爾圖・鍾金（Yeke-Khabartu Junggin）㊄。滿都海可敦的父親是土默特（Tümed）的恩古特部（Enggüd-otogh）的綽囉思拜・特穆爾丞相（Chorosbai-temür Chingsang）。伊克・哈巴爾圖・鍾金的父親是畏兀惕（Uighud）㊅的伯格哷遜・台吉（Begersün Taiji）。聽說可汗因病未能同伊克・哈巴爾圖・鍾金同衾。滿都固勒可汗在位五年，猪兒年〔?〕殯天㊆。滿都固理可汗的遺體安葬在卯・溫都兒〔山〕（Mau-Öndür）。

㊂ 哈撒闌台山坡（Khasarantai-yin jon），成吉思汗傳（四十六頁上第六行）及喀喇沁本蒙古源流（第三部四十一頁第七行）均作 Khasaghritai-yin jon。此地所在不詳。擔明史韃靼傳，說：「滿魯都入河套稱可汗。」（卷三二七第十三頁上）可能這是今日伊克昭盟之內的一個地方。

㊃ 蒙古源流稱為滿都海・徹辰（Mandukhai Sechen）福晉。（箋證卷五第廿六頁上）。Mandukhai 是「興隆」之意。

㊄ 伊克・哈巴爾圖・鍾金是「鼻子很大的鍾金」之意。她父親伯格哷遜，就是明史的乩加思蘭太師。

㊅ Uighud 是畏吾兒的複數形。成吉思汗傳四十六頁上第九行作 Oirad。蒙古源流作衛喇特（箋證卷五第二十六頁上）。喀本源流（第三部四十一頁十一行）作 Oirad。但本書所說的畏兀惕是指右翼諸部中的 Uighurchin 說的，也就是明人史料中的委兀慎。明季駐牧於張家口之西北。

㊆ 蒙古源流說：「滿都古勒汗自癸未〔天順七年，一四六三年〕至丁亥〔成化三年，一四六七年〕在位五年，四十二歲殁。」（箋證卷五第二十七頁下）這兩個年代，都有問題。我們根據黃金史馬嘎・古兒乞可汗崩殂的乙酉，成化三年來推，滿都固理可汗即位的羊兒年，可能是乙未成化十一年（一四七五年）。崩殂的猪兒年，是己亥成化十五年（一四七九年）。和田清氏在他的「兀良哈三衛之研究（下）」一文內也曾作這樣的假定。（東亞史研究蒙古篇三九六頁）

第三十一節　諾顏・博羅特王的復仇，和毛里孩王之死

（下卷一五三頁第十一行至一五四頁第二行以下原文缺）

科爾沁勇士（Ba'atur）失古失台（Shigüshitei）的兒子，諾顏・博羅特（Noyan-bolod）㈠在蒙古社稷被瓦剌侵佔的時候，出去到斡難（Onon）〔河〕居住。後來爲要給摩倫可汗復仇，騎上他的銀合馬㈡，進兵攻打毛里孩王。毛里孩探知諾顏・博羅特王已經發兵，就逃走了。

在那裏諾顏・博羅特王說：「也速勇士是我們共同的父，由我們〔以下原文缺，且把這一大段誤插在一五六頁第十行至一五九頁第四行之間，玆按後文補正。〕訶額侖母親生的，有帖木眞，

㈠ 諾顏・博羅特是失古失台勇士的兒子。
㈡ 銀合馬是白中略有一點黃灰色的馬。

合撒兒，合赤斤，斡惕赤斤。我們都是同胞。由另一個速勒赤斤母親（Sülchigin Eke）㊂生的，是別克帖兒（Begder），別勒古台（Belgütei,）兩個人。聖主帶着我們的祖宗合撒兒，殺了別克帖兒。因爲那仇現在把摩倫可汗給害了㊃。我的可汗雖然沒有子嗣，我合撒兒的後裔來報復吧！」

說着就從兀勒灰（Olkhui）〔河〕㊄的客里也（Keriye）〔地方〕去追。追到，就把毛里孩王和他的弟弟，孩子等七個人〔都〕殺了。擄獲了摩倫可汗遇害時，丟掉的渡金鋼盔。斬了蒙古「札兒忽赤」㊅等七個人的首級，丟在那裏。因此，這地就叫「七顆人頭」（Tologhadun Tolughai）。

毛里孩王騎着他的黃白馬，穿着他蒼白色塔兒皮㊆的大衣，在洪灰—亞巴干（Küngküi

㊂ 別勒古台之母，其名不見秘史。據鮑登（C.R. Bawden）書，說伯希和（P. Pelliot）曾在 Deuxlacunes 一一八頁處有專論，惜未見到，本書上卷第二十八頁第九行則稱別勒古台之母名爲 Süchigel。

㊃ 按這句話來講毛里孩當是別勒古台之裔。別克帖兒少亡無嗣。翁牛特部似乎也是屬於別勒古台一系的。但今日的翁牛特部確是屬於斡惕赤斤的後裔。阿巴嘎（Abagha），阿巴哈納爾（Abakhanar）兩部纔是屬於別勒古台的後裔。不知翁牛特部是否原屬別勒古台之裔，後因毛里孩王的被殺，而改隸斡惕赤斤之裔，尚待進一步的考證。

㊄ 兀勒灰（Ulkhui）河，見秘史一五三、一七三兩節似卽今錫林郭勒盟東烏珠穆沁之兀勒灰。

㊅ 蒙古「札兒忽赤」不是人名，是官銜，是「蒙古國的大斷事官（司法官）」之意。見前第二十九節。

㊆ 「塔兒」——Tarbagh，就是土撥鼠。毛棕粟色，是蒙古出口皮毛之一。多產於內蒙與外蒙東部交界之處。新疆塔城——**塔爾巴哈台，就是因產「塔兒」而得名的。**

Yabaghan)〔山上?〕，用一種矮小的樹木㈧，搭成一個窩篷，用潮濕的皮子㈨做食糧，乾渴倒斃而死。〔這〕就是合撒兒的後裔，對〔成吉思〕可汗的後裔，所做的那件好事。」（以上見下卷一五六頁第十行至一五七頁第七行）。

㈧ 原文 Altaghana，是一種矮小的木叢，枝梗作金色故名。沒有用途，駱駝飢餓時用它充飢。
㈨ 原文做 Neki 是不調面子的大皮襖，今譯爲皮子，以求合理。

第三十二節 博勒呼・濟農

（前部原文缺後部見一五四頁第二行至一六〇頁第一行）

「被瓦剌人擄去的哈爾固察克（Kharghuchagh）台吉的拜濟（Bigiyechi 即夫人）生產時候，也先太師派阿巴孛兒吉（Ababorgi），岱同（Daitung）㊀等人去，告訴他們說：「若是女孩就梳她的頭；若是男孩就斷他的喉！」拜濟知道了，就把她兒子的小鷄向後拉過去，叫像女孩子一樣撒尿，那人看了，就告訴也先說：「是個女孩子。」那個人走後，拜濟把兒子藏起來，把在家裏使用的，家在察哈爾㊁豁羅巴特（Kholobad）〔地方〕的老媽媽，奧台（Otai）㊂

㊀ 阿巴孛兒吉，岱同二人之名，見前第二十五節，岱同（Daitung）就是大同的譯音，是以地爲名的。

㊁ 察哈爾（Chakhar）部族名，也就是現在察哈爾部。曾是達延汗以後，可汗直轄的部屬。關於明代的察哈爾，和田清氏的「察哈爾部之變遷」一文論之極詳。（見東亞史研究蒙古篇五二一至六六六頁）

㊂ 奧台（Otai）蒙古源流（箋證卷五第二十頁上）作鄂推媽媽。

的女兒，假裝放在搖籃裏，〔果然〕那個人又〔回〕來，把搖籃解開看了一看，確實知道是個女孩子之後，〔又〕去報告也先。

那以後，瓦剌的烏格特依勇士（Ögetei Ba'atur）抱怨自己的「那顏」說：「我十三次㊃當先鋒，這樣出力，也得不到愛顧！」他的「安答」〔盟兄弟〕，「鷂鷹」納嘎出（Eliye Nagachu）㊄說：「你如果想受人敬重，哈爾固楚克台吉的拜濟，生了一個男孩，你把他給送到蒙古去吧！六萬戶蒙古不算遠啊！」

塔塔兒（Tatar）㊅的圖吉勇士（Tugi Ba'atur）曾娶烏格特依勇士的姊姊。因此，就由圖吉勇士把這個孩子給帶出來，由瓦剌的委末敦（Oi-modon）㊆之子烏格特依•太保（Ögetei

---

㊃ 這一個「次」字，原文作uye，原意是「代」或「節」字，是一個有問題的字，蒙古源流在談到這一件事時，譯作「十三歲時」的「歲時」，但十三歲當先鋒，或十三代都當先鋒，似於情理不合，所以譯作「十三次」的「次」字。

㊄ 「鷂鷹」納嘎出（Eliye Naghachu），原文誤作Aliya Naghachu，此人前見第二十六節。Aliya的字義是「頑皮的」。Naghachu的字義是「舅父」。Eliye是鷂鷹，是也先給他的綽號。

㊅ 塔塔兒（Tatar）這一部族，雖在十二世紀末葉相當強大，但為成吉思汗覆滅之後，其人多被分入其他氏族之中，所以塔塔兒就不再是一個部族了。今日在新疆和中亞的塔塔兒，是屬於突厥系統的，並不是蒙古人，這裏所說的塔塔兒雖然可推想是當時一個部族的名稱，但仍是有待研究的一個問題。

㊆ 委•末敦（Oi-modon）人名，字義是「林木」。

Taibo)⑧，翁吉剌惕(Khonggiraď)⑨的阿撒來・太保(Asalai Taibo)⑩，喀喇沁⑪的孛來太師(Bolai Taishi)⑫，撒兒塔兀勒(Sarta'ul)⑬的巴延台・阿嘎拉忽(Bayantai Aghalakhu)⑭

---

⑧ 蒙古源流稱烏格特依・太保(Ȯgedei Taibo)是屬於衛剌特的明安(Mingghan)部的。(箋證卷五第廿一頁上)

⑨ 翁吉剌惕(Khonggirad, Onggirad)是成吉思汗孛兒帖皇后所出的氏族，世世與元朝皇室結親。其封地在今昭烏達盟克什克騰一帶，應昌府就是他們的首邑。元末應昌一帶成爲元、明之間主要戰場之後，這一族受了極大摧殘，以後就不大聽見了。這裏所說的當然是它迷至西北的殘部。據和田清氏的研究，此部被擊潰之後，殘部遷至肅北、陝北一帶蒙古地區。(見周氏「明初蒙古經略」，東亞史研究蒙古篇第九頁。)

⑩ 阿撒來・太保(Asalai Taibo)蒙古源流作額塞壘(箋證卷五第二十一頁上)。

⑪ 喀剌沁(Kharachin)關於這一部的沿革，和田清氏考證頗詳，他說據元史土土哈傳，這來自欽察的部衆，開始以哈剌赤爲號。明代稱之爲哈剌嗔。他們原居漠北，至孛來之世勢力大强。後屬於右翼諸部的範圍之內，游牧於獨石口外，在張家口互市。明萬曆間白洪大爲「顏諾」，勢力復强。林丹汗之世，爲可汗所擊潰。兀良哈三衛中的朶顏，與喀剌嗔有親婭關係，許多人就都投奔了朶顏。因此這一個混合的新部，就以喀剌沁爲號。(見同氏東亞史研究蒙古篇三三七、五七二〜五九八、六八二〜六九〇)因此這裏所說的喀喇沁不是今日內蒙卓索圖盟的喀喇沁部。

⑫ 孛來太師，明史說：「韃靼部長孛來復攻破阿剌，求脫脫・不花子麻兒可兒立之，號小王子。阿剌死，而孛來與其屬毛里孩等皆雄視部中。……天順二年，孛來大擧寇陝西。……成化元年，孛來誘兀良哈……入遼河，……秋散掠延綏，冬復大入，……二年夏大入，……冬復入延綏。……未幾諸部內爭，孛來弑馬可・古兒吉思。毛里孩殺孛來，更立他可汗。」(三二七韃靼傳第九頁下)

⑬ 撒兒塔兀勒(Sarta'ul)本是元代指波斯人及纏回而說的。元史多譯爲回回。可能這是當時一部分，在蒙古住下來，而且同化於蒙古的撒兒塔兀勒人。

⑭ 蒙古源流稱此人爲巴延岱・墨爾根(箋證卷五第二十一頁下)

這四個人帶着小孩走。在瓦剌追索者還沒追上之前，阿巴孛兒吉（Ababorgi）從他自己〔所騎〕的一匹粉嘴粉眼的好棗騮馬上下來，〔把馬〕給了「鵨鷹」納嘎出。瓦剌的「那顏」們說：「你去把這孩子趕上帶來，就叫你管理〔一個〕部落人民和有兒馬的馬羣！」說着就叫他去追。

「鵨鷹」納嘎出趕上前來，〔他們〕就把孩子扔下逃走。「鵨鷹」納嘎出弓的一頭，鉤住搖籃的繩子，把孩子拿起來，說：「你們把這孩子扔下，還幹什麼走呢？」說完就把孩子〔還〕給他們，彼此之間，又〔假裝着〕廝射了一番。〔「鵨鷹」納嘎出〕也不揀〔地〕上的〔亂〕箭，就在那裏等着。一會兒，他的伴當們趕來了。「鵨鷹」納嘎出說了〔一些謊話〕。他們看見廝射的〔亂〕箭，也信〔以爲眞〕，就同去了。

他們四個人把孩子帶同來，放在兀良罕（Uriyangkhan）㊄的胡圖克圖・實固錫（Khutughtu-shigushi）㊅那裏就走了。等他長大之後，胡圖克圖・實固錫把他的女兒錫吉爾（Sigir）獻給〔他〕。〔這就是〕博勒呼・濟農（Bolkhu Jinong）（以上見一五七頁第七行至一五九頁第四行）。

㊄ 兀良罕（Uriyangkhan），蒙古源流稱爲烏梁海。這是屬於成吉思汗功臣者勒蔑所屬的部族。明代的兀良哈三衞中的朶顏衞，是他們的後裔。同時他們的別部，在今烏蘭察布盟北部一帶地方游牧，向以善戰著稱。這一部後爲達延汗所滅。據蒙古源流說，達延汗曾稱他們是：「爲汗守金穀倉庫之人，均屬有大福者。」（見箋證卷六第六頁下）

㊅ 胡圖克圖・實固錫（Khutughtu Shigushi），本書說他是兀良哈部人，蒙古源流說他是屬於鄂羅郭特部的（箋證卷五第二十一頁下）。

其後巴延・蒙克・博勒呼・濟農可汗（Bayan-Möngke Bolkhu Jinong Khaghan）猪兒年〔丁亥，成化三年，一四六七？〕即大位⑰。〔滿都固理可汗〕在位的時候，〔賜給〕博勒呼〔濟農尊號〕，兩〔人〕⑱共同統御六萬戶〔蒙古〕⑲。其後好說閒言的鴻郭賚（Khongholai）對可汗說：「聽說你弟弟⑳博勒呼・濟農要娶你的伊克・哈巴爾圖・鍾金〔夫人〕。」可汗不信他的話，降旨說：「派使臣到博勒呼・濟農那裏對證一下。」鴻郭賚對可汗撥弄是非〔之後〕，又挑撥博勒呼濟農說：「聽說，你可汗哥哥，因你將要和〔他〕自己並駕齊驅對你起了惡念，如果認爲我說的是謊話，〔他〕會派使者來刺探你的。小心着吧！」

那以後，可汗爲折證，派去兩個使臣。濟農一見那使臣，就認爲挑撥的話都是眞的，誤解

---

⑰ 按明史和蒙古史料（連本書在內）都說，博羅呼的被殺似乎是滿都固理在位的時候；但從這一句話來看，又像兩者之間雖有衝突，而其被殺似乎在可汗崩殂之後。

⑱ 黃金史這一句話，文字脫漏不全，略加增補。

⑲ 蒙古六萬戶，據蒙古源流，說順帝出亡時，「各處轉戰蒙古人等四十萬內，惟脫出六萬。其三十四萬，俱陷於敵。於是先後脫出之六萬人聚集于克哷倫河邊界，起造巴爾斯・和坦城居住。」（箋證卷五第三頁上）從此這就代表了蒙古（韃靼）的全部力量。和田清氏在「論達延汗」一文中，有「六萬戶考」一節，論述甚詳。（見東亞史研究五一一～五一四）

⑳ 這裏說博勒呼・濟農是可汗之弟，似有錯誤。按輩分濟農是滿都固理可汗的從孫。剌希彭楚克書（第四冊第六五九及六六〇頁）說：「瓦剌的幹格特依等把巴延，蒙克台吉和錫吉爾拜濟二人送到他們的祖父滿都固理可汗處。可汗大悅，給巴延・蒙克『博勒忽，濟農（副汗）』的尊稱，給烏格特依四個人太師的封號。世世作「荅兒罕」（darkhan），叫〔胡圖克圖〕・實古錫做宰相。」

〔可汗〕懷有惡意，〔因此〕濟農對那使臣沒說好話。兩個使臣回來稟報可汗說：「你濟農弟弟沒說好話。」可汗想：「對我懷惡意是眞的了，我身體不好沒有子嗣，以後連嫂嫂「可敦」，帶全國百姓都是他的，現在〔他〕心就這麼壞〔嗎〕？」因此就發起怒來，在將要有所行動的時候，濟農察覺，就出走到他姐姐孛忽羅勒公主（Bokhurol Güngji）那裏去㈡。

公主瞞着〔她丈夫〕伯格哷遜（Begeresen）〔太師〕㈢對她兩個兒子涅莫呼・超揚(Nemekü-choyang)，巴格拜（Baghbai）㈢說：「我們賺出伯格哷遜的實話吧。」〔就去〕探聽伯格埒遜的口胳。她說：「只要他們一到我們邊境上，我就叫他來依靠太師。」伯格哷遜說：「只要看見他們的影兒，我就去吃他的肉，喝他的血！」說的時候散着頭髮，翻着鼻尖兒，露出恨意坐在〔那裏〕。

㈡ 張爾田在箋證卷五第二十八頁小註說：「宗〔蒙古〕世糸譜，濟農逃匿其姑博羅克親公主處。公主恐其夫伯格爾僧知，遣去。至永奢布界……被殺。」蒙古源流也說：「滿都古勒汗……以博羅克沁公主下嫁於鄂尼郭特之伯格哷森。」（箋證卷五第二十七頁）

㈢ 伯格哷遜太師（Begeresün Taishi），卽明史韃靼傳的癿加思蘭。韃靼傳說：「〔成化〕六年〔庚寅，一四七〇〕，……，癿加思蘭，孛羅忽亦入據河套爲久居計。……〔其後〕滿魯都入河套，稱可汗。癿加思蘭爲太師。……初癿加思蘭以女妻滿魯都，立爲可汗。久之殺博羅忽，並其衆，益專恣。滿魯都部脫羅干，亦思馬因謀殺之，尋滿魯都亦死。」（卷三二七韃靼傳第十三頁上下）

㈢ 巴格拜（Baghbai），本書此處（第一五五頁第八行）原作 Baghbar，以後作 Baghbai。成吉思汗傳及喀喇沁本蒙古源流均作 Baghbai。所以把它改正爲巴格拜—Baghbai。

伯格勒遜出去圍獵，涅莫呼・超揚和巴格拜兩個人沒有同去，隨後就叫濟農出來，打發他走了。伯格呼遜太師在圍獵中，知道〔這事〕，就派人去問公主：「帶絆的銀合馬是誰的？」公主降諭說：「和你〔心〕肝〔般〕的〔親人〕爲仇嗎？和你所愛的親戚作對嗎？〔那〕帶絆的銀合馬已經回牠家去了。」等伯格呼遜從圍獵中回來之後，公主把她兩個孩子叫出來說：「我死的早，是不會看見了！〔你們〕小心可別遇見把你們後嗣繫鎖起來的人啊！」

博羅呼・濟農在胡圖克圖・得爾蘇台（Khutughtu-Dersütei）地方住着的時候，錫吉爾太后（Shigir Taikho）生了達延可汗（Dayon Khaghan）。〔濟農〕把達延可汗交巴勒嘎沁（Balghachin）〔部〕㉔巴該（Bakhai）〔養育〕。其後畏兀惕的〔亦〕思馬勒（Ismail）太師㉕來襲，這〔亦〕思馬勒太師擄了錫吉爾太后，做爲妻室。

博羅呼・濟農和孛羅岱（Bolodai）二人，在孛兒孛克（Borbogh）地方逃亡。走到永謝布

㉔ 巴勒嘎沁蒙古源流譯爲部族名。Balghachin 字見秘史續卷二第四十八頁上，作「巴剌合臣」，旁譯是「管城的」。

㉕ 亦思馬勒原文（一五六頁第八行）作 Smal，把字首的 I 字丟掉。成吉思汗傳（第四十九頁下第二行）作 Ismal。蒙古源流稱他爲永謝布之依斯滿太師。正音是 Ismail，是一個回教人名。也就是基督教聖經上所說的亞伯拉罕的兒子，以實瑪利。明史韃靼傳作亦思馬因。說他是滿魯都可汗的部下。因癿加思蘭（Bergeresun）殺孛羅忽（Bolkhu）而並其衆之後。日益專橫殺之。又說滿魯都死後，成化十六年〔一四八〇〕春，亦思馬因等益糾衆盜邊，延及遼塞。秋又攻迫大同。以後時侵山西，迄成化末年，均無寧歲。不久亦思馬因亦死云。（卷三二七韃靼傳第十三頁下至十四頁上）本書（一五六頁第八行）稱他是畏兀惕部的。成吉思汗傳（四十九頁下第二行）稱他是瓦剌人。蒙古源流（箋證卷五第二十七頁上）稱他是永謝布人。和田清氏在「論中三邊及西三邊王公」一文中，說委兀慎（Uighurchin）是屬於 Asud〔阿速〕和永謝布兩族的範圍之內。因此本書和蒙古源流所說的比較可靠。

的（原文在這裏有一段錯誤的插入略）㉖邊卡那裏，濟農留在野地，叫孛羅岱去連絡。孛羅岱的姐姐遇見了，就抓住她弟弟不放他走。濟農口渴，不能〔再〕等，就到〔一個〕人家去喝酸奶子。有一個懷孕的女子看見濟農騎的白馬，穿的灰鼠裏子蟒袍，和金腰帶，就起了疑心。等濟農上馬走了以後，那個女子看見水旁有許多人，就去告訴〔他們〕，說有那麼一個可疑的人過去了。永謝布五部（otogh）的克哩葉（Keriye），察罕（Chaghan）兩個人，和特穆爾（Temür），蒙克（Möngke），哈喇・班弟（Khara-bandi）等都去追趕，問濟農是什麼人。〔他〕說：「是過路的。」〔他們〕說：「把你金腰帶拿來！」〔濟農〕不肯給。永謝布的幾個人就抓着巴延・蒙和・博羅呼・濟農（Bayan-Möngke Bolkhu Jinong），用馬絆勒死他。虎兒年〔壬寅，成化十八年，一四八二？〕㉗〔博羅呼・濟農〕殯天。這是永謝布〔做的〕一件罪惡㉘。

㉖ 原文自下卷一五六頁第十行至一五九頁第四行一段。應屬前第三十一節的後半段和本節的前半段，不應插在此處。

㉗ 虎兒年，蒙古源流作庚寅年，卽成化六年，一四七〇年（箋證卷五第二十八頁上）。若按馬嘎・古兒乞可汗崩殂的鷄兒年作乙酉，成化元年來推（見第二十八節小註），這個虎兒年似乎不是庚寅，成化六年（一四七〇年）。明史韃靼傳把乩加思蘭殺害孛羅忽之事，列在成化九年與十六年之間，那麼這個虎兒年似乎是壬寅成化十八年（一四八二年）纔對。

㉘ 在前第二十六節也記有一個韃靼王子由人秘密護送，脫出瓦剌迫害的故事。那裏稱他的名字是博羅乃（Bolonai）。喀喇沁本蒙古源流和成吉思汗傳均作 Bolokhai。本書這裏所記的，類似的故事，說他是巴延・蒙克・博羅呼・濟農。蒙古源流卷五所說的是巴延・蒙克。按濟農的本名巴延・蒙克，另名是博羅呼—Bolokhu。Bolokhai 是它的轉音。Bolonai 是 Bolokhai 的訛寫。因此可以斷定明史上的孛羅乃與孛羅忽同是一個人。和田清氏雖然沒有利用這一段史料；但他也認爲孛羅乃與孛羅忽同是一個人，（見同氏東亞史研究蒙古篇三八五～六頁）請參照前第二十六節註㉔。

第二十三節　達延可汗

（下卷一六〇頁第一行至一七六頁第六行）

巴該沒把達延可汗㊀養育好，唐古特（Tangghud）脫列格赤（Tölegchi）㊁的七個兒子中的特穆爾・哈達克（Temür-Khadagh）來求他說：「請把這個男孩兒交給好人，不然就交給我

㊀ 黃金史只說達延可汗出生的地點是胡圖克圖・得爾蘇台，沒說他出生的時間，蒙古源流也說：「歲次戊子，博勒呼濟農年二十九歲時，生巴〔圖〕・蒙克。」（箋證卷五第二十八頁上）後又說：「巴圖・蒙克係甲申年生。」（同三十頁上）墨爾根活佛的黃金史綱第九十四頁也說他是甲申年生的。按甲申是天順八年（一四六四年），戊子是成化四年（一四六八年），當中相差五年。喇希彭楚克書（第四冊六六〇頁）說「辛午年（？）四月，巴延・蒙克的錫吉爾夫人生了一個兒子。〔滿都固理〕可汗大喜，降旨說：「願此子言必有信——Batu。社稷長存——Möngke，起名叫巴圖・蒙克。」

㊁ 唐古特（Tangghud）就是秘史上的西夏——唐兀惕。蒙古源流稱此人爲唐拉噶爾（箋證卷五第二十八頁）。成吉思汗傳（五十頁上第三行）說他是 Tülegei。喀本源流（第四部四頁五行）說是 Tüyelgeri。本書說他是 Tölegchi，意思是「卜者」。按唐拉噶爾即明人所說的當剌罕兒。（參照本節註㊈）。此處所說的 Tanggud 必是 Tanglagar 之訛。

吧！」〔巴該〕不肯給他，後來特穆爾・哈達克弟兄七人騎着他們的好紅馬來，硬搶去了㊂。

達延可汗得了膈症〔胃病〕。特穆爾・哈達克的妻子，用九隻初生羔兒的白駱駝奶，擦穿三隻銀碗的〔偏方〕，來醫治那病。結果掉下七塊水藻樣的東西㊃，病就好了。這是達延可汗所遭到的一次災難。

那以後唐古特的特穆爾・哈達克把達延可汗送到〔滿都海〕・賽因・可敦（Mandukhai Sain Khatun）㊄的家裏去。滿都海・賽因・可敦想起舊仇，發兵〔進攻敵人〕，在步兵〔和〕牛軍出發之後，過了三宿〔纔〕帶着騎兵出發。滿都海・賽因・可敦好好的佩上箭囊，〔去〕收撫散失的百姓，把賽因・達延・可汗（Sain Dayon Khaghan）放在〔皮〕櫃子裏，〔帶着〕出征㊅。

叫克什克騰（Keshigten）的阿來東（Alaidung）作嚮導，去討伐四萬瓦剌的時候，賽因・

㊂ 蒙古源流說：「先是其子巴圖・蒙克四歲時，其母錫吉爾福晉爲伊斯滿太師所娶，生巴布岱・布喇該二子。伊斯滿太師去時，以巴勒噶沁之巴該不喜撫養巴圖・蒙克，乃取回交唐拉噶爾之特穆爾・哈達克養育。

㊃ 原文（一六〇頁第七行）作 jamas，茲按成吉思傳五十頁上第八行 jamag 改譯爲水藻。

㊄ 滿都海・賽因・可敦按前第三十節她是滿都固理可汗之妻，土默特恩古特部綽羅思拜丞相之女。蒙古源流稱她是滿都海・徹辰・福晉。（箋證卷五第二十九頁上）。

㊅ 原文（一六〇頁第十行）作 Üker-tü cherig，意思是用牛的或有牛的兵。成吉思汗傳（五十頁上末行）及喀本源流（第四部第五頁二行）均作 Ükerjil，意思是牛兒年，與原意不合。鮑登（C.R. Bawden）在他的英譯 Altan Tobchi 第一八二頁第一〇一節註三中，也曾論到此字。按這一段故事，似乎是誤把烏阿克圖汗〔馬嘎・古兒乞〕的故事重述一遍。（見箋證卷五第廿三頁上）。

可敦的帽子壞了，後邊的飄帶掛在脖子上，瓦剌的人們看見，就說：「可敦沒有帽子怎麼行？」就把他自己的帽子給了可敦。可敦接過來，就揮軍前進，襲擊四萬瓦剌。在塔斯・博爾圖（Tas-Bordo）襲擊，在得格得涅（Degdene）斯殺。粉碎〔敵〕軍，贏得無比的勝利。平定了〔瓦剌〕。〔可敦〕以六萬之衆㊆收復了瓦剌一朝的疆土。

其後科爾沁(Khorchin)㊇的諾顏・博羅特（Noyan-bolod）〔王〕㊈對賽因・可敦說：「我給你挑一挑火，給你指一指下營的地方吧。」賽因・可敦降上諭說：「你合撒兒的後嗣，想要得我可汗的產業嗎？我們還要你那份財產嗎？有不能背起來的門，有不能邁過的門檻。我可汗既有後嗣，〔我〕不會到你那裏去！」以後〔可敦〕又問阿拉克楚兀特（Alaghchughud）㊉部的薩岱・〔多郭郎〕（Sadai Dogholang）⑪說：「這位王爺的話對嗎？」薩岱・多郭郎說：「對。

㊆「六萬之衆」就是指蒙古左右翼各三萬户說的，也就是指韃靼全體而言。前見第三十二節註㊈。

㊇科爾沁——Khorchin 就是秘史上的豁兒臣——「帶弓箭的侍衛」之意。科爾沁部就是現在內蒙哲里木盟的六個旗。張爾田氏在蒙古源流箋證卷五第二十八頁小註說：「索科爾沁蒙古舊部，表傳，哈薩爾十三傳至圖美尼・雅哈齊，長子奎・蒙克・塔思・哈喇游牧嫩江，號嫩科爾沁。次子巴袞・諾顏游牧呼倫貝爾。巴袞・諾顏長子昆都倫・岱青號，所部曰阿嚕・科爾沁。」

㊈諾顏・博羅特王見前第三十一節註㊀。

㊉阿拉克楚兀特是察哈爾部的一族，見和田清氏「察哈爾部之變遷」一文（東亞史研究蒙古篇五七二頁）。

⑪阿拉克楚兀特的薩岱・多郭郎（Sadai Dogholang）。蒙古源流作郭爾羅斯之薩岱（箋齡卷五第二十九頁上）。Dogholang 是跛子之意。

〔你〕就去吧。」後來又把以前的話問郭爾羅斯的滿都·兀爾魯克(Mandu Ürlüg)⑫之〔妻〕札罕·阿嘎(Iakhan Agha)⑬。札罕阿嘎說：

「若是嫁給合撒兒的子嗣啊，
至多能趕一匹黑馬走，
遠離了你所有的國民，
丟掉了你『可敦』的名分！

若是嫁給可汗的子嗣啊，
就蒙『汗·騰格里』的護祐，
統御着你所有的國民，
傳揚出你可敦的美譽！

若是嫁給〔可汗〕那邊的人啊，
纔能勒住了你的白馬，
統御起你察哈爾萬戶，

---

⑫ 郭爾羅斯部的滿都·兀爾魯克(Mandu Ürlug)見前第二十五節，他是脫脫·不花〔岱總〕可汗的忠臣，原文一六一頁第十二行誤為 Khorkhun Madu Ürlüg，茲按前第一三九頁改正。

⑬ 札罕·阿嘎，Jakhan 的意思是「小的」。Agha 是女人的尊稱。蒙古源流作札哈·阿海(箋證卷五第二十九頁上)。

〔你〕美名嘉譽無限傳揚！」

札罕・阿嘎稟奏了這些話，賽因・可敦同意阿嘎的話。因爲薩岱・多郭郎的〔話〕錯了，就把〔一杯〕熱茶⑭倒在他的頭上。降旨說：

「以爲我可汗的子嗣弱小嗎？
全國人民沒有主宰嗎？
可敦我自己守了寡嗎？
合撒兒叔父的子嗣强大嗎？」

賽因・滿都海・可敦這樣降下旨意，就叫達延・可汗⑮穿上三重〔高〕底子的靴子，叫阿拉克楚兀特〔部〕的兀涅格（Ünege）的〔兒子〕阿拉克（Alagh）拿着酒瓶，由家宰中的蒙肯・伊喇古（Mengen Iraghu）⑯給有洪福的可敦⑰灑奠〔馬奶子〕致祭，宣佈敕令（Jarghu）

---

⑭ 這一個「茶」（Chai）字，在蒙古史中，以年代來記算，這是第一次出現，可知在這個時代已經開始飲茶，並不一定是後來阿勒坦（俺答）汗征服西藏與喇嘛教一同接受過來的習慣。但它的普遍使用似乎還是那以後。

⑮ 達延・可汗蒙古源流說：「因欲佔據達延國遂稱爲達延可汗。」可知 Dayan——「達延」是 Dayon——「大元」的訛轉。達延可汗就是大元可汗。這個尊號也先也曾用過。明史韃靼傳說：「弘治元年〔一四八八年夏〕，小王子奉書，求貢自稱大元大可汗。」（明史三二七，第十四頁上）。又黃金史下卷自一六二頁第七行起也都作 Dayon Khaghan。

⑯ 蒙肯・伊喇古（Mengen Iraghu）成吉思汗傳（五十一頁第一行）作 Mangkhan Irugh，喀本源流（第四部第六頁十二行）作 Mangkha Jirughu。

⑰ 有洪福的可敦（Suutu Khatuu）是指孛兒帖皇后說的，「額失・可敦」是她的號稱，額失（Eshi）是根源之意，參照註㉓。

說⑱：

「在不能分辨外方⑲馬匹顏色形狀的地方當媳婦⑳，
雖有合撒兒㉑叔父的後裔要來娶〔我〕，
我爲了指定可汗你的子嗣，
終於來到可汗〔你〕斡兒朵的近旁！
在不能分辨一匹花馬顏色形狀的地方當媳婦，
雖有遠房叔父的子嗣要來娶〔我〕，
我爲了你的子嗣年齡幼小，
撇掉性命〔也要〕來到你黃金斡兒朵的近旁！
不顧我所愛惜的性命了！
不保我所保持的㉒顏面了！

---

⑱ 原文 jarghu 是詞訟也是判決案之義，茲爲文意通順譯爲敕令。
⑲ 原文（一六二頁第九行）作 kharin，意思是外邦，鮑登等譯爲黑色，黑是 khara 不是 kharin。
⑳ 這樣的話是爲了押韻，同時也說是她已經嫁到本部族以外的地方。
㉑ 原文（一六二頁第十行）作 Khadar，是 Khasar 之訛。
㉒ 原文（一六二頁末行）作 ichikü，意思是「覺得羞恥的」。

因為你寬大的〔帳〕門輕，
因為你高大的門檻細，
與其嫁給諾顏・博羅特王，
還是你的套索㉓長，你的福澤廣！

請你套住我吧！
若因你的子嗣幼弱，
要加護啊，
請也套住諾顏・博羅特王・

統御外邦的汗子已經誕生！
我若是仍因你的汗子崩殂，
就任憑自己的愚念㉔而行啊，
願〔我的〕百體四肢全部破碎。

㉓ 原文（一六三頁第二行）作 orgha，意思是套馬竿。
㉔ 原文（一六四頁第四行）作 khara，是「黑」也是「平凡」的意思。

我偉大聖主已經生下了子嗣！
我若是仍因主你的兒子死了，
就按個女人的意思去做啊，
願在額失・可敦（Eshi Khatun）㉕面前遭遇滅亡！」

在額失・可敦的前面，用這樣至誠的話語，發誓之後，〔又〕向額失・可敦祈福說：「我說的話，如蒙垂鑒，我母額失・可敦啊！ 我願
從我的裏襟，生出七個男兒，
從我的外襟，出生一個女兒！
若按我這話，賜給七個男兒，（我）就給（他們）七個人，每人都起名叫做「博羅特」——Bolod〔鋼鐵〕！」禱告〔完畢〕就回去了。

聽說可敦〔傳出〕那樣的旨意，諾顏・博羅特王就把以前的話放下了。

據說達延可汗七歲時候，掉在豁羅固爾河（Kholghur-un Ghol）㉖裏，唐古特〔一個〕

㉕ 額失・可敦（Eshi Khatun）也是指孛兒帖皇后說的。成吉思汗嘉言錄第三頁說，當可汗即位之後，「大家給孛兒帖皇后上 Khamugh-un Eshi Eke Khatun 的尊號。」意思是一切的根源，母親，皇后。

㉖ 豁羅固爾（Kholghur-un Ghol）河名，地方不詳。Kholghur「剪過的耳朵」之意。在蒙古，馬有疾病的時候，有人把牠的耳朵剪掉一塊，來刺激血液的循環，治療牠的病。

名叫阿因・特穆爾（Ayin-temür）㉗的人，潛水把他救出來。

當巴圖・蒙和（Batu-Möngke）達延可汗七歲時候，滿都海・賽因・可敦把自己嫁給〔他〕，就在這猪兒年〔己亥，成化十五年，一四七九〕㉘叫他坐了汗位。

由那次祈福的關係，滿都海・〔賽因〕可敦生了七個男孩，一個女孩。圖嚕・博羅特（Törü-bolod），烏魯斯・博羅特（Ulus-bolod）兩個是雙生。阿爾蘇・博羅特（Arsu-bolod），巴爾斯博羅特（Bars-bolod），二人〔也〕是雙生。其後賽因・可敦在懷着斡齊爾・博羅特（Wachir-bolod）和阿勒楚・博羅特（Alchu-bolod）九個月的時候，去征伐瓦剌。那時賽因・可敦墮馬，巴爾虎特（Barghud）㉙部的賽因・賽罕（Sayin-sayikhan）保護〔她〕騎上米喇甘（Miraghan）的一匹好黃馬，再由巴勒嘎沁（Balghachin）㉚的巴延・布和（Bayan-Böke），阿蘇特（Asud）的巴圖・博羅特・布和（Batu-Bolod-Böke）兩個人，扶着，逃出〔陣〕去。一個月之後，生了斡齊爾・博羅特，阿勒楚・博羅特兩個雙生兒。那以後，生了阿

㉗ 阿因・特穆爾（Ayin-temür），成吉思汗傳（五十二頁上第七行）作 Anji-temür。喀本源流（第四部八頁四行）作 Amin-temür。

㉘ 這一個猪兒年，按蒙古源流（箋證卷五第三十頁上）說，可汗的卽位在庚寅，那麼這個猪兒年，似乎是成化三年，丁亥；但按前節註⑰看，這個猪兒年似乎是成化十五年己亥（一四九七）。

㉙ 巴爾虎特（Barghud）卽今呼倫・貝爾的巴爾虎旗。秘史稱爲巴兒忽或稱爲巴兒忽真，原是在貝加爾湖東，巴兒忽真河一帶的部族。

㉚ 巴勒嘎沁（Balghachin）部族名，原意是管城子的或管倉庫的。

勒・孛兀喇（Al-Bo'ura），因此都給他們起名叫做「博羅特」㉑。

兀良罕〔部〕胡圖克圖・實古錫㉒的孫女，薩穆爾・太后（Samur Taikho）㉓生了格哷森札（Girsenje），格呼・博羅特（Ger-bolod）㉔兩個人，有的史書上，把兀魯特・台吉（Urud Taiji）稱爲札賚爾・台吉（Jalair Taiji）㉕。另外的一位古實・夫人（Güshi Khatun）㉖生了格哷圖（Geretü），青・台吉（Ching Taiji）兩個人㉗。那就是達延可汗的十一個兒子。

那以後，〔可汗〕就向南移動，在察罕・格爾台（Chaghan Gertei）㉘下營。由額爾古

㉑ 此處所說達延可汗諸子出生的先後，與蒙古源流略有不同，請參照源流卷五末尾。

㉒ 蒙古源流稱爲札賚爾・呼圖克・實古錫。（箋證卷六第一頁上）。同書卷五稱其人屬於鄂羅郭特部。

㉓ 蒙古源流作蘇密爾・福晉。

㉔ 這兩個人的名字成吉思汗傳（第五十二頁下第七行）及喀本源流（第四部九頁第一行）均作 Gire-Semje 及 Gire-Bolod。

㉕ 這一句話不見成吉思汗傳和喀本源流。它在這裏與上下文氣也不連貫，可能這是指格哷森札說的。

㉖ 古實夫人（Güshi Khatun），蒙古源流稱爲衛喇特・巴圖特・巴噶爾觀・鄂托克之阿拉克丞相之子孟克類・阿古勒呼之女古實・福晉。（箋證卷六第一頁上）。

㉗ 格哷圖（Geretü）之名，與蒙古源流同，字義是「有房子的」。成吉思汗傳（五十二頁下第八行）稱他爲 Karudi，字義是「鳳凰」。喀本源流（四部九頁二行）稱爲（Girudi 或 Hiruti?）是 Karudi 的訛寫。

青・台吉（Ching Taiji）蒙古源流稱爲鄂卜錫袞・青・台吉。（以上同見箋證卷六第一頁上）

㉘ 察罕・格爾台（Chaghan Gertei）地名。Chaghan 是「白」。Ger 是「室」字。tei 是共同格格助詞。可能是指「八白室」之所在地，即今之鄂爾多斯境內。

特（Ergud）㊴派出哨望。〔他們〕看見有漢軍前來，就去報告可汗。又從額爾古特派庫登（Ködüng），博博斯（Bobos）兩人去當哨望。〔他們〕看見有漢軍從呼和城（Köke Khota）㊵出發前來。庫登，博博斯二人急報可汗。一個在房後警戒，一個〔趕快〕解下栓着的馬，拉來叫可汗，可敦兩個人騎上，從馬因平原〔Ma-yin Tala〕逃了出去。〔可汗〕兒媳察噶靖夫人（Chaghajin Khatun）〔僅〕穿着半截灰鼠皮襖逃出來。那個察噶靖海・拜濟（Chaghajinkhai Begechi）就是召溫・那蘇圖太后（Ja'un-nasutu Taikho）㊶。那以後，〔可汗〕就〔挪〕到克魯倫河住下了。

達延可汗進兵征伐蒙古勒津（Monggholjin）〔部〕㊷，兼程而行，在圖爾根（Türgen）河渡口住宿。蒙古勒津知道了，就派兵前來，〔兩軍〕在圖爾根河相遇。蒙古勒津的達拉特

㊴ 似爲部族名，也可能是地名。

㊵ 見前第十五節註㈡ Köke 是青，Khöta 是城，是綏遠歸化城的舊名。不過這城在阿拉坦（俺答）汗以後纔著名，可能在他建築這城之前，Köke Khöta 是指古豐州或防衛鄂爾多斯一帶的東勝州，也可能是指這一地區其他邊城而說的。

㊶ 察噶靖海，人名，Chaghajing 是「磁器」。Chaghajingkhai 是「磁器一樣的」之意。召溫・那蘇圖（Ja' unna-sutu）字義是「百歲」。也是人名。她是可汗長子圖魯・博羅特之妻，博廸・阿拉克可汗之母。（箋證卷六第十頁下及第十一頁下）。

㊷ 蒙古勒津（Mongholjin）部族名，與永謝布，鄂爾多斯，土默特諸大部族，同屬右翼諸部。明人史料中多稱爲滿官嗔。後與土默特之一部東遷，成爲現在卓索圖盟的土默特左旗，俗稱蒙古勒津旗的前身。參照本節註(九九)。

（Dalad）㊸的勇士諾濶爾海（Nökörkei）向左右〔兩翼〕吹起軍號㊹，前來襲擊。可汗的軍隊驚慌失措，慌亂之中，可汗在圖爾根河裏騎着一匹巴林（Ba'arin）㊺〔部〕的白肚臍淡黃馬走，陷入泥中，盔尖插住，不能起來。別速惕（Besüd）㊻部的托歡（Toghon）因爲白鼻樑的好淡黃馬倒在泥中，就向別速惕的察罕·卯·齊來（chaghan-mau-chirai）招呼說「下來！」兩個人就一同下〔馬〕，趕緊把可汗的盔尖拔出，叫〔他〕上馬走了。這叫可汗上馬逃走的別速惕的托歡和察罕卯·齊來二人，〔後來〕在郭爾羅斯的哈喇·圖魯（Khara-türü）〔地方〕㊼，他們〔也〕曾出過力㊽。

達延可汗出征擊潰了蒙古勒津的軍隊，達延可汗回到圖爾根河的河源下營，等待後面的車

㊸ 達拉特（Dalad）爲鄂爾多斯之一部，卽今伊克昭盟達拉特旗之前身，明人史料中有稱爲打郎者，打郎 Dalan是Dalad的單數形。

㊹ 原文（黃金史一六五頁第十一行）作 khaljin bürege，成吉思汗傳五十三頁上第七行作，是用以作 büriye 爲軍號的大海螺。

㊺ 巴林（Ba'arin）部族名，秘史作「巴阿鄰」。是今內蒙昭烏達盟巴林左、右翼兩旗的前身，當時是屬於五部內喀爾喀的。

㊻ 別速惕（Besüd）部族名，曾見秘史一二〇節。成吉思可汗的功臣迭該和古出克兒兩位千户，就是屬於這族的。

㊼ 哈喇·圖魯（Khara-Türü）地名，所在不詳，意思是「黑山頭」。

㊽ 蒙古源流把這一段戰爭的故事，寫在以後可汗討伐右翼三萬户的戰役之內。（見箋證卷六第五·六兩頁）。

隊。達延可汗用克什克騰部諾顏台老爹（Noyantai Echige）㊾的鍋煮肉，開鍋之後，把肉倒在地上，把鍋拿走了。〔可汗〕巡查點殿後軍隊的數目㊿之後，就回師了。

其後征伐畏兀惕的亦思馬勒（Ismal）[51]的時候，郭爾羅斯的托郭齊・實古錫（Toghochi shigüshi）.，浩齊特（Khauchid）[52]的額森・圖格勒（Esen-tügel），察罕・阿滿（Chaghan-aman），赤本(Chibun)[53]，勇士明噶圖(Minghatu)，阿爾剌惕(Arlad)[54]的卯蘭(Moulan)..，克什克騰的巴爾齊（Barchi），納嘎忽（Naghakhu），拉布克（Labugh），失格沁（Shige-

---

㊾ 諾顏台・老爹，原文（一六六頁第六行）作 Oyaghtai Echige，似有訛誤。按成吉思汗傳（五三頁下第四行）及喀本源流（第四部十頁十行）改爲 Noyantai Echige。Noyantai 是「有長官的」之意。Echige 字義是「父親」。意思是表示尊敬這一位老者，與秘史稱蒙力克爲「額赤格」（一三〇等節）相同。這也可以證明秘史稱蒙力克爲「額赤格」，祗是表示敬老，並不是稱他爲成吉思可汗的後父。

㊿ 原文（一六六頁七～八行）作 Toghogha 意思是鍋，很難把這句話讀得通。成吉思汗傳（五三頁下第五行）喀本源流（第四部十頁第十一行）均作 togha，意思是數目，是比較正確的。

[51] 畏兀惕的亦思馬勒，此人已見前第三十二節註㉟，黃金史前於一五六頁第八行作 Smal，這裏（一六六頁第八行）作 Ismal。成吉思汗傳（五十三頁下第六行）作 Samal。

[52] 浩齊特（Khauchid）部族名。今錫林郭勒盟浩齊特左、右兩旗之前身，達延可汗之後隸屬於可汗長子圖魯・博羅特之裔。

[53] 赤本（Chibun）人名。成吉思汗傳（五十三頁下，第七行）作 Chübün。

[54] 阿爾剌惕（Arlad）部族名，疑卽成吉思可汗勳臣孛斡爾出所屬之阿魯剌惕（Arulad）族。

chin）·，塔塔兒（Tatar）(55)的塔爾棍·哈喇（Targhun-Khara），失喇·巴圖拉特（Sira-batulad）·，肯木楚兀惕（Kemchügüt）(56)的忽里·巴雅思忽（Khori-bayaskhu）·，郭爾羅斯的巴巴海·兀爾魯克（Babakhai Ürlüg）·，塔里牙沁（Tariyachin）(57)的巴蘇海（Basukhai），豁你·哈卜塔海（Khoni-Khabtakhai）·，布爾巴克（Burbagh）(58)的蒙哥·別勒古（Möngke-Belgü），別乞·斡哥歹（Beki Ögedei），阿哈·帖木兒（Akha-temür）的錫古色（Shigüse），明哈特（Mingghad）·，撒兒古惕（Sarghud）(59)的額森台（Esentei）(60)等，這些大臣們都率先派兵〔參加〕。

亦思馬勒的一個修理穹帳，名叫阿拉克（Alagh）的婦女聽見那些軍隊震撼的聲音，就〔去〕告訴亦思馬勒說：「地震！怎麼回事！」那個女人，解下一匹好斑點馬，叫亦思馬勒太師騎上。

---

(55) 塔塔兒見前第三十二節註㊅，及本書摘要㈡達延可汗的子嗣阿勒·布兀喇及青·台吉爾兩條。

(56) 肯木楚兀惕（Kemchüüd）部族名。不詳。Kem 是今唐努烏梁海地方的河名。其字義有「Kem 人等」之意，或即原住於該河流域的氏族。

(57) 塔里牙沁（Tariyachin）部族名。不詳。其字義爲「種田的」。

(58) 布爾巴克（Burbagh）部族名，或即註(16)的布爾布克（Burbugh），似乎是鄭曉皇明北虜考所說：「亦克罕（Yeke Khan）〔就是博廸·阿拉克〕大營五：曰好陳·察罕兒（Khauchin Chakhar），曰召·阿兒（Jeün Ghar）曰把郎·阿兒（Barun Ghar），曰克什旦（Keshigten），曰卜爾報（Burbagh）可五萬人」的卜爾報。

(59) 撒兒古惕（Sarghud）部族名，不詳。

(60) 額森台（Esentei）人名。本書一六六頁末行原作 Asantai 字義不明，成吉思汗傳五三頁下第十行作 Esentei，意思是「有平安」，故按該書改正。

亦思馬勒就騎了那匹馬，去察看那個聲響，正好遇到郭爾羅斯的托郭齊·實古錫。托郭齊·實古錫認出亦思馬勒太師，就〔把他〕射死。托郭齊，實古錫娶了亦思馬勒名叫豁拉來（Kholarai）[61]的夫人。浩齊特的勇士明噶圖要了他的鎧甲。〔他們〕叫錫吉爾太后（Sigir Taikho）上馬，她哭着不肯聽從。托郭齊，實古錫生了氣說：「你的丈夫〔博勒呼〕濟農不好嗎？你的兒子可汗不好麼？你的百姓察哈爾不好麼？你爲什麼爲別人哭呢？」說着就拔出刀來，〔把她〕放在馬上，帶〔回〕來了。把錫吉爾太后所生的巴布台（Babutai），布兒海（Burkhai）兩個〔兒子〕也帶來了。當達延可汗見他母親錫吉爾太后的時候，托郭齊·錫古實說：「我把嫉妒你的給殺死了，把你有仇的給降服了。」以後錫吉爾太后在錫拉—木倫（Shira Mören）〔河〕[62]色爾莫格爾（Sermeger）逝世。

〔以前〕畏兀惕[63]的伯格呼遜太師煮宴會的食物，在一個木碗裏涼着有油的湯要喝，蒙古勒津〔部〕圖卜新（Tübshin）的兒子賽因·圖魯格根（Syain-tülügegen）想嚐嚐味道，就

---

[61] 豁拉來（Kholarai）婦人名。成吉思汗傳（五四頁上第四行）喀本源流（第四部十一頁九行）均作 Kholatai。蒙古源流（箋證卷六第一頁下）作郭羅泰。

[62] 錫拉·木倫（Shira Mören）字義是「黃江」，內蒙有兩條 Shira Mören 河，一條在烏蘭察布盟的四子王（Dör-bed）旗。在這河的東岸有一所很大的寺院—Shira Mören Süme。另一條在昭烏達盟。這就是古代的潢水，是遼河的上游。這裏雖未指明是那一條河，但以達延汗的本據推測，似爲烏盟四子王旗那一條的。

[63] 本書與成吉思汗傳（五四頁下首行）均作 Uighud（畏兀惕）。喀本源流（第四部十二頁第四行）作 Oirad（瓦剌）。請參照前第三十二節註[25]。

〔對〕伯格呼遜說：「給點湯。」伯格呼遜把涼着的湯倒在另一個碗裏給〔他〕。〔他〕不知道是熱湯，喝一口，就把嘴燙了。〔賽因〕・圖魯格根想：「把這熱湯嚥下去，會燙壞我的心，吐出去又太丟人。」就含在嘴裏涼一涼，上膛的皮都〔燙〕掉了。說：「這仇我到死也不忘，時時刻刻想着吧！」〔他〕就記住了那仇[六四]。

後來達延可汗帶了察哈爾，土默特兩〔部〕，一起去征伐伯格呼遜。〔賽因・圖魯格根〕叫蒙古勒津的掌吉・帖木兒・阿克拉忽（Janggi-temür Aglakhu）〔去〕刺探〔消息〕。掌吉・帖木兒・阿克拉忽就閉起一隻眼，走進伯格呼遜的家。〔伯格呼遜〕問：「掌吉・帖木兒・阿克拉忽怎麼啦？」掌吉・帖木兒・阿拉忽說：「咳！我這個破身子，好好的獃着就〔變〕成敵人，〔沒病的獃着，就遇到疾患！〕」[六五]伯格呼遜太師在〔一個〕銀酒海裏倒上酒遞給他。掌吉・帖木兒・阿克拉忽坐着喝酒，說：「我所喝的是遺賜啊！」說着就把〔那〕銀酒海揣在懷裏出去了。

掌吉・帖木兒・〔阿克拉忽〕出去以後，伯格呼遜太師說：「掌吉・帖木兒・〔阿克拉忽〕半呑半吐的說了些什麼呢？」就問卜來看，〔卜〕出了黑牛犄角的尖端。〔他〕說：「我的卦不好！」就把軍隊集合起來。

〔伯格呼遜太師〕看見這方軍隊〔揚起的〕灰塵，就問他兒子涅莫呼・超揚（Nemekü-choyang）說：「怎麼啦？」涅莫呼・超揚說：「是你那些戰馬〔揚起的〕灰塵。」達延可汗趕

[六四] 按原文句法這裏不應分段。

[六五] 這一句話是按成吉思汗傳五十四頁下末行及喀本源流第四部十三頁第二行補加的。

到突襲，伯格呼遜逃亡。〔可汗的士兵〕看見，就去追趕。將要趕上的時候，〔伯格呼遜〕把戴的兜盔給他馬夫帶上，賺敵而逃。土默特，圖卜新的兒子賽因・圖魯格根和乞塔惕（Kitad）的兒子烏努固齊（Ünügüchi），札灰・忽喇噶齊（Jakhui-khuraghachi）兩個人以爲〔那〕戴兜盔的伯格呼遜，就〔把他〕包圍起來。〔看見〕不是伯格呼遜就問：「那個是你的『諾顏』？」他就指給〔他們〕說：「〔他〕在那兒走着哪。」〔他們〕就趕上伯格呼遜，捉住〔他〕，在乞勒扯兒窪地（Kilcher-yin Tököm）殺死了[66]。據說在那殺〔他〕的地方出了鹽。伯格呼遜的兒子涅莫呼・超揚很痛心的說：

「把出生的刨出去了；
把生長的剜出去了；
把長出來的壓毀了；
把你的頭顱扔下了！」

伊巴哩（Ibarai）[67] 的弟弟盜了兀良罕（Uriyangkhan）巴顏・托克托（Bayan Toghto）

---

[66] 按明史韃靼傳，伯格呼遜（亂加思蘭）是亦思馬勒（亦思馬因）殺死的。（前第三十二節註[32]）其時間當在達延可汗治世之前。這裏的紀錄似有訛誤，可能是把亦思馬勒襲殺伯格呼遜的故事，寫在達延可汗的名下了。

[67] 伊巴哩，原文（一六九頁十三行）作 Ibira。成吉思汗傳（五五頁下第四行）及喀本源流（第四部十四頁七行）均作 Ibarai。本書後於一六九頁第十三行亦作 Ibarai。可知 Ibira 一字寫錯了。此人即明史韃靼傳的亦卜剌因王（三二七第十四頁上）和亦卜剌（十五頁下以後）。他是永謝布部的「諾顏」，是右翼三萬户的領袖。他的根據地是河套，也就是現在的鄂爾多斯。

未經調練的〔一匹〕淡黃黑脊尾的兒馬，不給賠償。因爲不給賠償，〔巴顏・托克托〕就去趕回馬羣，伊巴哩的弟弟追來厮殺，被他殺死。因此就更成了罪案。爲了請求達延可汗治他的罪，右翼三萬戶派蒙古勒津的烏勒濟（Öljei）的兒子翁古喇灰（Ongghurakhui）(六八)，鄂爾多斯的哈里固沁（Khalighuchin）的烏塔嘎齊・沙畢（Utaghachi Shabi）(六九)爲使者，到〔供奉成吉思可汗的〕八白室，獻上祭物，請求償命。請求〔可汗〕整飭國綱。

達延可汗〔自己〕沒有去，派他的兒子烏魯斯・巴亦呼・阿巴海（Ulus-baikhu Abakhai）(七〇)帶着郭爾羅斯的巴巴海將軍前去，把一個使者翁古喇灰留下，叫另一個使臣烏塔嘎齊同〔他們〕的聚會去。阿巴海到「白室」之後，又再下拜。

與阿巴海同去的伴當曾欠畏兀惕人一匹馬的債，〔他們〕來要債，就吵架鬪毆起來。阿巴海發怒說：「爲什麼毆打我的伴當！」就去把那個人砍死。畏兀惕的伊巴哩太師和鄂爾多斯的勒古

(六八) 翁古喇灰（Ongghurakhui）人名，成吉思汗傳五十五頁下第八行及以下各處均作 Ongghurakhai，字義是「敞開的」。

(六九) 烏塔嘎齊・沙畢（Utaghachi Shabi）人名，Utaghachi 是「放燻煙者」之意。沙畢，就是沙彌，今做弟子解。這是因信奉佛教而產生的字。從這一個字來看，可能這時還有佛教的遺傳。而這一個人可能曾是某一個宗教家的弟子。

(七〇) 這裏對烏魯斯・博羅特的稱謂很不清楚。蒙古源流說：「以烏魯斯・博羅特，授爲右翼三萬人之濟農，令郭爾羅斯之巴巴岱・烏爾魯克隨往。稱爲阿巴海。」沈增植氏的小註說：「阿巴海蒙古語叔父也。此阿巴海・巴巴岱，卽前卷錫吉爾・福晉歸伊斯滿後所生之巴布岱。伊斯滿爲郭爾羅斯，托郭齊・實古錫所殺，而取其妻郭羅泰意，巴巴海從而歸之。故曰郭爾羅斯之巴巴岱也。與達延汗同母，故謂之烏魯斯之叔父。」」（箋證卷六第二頁上）似甚合理。但與本書下文仍不貫通。「阿巴海」一個字在這裏是烏魯斯・博羅特的尊稱。

錫（Legüshi），阿克拉忽（Aghlakhu）(七一)兩個人來看見了就生着氣說：「不是來要整理我們的國家嗎？是來要整治我們的頭顱嗎？從現在起就這樣治理的人，今後還分別誰呢？」說了就起兵前來厮殺。庫呼遜勇士（Ba'atur Kürisün）(七二)從他所騎的一匹好紅沙馬下來，叫阿巴海騎上逃走。〔白〕室的家宰們（Ger-ün noyad）說：「我們爲你去死！」就叫〔他〕逃走。阿巴海剛一出「白室」，就厮殺起來。〔他們〕打敗了〔白〕室的家宰們，把阿巴海搶走殺死。他姐姐蒙古勒津的郭錫・塔布囊（Ghosai Tabunang）(七三)的多郭朗公主（Togholang Günji）

(七一) 勒古錫（Legüshi），阿克拉忽（Aghlakhu）看來好像一個人的名字。後於一七五頁第三行作 Aglakhu, Legüshi。且於成吉思汗傳五十八頁下四、五兩行處更可證明是兩個人。參照註(一四)。蒙古源流稱爲鄂爾多斯之滿都賚，阿都勒呼（後在同卷第八頁下作阿固勒呼）。沈曾植並注解說：「明人所謂西海一阿爾禿厮卽此滿都賚，不審其名，以部稱之。」（見箋證卷六第三頁上）

(七二) 庫呼遜勇士（Ba'atur Kürisün）蒙古源流說他是屬於洪吉喇特族。（卽翁吉剌惕 Onggirad）（見同卷第三頁下）

(七三) 郭錫・塔布囊（Khosai Tabunang）「塔布囊」是駙馬之意。蒙古語 Khosai 是「卓越」之意，清代用爲尊稱，寫作「和碩」。例如：「和碩親王」之類。沈增植氏在蒙古源流箋證卷六（第四頁上）小註說：「郭錫卽前卷〔卷五第二十七頁下〕之科賽，有功於達延甚鉅。明史稿所謂，弘治八年以後，小王子〔卽達延可汗〕與火篩相倚，日益强大者，於情事最爲得之。史稿、通考皆不言其終。名山藏謂火篩與小王子相讐殺，火篩死，而後亦不剌奔西海。恐是傳聞之誤也」。在卷五有關科賽塔布囊的註解中，沈氏提到一件很有趣味的記載。他說：「餘冬序錄：『平江伯陳銳性好飲涼酒。』京師語曰：『平江不飲熱酒，怕火篩』。已而奉命出師迤北，酋火篩赤面頎偉，驍勇善戰。平江畏之，竟以逗留獲罪。」

明史韃靼傳也說：「〔弘治八年，一四九五〕北部亦卜剌因王等入套駐牧，于是小王子及脫羅干之子火篩相倚日强，爲東西諸邊患。其年三入遼東，多殺掠。明年宣、大、延綏諸境俱被殘。十一年秋，王越卽節制諸邊，乃率輕兵襲敵于賀蘭山後，破之。明年敵擁衆入大同、寧夏境，游擊王杲敗績。參將秦恭副總兵馬昇逗留不進，皆論死。時平江伯陳銳爲總兵，侍郎許進督師久無功，被劾去。」（三二七卷十四頁）

(七四)聽見趕來的時候，已經殺死了。公主叫所有蒙古勒津人把穹帳都紮矮一些表示服喪。

可汗聽說阿巴海遇害，就聚集軍隊前來。全體大臣都奏稟，要求殺死那留下的使者翁古喇灰，可汗叫他坐在自己的後邊，降上諭說：「〔他們〕殺了我的兒子阿巴海，殺了我的將軍巴巴海，殺了你們的什麼人？」降完諭旨，就向上天控訴說：

「灑下的鮮血；
橫臥的枯骨；
都請上天主宰你垂鑒！
都請我父聖主你垂鑒！」

〔那時〕巴爾斯・博羅特（Bars-bolod）濟農，在他姐姐多郭朗公主那裏，正爲了那件壞事疑慮不安的時候，右翼〔三〕萬戶聽見達延可汗出兵的〔消息〕，畏兀惕的伊巴哩太師，鄂爾多斯的勒古錫・阿克拉忽，土默特的賽因・郭錫（Sayin Ghosai），巴木巴海・錫古錫（Bam-bakhai-Shigüshi）等人商議，說：「把一隻海青鷹放在膀臂上調練，〔牠〕竟銜向自己的主人，這算對誰有益呢？〔我們〕還得往壞處考慮蒙古勒津吧！」因此他姐姐多郭朗公主就把巴爾

(七四) 多郭朗公主（Dogholang Günji），「多郭朗」字義是「跛子」，可能是這位公主的綽號。蒙古源流卷五（箋證第二十七頁）說：「滿都古勒汗之博羅克沁，伊錫克二公主，俱係小福晉滿都海・徹辰所生。……以……伊錫克公主下嫁於蒙郭勒津，察庫特之科賽・塔不囊。」

蘇・博羅特交給鄂爾多斯的庫布古特（Kübegüd）(七五)的特穆爾太師（Temür Taishi），布爾布克（Burbugh）的額勒濟格將軍（Eljige Ürlüg），達拉特(Dalad)的阿勒嘎齊（Alghachi），升忽爾（Shongkhur）(七六)的托克托・拜忽（Toghto-baikhu），托孛克・圖齊顏（Tobogh-tüchiyen），巴拉嘎沁的額森將軍（Esen Ürlüg），郭爾羅斯(七七)的托孛忽（Toboghu）等這七個人(七八)送回去。在那次的旅程中，在搖籃裏的小兒斷了食物，就揀野韮菜（kümel）來餵，因此就給他起名叫做呼莫勒（Kümel）。他就是〔後來〕被稱爲默爾根・哈喇・濟農（Mergen-Khara Jinong）的(七九)。

達延可汗因爲他兒子阿巴海遇害，出兵討伐，右翼〔三〕萬戶聽見就舉兵迎上前來，在荅蘭一特里溫（Dalan Terigün）相遇(八〇)。阿拉克楚兀特（Alaghchughud）的察罕・札阿鄰（Ch-

---

(七五) 庫不古特（Kübegüd）部族名，字義是兒子們。源流（箋證）卷六說：「（巴爾斯・博羅特之子，袞必里克之子）……拜桑固爾……佔據右翼扣克特，錫包沁，烏喇特。」（十九頁上）「扣克特」與此字同，似爲今烏蘭察不盟四子王旗—Dörben Kübegüd 或 Dörben Keüked 的前身。

(七六) 布爾不克（Burbugh）部族名，或即註(六五)所說的布爾巴克（Burbag）。

(七七) 此處原文（一七二頁第五行）作 Khorighud，似爲誤植。玆按成吉思汗傳五十七頁上首行改爲郭爾羅斯（Ghorlad）。

(七八) 蒙古源流也說護送巴爾斯蘇・博羅特之事；但七人中除鄂爾多斯之特穆爾一人外，其餘六人部族人名均不同，且稱該小兒爲三歲的袞・必里克。（箋證卷六第四頁）

(七九) 默爾根・哈喇濟農（Mergen-Khara Jinong）本書說他的小名是呼莫勒（Kümel）。他就是蒙古源流所說的袞・必里克（Gun Bilig）。按袞・必里克亦稱袞・必里克・墨爾根・濟農。

(八〇) 荅蘭一特里溫（Dalan Terigün）地名。地點不詳。Dalan 是「七十」，Terigun 是「頭」。全意是七十個山頭。

aghan-Ja'arin)㉑，烏珠穆沁(Üjümüchin)㉒的額勒楝格・巴克什(Eldünggе Bagshi)㉓兩個人看了預兆，就稟奏可汗說：「伊巴哩命中有火，〔最〕好在火上倒水。」說着，就點起火來，把銀碗裏的水，倒在火上。翁牛特的卜者圖勒格台(Tölegetei)說：「由孛兒只斤(Borjigin)㉔有氏族派出一個四四方方的紅〔臉〕色人，〔一個〕比〔別〕人都黑的黑〔臉〕色人，和〔一個〕有老虎轡頭的，長得四四方方的人，若能上陣，必能制服〔敵人〕。」

㉑ 察罕・札阿鄰(Chaghan Ja'arin)人名。Chaghan 是「白」。Ja'arin(札阿鄰)是「指示」。秘史第一二一節(卷三第三十七頁下)「札阿鄰」的字譯是「神告」。可知 Chaghan 是此人之名，Ja'arin 表示他是很有地位的薩滿。

㉒ 烏珠穆沁(Üjümüchin)即今錫林郭勒盟烏珠穆沁左、右兩旗的前身。在達延汗以後，這一部隸屬於可汗長子圖魯・博羅特之裔。

㉓ 阿勒楝格・巴克什(Aldunggе Baghshi)(見一七二頁十一行)。Aldunggе 一字，母音陰陽相混，不合蒙文的規則。成吉思汗傳(五十七頁上第六行)及喀本源流(第四部十七頁五行)均作 Eldünggе，字義不詳。蒙李學智先生見告，eldengge 是滿洲語「光輝」，aldungga 是「奇妙」之意。以下文 baghshi 來推，解爲滿語的 aldungga 似較合理，baghshi 一語字義是師傅，是經畏吾兒傳來的梵語。在元代若干白話碑中，亦多稱道教的宗長爲「仙孔巴克什」。「仙」是漢語「神仙」，「孔」是「人」，「巴克什」即「師傅」之意。這人也必是一個地位甚高的薩滿。和田清氏在「論察哈爾部之變遷」一文裏引開原圖說之「宰㸂二營圖」說：「一營㸂兔，係兀班長男，生七子，……部落萬餘，……領兵用事三江榜什，大榜什，……」。和田說領兵用事的「榜什」就是「巴克什」。(見東亞史研究蒙古篇六二一—三頁)那麼它的字義就是軍師了。

㉔ 孛兒只斤(Borjigin)是成吉思可汗一族的姓氏。蒙古源流譯作博爾濟錦。

科爾沁的鄂爾塔固海・諾顏（Ortaghukhai Noyan）(八五)帶着他的兒子布喇海（Burkhai）(八六)來了。〔布喇海〕騎着〔一匹〕白黃色黑脊尾馬。知道時運的塔奔（Tabun）(八七)的扯克扯（Chegche），知道〔治〕國的茂明安（Mau-Mingghan）(八八)的奧魯木（Olum），塔塔嘎勒沁（Tataghalchin）(八九)的能說「巴蘭」語的巴嘎蘇海（Baghasukhai）(九〇)，客列亦惕（Kereyit）(九一)的能講許多方言的烏勒圖（Ületü），阿勒荅沁（Aldachin）(九二)的善於言詞的賽亦馬哈（Sayimakha）〔等都〕說：「時間定爲〔今〕天中午吧！」布爾布克的巴顏・烏爾莫格爾（Bayan-Ürmeger）把達延可汗的纛旗藏起來，僞裝的竪起了兀良罕的旗子。

(八五) 鄂爾塔固海・諾顏（Ortaghukhai Noyan）是合撒兒的後裔。原文一七二頁首行及十三行均作 Ortaghchikhai Noyan；惟後文一七五頁第七行作 Ortaghukhai。蒙古源流（箋證卷六第六頁下）作鄂爾多固海・諾顏。成吉思汗傳（五十七頁十上第行）及喀本源流（第四部十七頁十行）均作 Ortaghukhai，故改正之。

(八六) 蒙古源流（同上文）作布喇海・巴圖爾・台吉，似爲明史韃靼傳中的「小王子部長卜兒孩」（見三二七卷十六頁上下）。

(八七) 塔奔（Tabun）部族名。本節後文中有科爾沁萬户的塔奔的賽因・扯格扯勇士一語，可知這是屬於科爾沁的一個部族。

(八八) 茂・明安（Mau-Mingghan）部族名，即今烏蘭察布盟茂明安旗之前身，似由黑龍江流域西移而來者，其貴族屬合撒兒系。

(八九) 塔塔嘎沁勒（Tataghalchin）是屬於科爾沁萬户的部族名。（黃金史一七八第五行）字義是「互相牽制者」。

(九〇) 原文作 Baran kele。kele 是言語，Baran 不知何解。

(九一) 客列亦惕（Kereyid）舊爲王罕屬部，今新疆土爾扈特（Torghud）部的貴族，均以 Kereyi 爲姓氏。可能這部是土爾扈特部的前身。

(九二) 阿勒答沁（Aldachin）部族名，似爲科爾沁的一族。參照下（第三十四）節科爾沁部和撒卜登子嗣的戰役。

鄂爾塔固海‧諾顏的兒子布喇海，塔奔的扯格扯，賽亦馬哈的兒子巴爾棟（Bardung）這三個人〔戰〕死〔?〕(93) 據說布喇海王，巴嘎孫‧塔布囊（Baghasun Tabunang）扯格扯‧諾們（Chegche-nomun）這三個人成了「先生」（Shingshin）(94)。

右翼〔三〕萬戶編成弓形陣勢前來，達延可汗就問瓦剌黑軍（Khara Cherig）(95)〔隊長〕(96) 色古色（Següse）說：「這樣陣勢你知道吧？」色古色說：「對這種弓形陣勢〔用〕「牤牛角」（bukha-yin sechegür）相宜」。就叫編成六十一〔隊〕「牤牛角」。右翼〔三〕萬戶以爲這就是可汗的纛旗，就向罕良兀的旗幟衝殺而去。鄂爾塔固海王叫兀良罕的巴牙海‧勇士（Bayakhai Ba'atur），科爾沁萬戶的塔奔（Tabun）的賽因‧扯格扯勇士（Sayin-Chegche），五部喀爾喀（Khalkha）(97)「諾顏」們的親族巴嘎孫‧塔布囊〔等〕五個人，給他兒子布喇海做先鋒前進。不久兀良罕〔軍〕敗退，土默特軍追過來，於是就舉起可汗的黑纛旗衝殺上去，打敗了土默

---

(93) 這裏說布喇海，扯格扯，巴爾棟三人戰死。可能這「死」字是誤寫的字。這三人之中，除扯格扯一人戰死外，布喇海並未戰死，巴爾棟下文中並未推及。

(94) 「先生」原文爲 Shingshin。「先生」是由漢語轉來的。意思是能知未來的人，是道士們的稱呼。

(95) 「黑軍（Khara cherig）不知是指何種軍隊說的。當作進一步的研究。在近代語彙中，是指曾進入蒙古，不信奉喇嘛教的漢族軍隊說的。當然不合這裏的解釋。

(96) 這字是按成吉思汗傳五十七頁下第七行 akhalaghchi 一字補加的。

(97) 喀爾喀（Khalkha）部族名，蒙古源流說：「阿勒珠‧博勒特統率內五「鄂托克」喀爾喀。格哷森札統率外七「鄂托克」喀爾喀（箋證卷六第十五頁上）以上計十二「鄂托克）喀爾喀。外喀爾喀即今外蒙喀爾喀四汗部的前身，內喀爾喀包括巴林，札魯特，巴岳忒等部。「鄂托克」（otogh）是部族之意。

特〔軍〕。右翼〔三〕萬戶的許多士兵，誤認可汗的纛旗是〔他們〕自己的旗幟，走入，被殲。在那次厮殺中，伊巴哩太師逃亡(九八)。達延可汗戰敗右翼三萬戶，收服了他們(九九)。

(九八) 明史韃靼傳說：「明年〔正德五年，一五一〇〕北部亦卜剌與小王子仇殺，亦卜剌竄四海〔卽青海〕阿爾禿厮〔卽鄂爾多斯沈增植氏認爲是蒙古源流中鄂爾多斯的諾顏滿都（見箋證卷六第十二頁上）與合。逼脅洮西屬番，屢入寇。巡撫張翼，總兵王勛不能制，漸深入，邊人苦之。八年夏，擁衆來川，遣使詣翼所，乞邊地駐牧修貢。翼啗以金帛，令遠徙。亦卜剌遂西掠烏斯藏據之。自是洮岷松潘無寧歲。……〔正德九年，一五一四〕小王子部長卜兒孩〔卽不喇海〕以內難復奔據西海，出沒寇西北邊。……〔嘉慶五年，一五二六〕亦卜剌復駐牧賀蘭山後，數擾邊。……〔嘉靖〕十二年〔一五三三〕春，吉囊〔巴爾斯・博羅特〕……西襲亦不剌、不兒孩兩部，大破之。」（卷二三七）以後在明史中，就再看不見亦不剌其人了。

蒙古源流說：「……右翼內或有投降者，其餘被達延汗驅至青海，將三萬人盡行收服。於阿津柴達木之上，將鄂爾多斯之滿都賚，阿固勒呼殺死，遂名爲阿固勒呼柴達木云。永謝布之伊巴哩太師，隻身迷路入於白帽之哈密城，被其人所殺。」（箋證卷六第七頁下第八頁上）

(九九) 關於右翼三萬戶，沈增植氏在他的蒙古源流箋證裏說：「續文獻通考紀韃靼西部諸營甚詳，可與此書互相證明，今錄其文而釋之。其所紀皆右翼下屬部，阿拉克汗以後事也。其文云：「西部長曰應詔布，曰阿魯禿斯，曰滿官嗔。應詔布下分七營：曰阿速，曰哈利愼，曰舍奴郎，曰孛來，曰當剌罕兒，曰失保愼，曰八兒廒，曰荒花旦，曰奴母嗔，曰答不乃麻。舊屬亦不剌。亦不剌遁，海西遂分散。惟哈喇愼一營獨全。」按應紹不卽此書之永謝布也，所屬之阿速卽阿蘇特，哈喇愼卽喀喇沁。……當剌罕兒卽此書唐拉噶爾，失保愼卽後文……錫包沁。孛來疑下文之布喇哈特。又云：「阿魯禿厮部下分七營，舊亦屬亦不剌，今屬吉囊。合爲四營：曰孛合斯，曰偶甚，曰叭哈思納，曰打郎，衆至七萬」。按孛合斯者，此文之布喀斯也，偶甚者，烏古新之音轉，打郎者，達拉特也。又云：「滿官嗔部，下分八營，舊屬火篩。今從俺答合爲六營：曰多羅土悶，曰畏吾兒，曰兀甚，曰叭要，曰兀魯，曰土〔王〕吉剌，衆可四萬」。按多羅土悶者，此書之多倫・土默特。後文所謂阿勒坦汗，佔據十二土默特而居。今歸化城之土默特，喜峯口之土默特，皆其後也。滿官嗔卽此書之蒙郭勒津，爲火篩之遺人，與永謝布，鄂爾多斯並大。……畏吾兒卽後文之衛郭爾沁。兀甚當卽下文之土默特杭錦（？）叭要者，蒙古之巴岳特部屬。……土吉喇者，王吉剌之誤，卽下文之鴻吉剌特，與烏古新皆元時舊部也。兀魯卽國〔淸〕初綏服之兀魯特部。烏喇特今在四十八旗之列。」（下略）（見卷六第四頁下至第五頁上）

〔賽因〕•扯格扯•勇士要再〔殺〕進去，不戴兜盔，光着頭前去上陣。他說：「像這樣好的朝廷，不是每天都可看得到的！」說着，就進去相互砍殺起來，在亂砍的當中，〔賽因〕•扯格扯的頭被砍裂了，掉下馬去，他躺〔在地上〕支起上身，把對方登着鐵馬蹬那個人的腿，給砍斷了。〔他〕回到他馬夫那裏問：「國家大局要屬於誰？」他的馬夫說：「國家全局屬於我們！」〔賽因〕•扯格扯•說：「我為時運所勝！」說能就死了。

那以後，達延可汗把〔討伐〕右翼三萬戶陣上出過力的都封為「答兒罕」[100]。封：「〔賽因•〕扯格扯的子嗣，永不隸屬於〔任何〕諾顏！」封：「瓦剌的色古色〔隊長〕[101]的子嗣，七世不納稅，不服役！」把由滿都海•可敦生的[102]女兒嫁給了巴嘎孫•塔布囊（Baghasun Tabunang）[103]。

那以後，右翼的三萬戶自相攻殺，把鄂爾多斯的阿格拉忽，勒固錫〔和〕伊巴哩〔三個人〕殺了[104][105]。額爾格古特（Ergegüd）〔部〕[106]的和勒格亦（Kelgei）將勒古錫捉住殺死。和勒格

[100] 蒙古源流說：「凡有出力一切人等，俱賞給『岱•達爾罕』名號，勅諭金印。」張爾田氏註釋說：「達爾罕有勳勞免差役之謂。『岱達爾罕』大達爾罕也。」輟耕錄：「答剌罕言一國之長，得自由之意，非勳戚不與焉。」（箋證卷六第九頁上）

[101] 原文（一七四頁末行）作 aghlaghu 。茲按成吉思汗傳（五十五頁下首行）及喀本源流（第四部十九頁十一行）之 akhalaghchi 改譯隊長。

[102] 這句是按成吉思汗傳五十八頁下第三行，並喀本源流第四部十九頁第十三行補加的。

[103] 蒙古源流說：「札嚕特之巴噶遜•達爾罕•塔布囊，以濟都海•徹辰•福晉所生之圖魯勒圖（Töröltü）公主賜焉。」（箋證卷六第九頁上）

[104] 這句是按成吉思汗傳五十八頁四、五兩行，及喀本源流第四部十九頁末行填補的。參照註七十一。

[105] 關於伊巴哩，阿格拉忽，和勒固錫諸人的末路，本書所記與其他史料不同，似嫌過簡，請參照註㊈。

[106] 額爾格古特（Ergegüd）部族名，不詳。

亦把〔殺死〕勒古錫的事稟呈達延可汗說：「我把你有讐的殲滅了。把嫉恨你的殺死了。」其後達延可汗封和勒格亦為「答兒罕」。

後來蒙古勒津的郭錫・塔布囊，特穆爾根（Temürgen）兩個人〔也〕歸順了。

科爾沁的鄂爾塔固海王說：「把右翼三萬戶分了吧。給所恨的人戴上馬銜，在各〔家〕的門裏驅役那些仇人吧！把仇人放在一起，必使我們後嗣受害！〔莫如〕把七部喀喇沁㊆和强大的永謝布隸歸我們七部科爾沁；八部鄂爾多斯是主幹，〔把他們〕隸歸八部察哈爾；把十二部土默特隸歸十二部喀爾喀吧。」㊇

達延可汗不同意〔鄂爾塔固海〕王的那些話，叫自己的兒子巴爾斯・博羅特・濟農駐〔轄〕右翼三萬戶。

鄂爾塔固海王說：「〔我的〕後嗣必受死害！」說罷打着馬頭〔走了〕。據說鄂爾塔固海王那次走的時候，鄂爾多斯的塔亦理廸爾〔Tayildir〕不給他住宿的地方。因此就把塔亦理廸爾殺了。〔還〕說鴻忽理（Khongghuli）曾進讒言，〔也〕把他的嘴割開殺死。這些話，衆人都聽見了㊈。

㊆ 喀喇沁（Kharachin）即明人記述中的哈剌嗔，雖與現在的喀喇沁有關，但不完全是現在喀喇沁的前身。請參照本書附錄「喀喇沁部的世系」及小註。

㊇ 這一段話見蒙古源流卷六。（箋證同卷第十頁下）

㊈ 明史韃靼傳說：「〔正德九年，一五一四〕小王子部長卜兒孩以內難復奔據西海，出沒寇西北邊。」（三二七卷十六頁上）。可能這裏所說的就是這「內難」的原因。他的西奔，可能就是後日以合撒兒系為諾顏的和碩特（Khoshod）部的起源，但從蒙古方面的史料來看，找不出布喇海王叛離的證據。以後在本書一七九頁第二行處仍可看他的名字，似乎是仍留在東蒙古而未西奔。

達延可汗坐了三十七年的汗位，四十四歲殯天⑳。

⑳ 達延可汗的生卒年月，和他治世期間，都是有問題的。關於他的生年，我們在註㈠中曾經提到。蒙古源流說：「在位七十四年，歲次癸卯（嘉靖二十二年，一五四三），年八十而歿。」（箋證卷六第十頁上）喇希彭楚克書說：「甲子(?)三十八年，賽因・大元可汗因病崩殂。在位三十八年，壽四十四。」（張家口版，第四冊六六八頁）。成吉思汗傳和喀本源流都和黃金史一樣，說是四十四歲崩殂。但都沒說在那一年。

假如認爲可汗的生年是甲申（天順八年，一四六四），那麼四十四年，就是丁卯（正德二年，一五〇七）與明史的記載不符，也與蒙古源流不一致。若按源流說他是年七十四歲死在癸卯（嘉靖二十二年，一五四三），也與明史所載他的兒子吉囊和他的孫兒俺答等稱覇時期不符。可能他歿的時期是在嘉靖十年（一五三〇）左右。若按本節註㈥，假定達延汗的即位是在己亥，成化十五年，一四九七，而他在位是三十八年，那麼他的崩殂就是甲午，嘉靖十三年。喇希彭楚克氏可能把甲午誤作甲子了。黃金史說達延汗孫博廸・阿拉克繼汗位後，曾責備他叔父巴爾斯・博羅特在他年幼僭據汗位之事（見下節）。但蒙古源流只說博廸・阿拉克在達延汗死後第二年，甲辰年（嘉靖二十三年，一五四四）即汗位，却避諱不說此事，而把達延汗治世的年代和他本人的壽數，都給延長許多。

根據上頁的理由，我們可以推測達延汗是死在嘉靖十年左右。死後右翼三萬户的濟農巴爾斯・博羅特乘其姪幼弱，僭據汗位十餘年。嗣博廸・阿拉克强大之後，纔從他叔父手中收回可汗的大位。

和田清博士在他「論達延汗」一文中，也提出若干考證，可供參考。（見東亞史研究蒙古篇四二七～三三）。佐藤長教授發表過「達延汗的史實與傳承」一文，見史林卷四八，第四號，一九六五，七月。岡田英弘教授也發表了，Life of Dayan khaghan，見Acta Asiatica 11 1966。

第三十四節　博廸・阿拉克可汗

（下卷一七六頁第六行至一七九頁第八行）

達延可汗長子圖魯・博羅特（Törü-bolod）沒卽汗位就殯天了㈠。他的弟弟烏魯斯・博羅特（Ulus-bolod）〔也〕沒有卽汗位，被伊巴里・太師所害，殯天。其後因博廸・阿拉克年幼，他的叔父〔巴爾斯・博羅特〕坐了大位㈡。後來博廸・阿拉克可汗率領他左翼三萬戶〔之衆〕去到「八白室」叩拜，要登大位的時候，

㈠　圖魯・博羅特之死，是在他父親達延可汗崩殂之前。蒙古源流說他生於壬寅（成化二年，一四八二），死於癸未（嘉靖二年，一五二三）四十二歲（箋證卷六第十頁上）。

㈡　這裏巴爾斯・博羅特的名字，是按成吉思汗傳五十九頁上第九行，塡上去的。在達延可汗殂歿之後，巴爾斯・博羅特佔據汗位一事，不見蒙古源流，此事在達延可汗殂歿年月考證上，非常重要，我們在前節註㈢中已經提及，這一段時間約有十年。

對巴爾斯・博羅特・濟農說：「你雖然因為我年幼做了可汗。可是你沒有做可汗的道理。因此你要向我叩拜！如果不向〔你的〕正統君主叩拜，我就以你為敵！」這樣用威嚇的言詞，加以責備。巴爾斯・博羅特・濟農說：「想可汗說得對，我來叩拜！」〔可汗〕說：「若是這麼說，還可以！」於是〔他們〕就請博廸・阿拉克到八白室叩拜〔祖先〕，奉之於可汗大位之上㊂。

從那裏要回來的時候，科爾沁萬戶的勇士摩羅齊（Ba'atur Molochi）騎着一匹懷着駒的甘草黃牝馬，前來向博廸・阿拉克可汗稟奏說：「把這右翼〔三〕萬戶，一個一個的挨着襲擊之後再回去吧！」博廸・阿拉克汗不採納他的話。摩羅齊勇士就生了氣說：「怎能騎一匹懷駒的牝馬，空着手回去呢？」㊃

失古失台的兒子孛羅乃王㊄來報岱總可汗的仇。徹卜登㊅的兒子摩羅齊，阿勒楚兀台，阿魯里（Aluri）這三個人，在孛豁羅勒（Bokhorol）紮下營寨，沒有〔被〕擄。以後又在圈子

㊂ 蒙古源流說：「圖魯・博羅特……子博廸・台吉生於甲子（弘治十七年，一五〇四年），至甲辰（嘉靖二十三年，一五四四）年四十一歲即位。」（箋證卷六第十頁上）

玄覽堂叢書續第三十八冊荒徼通考，北虜，毅皇帝〔正德〕條末尾稱：「小王子〔達延汗〕死，有三子，長阿爾倫，次阿著，次滿官嗔。阿爾倫前死。二子長卜赤，次也明，皆幼，阿著稱小王子，未幾死。衆立卜赤。稱『亦克罕』。（Yeke khan 大汗）『克罕』猶可汗也。然亦稱小王子如故。」這條也可補註㊁之不足。

㊃ 蒙古源流也說摩羅齊主張瓜分右翼，但因博廸・阿拉克可汗之母，察噶青・安桑太后的反對，可汗沒有採納他的話。見箋證卷六第十、十一兩頁，察噶青・安桑太后本書稱為察噶清海。（請參照前節註㊃）

㊄ 孛羅乃・王（Bolonai Ong）成吉思汗傳五十九頁下第七行，及喀本源流第四部二十二頁第五行均作Bolokhui Ong。

㊄ 請參照前第二十六節註㉔及第三十二節註㉗。

㊅ 按前第二十五節。徹卜登是郭爾羅斯族。本節說他的兒子摩羅齊是科爾沁的勇士，前後似不一致。可能這是說這時的郭爾羅斯已附屬科爾沁部。參照附錄第一節註⑬。

（Küriyen）㊆裏紮起營寨，〔也〕沒被攻陷。

後來〔他們〕去橫斷庫里也森林（Küriye Modon），〔因爲〕不能遊牧㊇，就往前走，在將要渡斡爾格涅（Örgene）〔河〕的時候，在斡難（Onon）河的沙嘎札甘圖（Shaghajaghantu）大平川上㊈〔兩軍〕相遇。於是就在巴達爾（Badar）山嘴佈下了很大的陣勢㊉。

額色布里（Esebüri）的兒子額布柴（Ebüchei）⑪說：「就是蒼茫大地動搖了，我這黝黑的額布柴也不動！」說着就下了馬。〔這時〕他〔一隻〕眼睛被箭射中，倒在地上。〔敵〕人剛要剖他的肚子，〔恰巧〕繫在他腰帶上〔那匹〔馬〕拉着他〕逃跑了。額布柴起來用箭射穿了那個人和他〔騎〕的馬。圖魯固肯（Tülügüken）的兒子滿堆・荅兒罕（Mandui Darkhan）⑫迎

㊆ 圈子（Küriye）是指人家居住之地說的。有時一些人家聚集一起或是較大的一家，把許多車子圍在穹帳的四周，謂之 Küriye。秘史作「古里延」見卷二第三十頁上。

㊇ 原文一七七頁十一行作 enekü，字義是「這個」。成吉思汗傳五十九頁下第十一行作 negü，字義是「遷移」和「游牧」。

㊈ 沙嘎札甘圖（Shaghajaghantu），地名，不詳。字義是「有喜鵲的」。平川原文作 aral，字義是「島」、「河岸」或「平川」。有人譯作「島」字，似乎不恰當。

㊉ 這一段詞義不甚清晰，翻譯上可能有錯誤。請讀者諒之。

⑪ 額布柴（Ebüchei）人名，原文（一七七頁十三行）作 Ebüchei，但以後又作 Ebechei。成吉思汗傳六十頁上，及喀本源流第四部二十二頁均作 Ebüchei。可知 Ebechei 是本書的誤植。

⑫ 滿堆・荅兒罕（Mandui Darkhan）滿堆是人名。「荅兒罕」是他的尊稱。成吉思汗傳六十頁上第四行。喀本源流第四部二十二頁十五行均作 Mandu，或 Mendü。Mandu，Mandui 是興旺之義，Mendü 是安好。

上來。他〔騎〕的一匹好白馬的腿，也被射斷，那馬竟用牠的三條腿，躍過了一棵大樹⑬。

鄂爾塔固海〔王〕的兒子烏揚古勇士（Uyangghu Ba'atur）給滿堆・荅爾罕換了自己〔一匹〕帶鬚的銀合馬，叫他騎着出陣。科爾沁〔部〕塔塔嘎勒沁（Tataghalchin）〔族〕的巴由（Bayiu），與客列亦惕的包來（Bolai）二人是姻弟和姐丈。巴嘎郎古特（Bagharanghud）⑭〔族〕的德固壘（Degülei）洪郭來（Khongqholai）二人是堂兄弟。他們四個人去當先鋒，奮戰而死。因此沒吃敗仗。

後來滿堆・荅兒罕領先，叫哈喇小河（Khara-yin Gorokhana）的「槍尖石」（Jida-yin Chilaghun）上紮下營寨，佈了陣勢。高麗（Solangghud）哈喇克沁太夫人（Kharaghchin Taibujin）⑮的子嗣，撒嘎歹（Saghadai）的兒子，賽因・塔木嘎圖（Syain-Tamughatu），阿勒荅沁（Aldachin）部的賽因・豁郭台（Sayin-Khoghotai）兩個人充當先鋒。

兀古特台勇士（Ügüdtei Ba'atur）⑯對他的哥哥古忽勒台勇士（Gükültei Ba'atur）說：「我們兩個人出去吧！」〔他哥哥〕說：「二十個人或可敵住我，兩個人敵不了我。你留下！我出去吧！」〔他〕用箭射〔賽因・〕塔木嘎圖。賽因・豁郭台〔和他〕鬪成一團。賽因・塔木嘎圖起來把古忽勒台的脚跟砍斷，殺死。那次〔也〕沒能攻陷〔敵人〕僅擄了他們九百匹馬回來。

---

⑬ 原文 yeke modon，也可以譯爲一塊大木頭。所謂「躍過大樹」，必是誇大的描寫。

⑭ 巴嘎郎古特（Bagharangghud）部族名也，所屬不詳。

⑮ 見第二十六節註②，③。

⑯ 兀古特台（Ügüdtei）人名。成吉思汗傳第六十頁上末行作 Jügütei。

滿堆·答兒罕乘勝前進，把〔他們〕趕進了烏爾固爾格涅（Ürgürgene）河。布喇海（Burkhai）的兒子，阿爾撒忽·布亦瑪王（Arsakhu-buyima Ong）認出阿魯里勇士，把〔他〕殺死，把阿勒楚兀台在馬上綁着走的時候，阿勒楚兀台說：「阿勒楚兀台多年的毒恨，就是阿拉克楚兀特(七七)散佈的毒恨啊！」於是就把阿勒楚兀台用斧子砍死了。滿堆王把摩羅齊綁在馬上帶來，在撒爾希克窪地（Sarkig Tököm）獻給博廸·阿拉克可汗，將他殺死。〔可汗〕封滿堆爲王，那就是可汗的後裔對合撒兒的後裔所作的一件美事。

博廸·阿拉克可汗，在汗位二十四年，羊兒年〔丁未，嘉靖二十六年，一五四七〕(七八)七月十

(七七) 阿拉克楚兀特（Alaghchud）是可汗直隸察哈爾部的一族。見第三十三節。清史稿太宗本紀，天命十一年及天聰元年十二月兩條，均有察哈爾阿喇克綽特部長來歸之記載，就是指這一部說的。

(七八) 本書未提博廸·阿拉克可汗的生年，也沒說他即位的年代，只說他死在羊兒年。按蒙古源流，「博廸·台吉生於甲子，至甲辰年四十一歲即位。……在位四年歲次丁未，年四十四歲歿。」（箋證卷六第十頁上及第十一頁下）可能丁未（嘉靖二十六年，一五四七年）就是本書所說的羊兒年。蒙古源流在位四年之說，恐不可靠。若按本書所說的二十四年來計算，他的即位要在癸未（嘉靖二年，一五二三年）。這時他的祖父達延可汗尚在，他怎能登汗位呢？可能這是本書的著者，把他父親圖魯·博羅特死的那一年——癸未，誤爲他當年即位所致。

沈增植氏在蒙古源流箋證卷六第十一頁下小註裏說：「博廸即續文獻通考之卜赤·阿拉克汗，即所謂『赤克罕』也。」

張爾田氏在同頁小註中說：「鐵牧齋送董漢儒總督宣大詩註：『嘉靖十二年，元順帝十七傳卜赤立爲小王子。』……」

嘉靖十二年（癸巳，一五三三）與達延可汗殂歿的年代相近（見前節註(二〇)）。但這與其叔巴爾斯·博羅特僭據汗位一事又有出入了。

總之，這一個年代問題，仍有進一步考證的必要。

日在卓都龍山（Jodulung Öngdür）㊈殯天㊉。

㊈ 卓都龍山（Jodulung Öndür）不知在何方位。成吉思汗傳六十頁下第十行，及喀本源流第四部二十四頁第五行均稱爲 Jodulang Öndür。

㊉ 張爾田氏在蒙古源流箋證（卷六第十一頁下）「引錢牧齋送董漢儒總督宣大詩註說：『嘉靖十二年，元順帝十七傳，卜赤立爲小王子。其別部賽那剌有七子，長吉囊壁河套。……次俺達壁大同外之豐州灘。二人雄黠善兵。卜赤從父行也。其弟老把都，一名昆都力・哈（Köndüleng Khan）壁宣府外之張家口地，名哈喇愼。……名尊小王子，實不受其約束。卜赤遂徙壁東方，奪福餘衛地居之，號「土蠻」。其所居地，名插漢（Chakhar）』。」這也就是明史韃靼傳所說：「時〔嘉靖十一年〕小王子最富强，控弦十餘萬，多留貨貝，稍厭兵，乃徙幕東方稱土蠻。」（三二七卷十七頁上）因此蒙古源流說：「遵母后之言遂止不行，〔不伐右翼〕以致大國安享太平。」（同上處）大汗直接的察哈爾部的東遷，是十六世紀蒙古史上的一件大事。

第三十五節　達賚遜·庫登可汗，附阿勒坦汗

（下卷一七九頁第九行至一八〇頁第十二行）

後來，在猪兒年〔辛亥，嘉靖三十年，一五五一年〕達賚遜·庫登（Dalaisun Küden）可汗卽大位㊀。在這位可汗的時代，國家泰平，親族和睦，使六大部百姓㊁共享安樂。庫登可汗

㊀ 關於達賚遜·庫登汗卽位的年代，蒙古源流說：「〔博廸阿拉克汗〕生子達賚遜·庫登·台吉，庫格珠特·台吉，翁袞·都噶爾三人。長子達賚遜·庫登·台吉，甲辰年〔？〕生，歲次戊申〔嘉靖二十七年，一五四八年〕年二十九歲，於白室前稱汗號。」（箋證卷六第十一頁下十二頁上）關於甲辰，王靜安氏校訂爲甲申〔嘉靖三年，一五二四〕（見同處）。這與本書所說的猪兒年〔辛亥，嘉靖三十年，一五五一年卽位之說，又有三年的出入。勝教寶燈說：「他是辰年〔一五二〇〕生的，戊申年二十九歲卽位，三十八歲崩殂。」（日譯本六三頁）明史韃靼傳稱他爲打來孫。在記述林丹汗之時說：「虎墩兔者居插漢兒（Chakhar）地，亦曰插漢兒王子，元裔也。其祖打來孫，始駐牧宣塞外，俺答方强，懼爲所併，乃徙帳於遼。收福餘雜部數入掠薊西。四傳至虎墩兔遂益盛。」（三二七卷三十一頁）這樣說來，與前節註㊉所說察哈爾之東遷是在博廸·阿拉克汗時代有了出入。

㊁ 六大部百姓是指左翼三萬和右翼三萬說的。

的兒子是忽克出台・台吉（Kügchütei Taiji），杜喇勒・諾顏（Doral Noyan），卓里克圖・台吉（Jorightu Taiji），和布庫・台吉（Büküü Taiji。）㊂在位十九年，三十八歲，蛇兒年〔己巳，隆慶三年，一五六九〕㊃殯天。

在這位可汗的時代，巴爾斯・博羅特・濟農的兒子，格根・阿勒坦可汗（Gegen Altan Khaghan）㊄因為我們聖父㊅辛辛苦苦所收服五色四裔的外邦㊆，斡歌歹可汗，忽魯克可汗（Külüg Khaghan）㊇蒙哥可汗時代所得的〔國土〕，和至聖忽必烈・薛禪可汗所建立康泰的國家，寶貝的宗教，堅堅固固建築的宮室都城，都因〔天〕命〔的移轉〕，而失喪了。那以後額勒伯克・可汗，阿岱可汗，岱總可汗㊈被逐，阿噶巴爾沁濟農㊉中計遇害的緣故，就去討伐舊敵，漢國和瓦剌。

㊂ 庫登可汗子嗣之名不見成吉思汗傳及喀本源流，且與蒙古源流所記的不同。蒙古源流說他們是：圖們・台吉（Tümen Taiji），達賚・巴噶・達爾罕・岱青・台吉（Dalai Bagha Darkhan Daiching Taiji）二人。（箋證卷六第十三頁下）

㊃ 本書說庫登可汗在位十九年，三十八歲，蛇兒年崩殂。蒙古源流說他是丁巳（嘉靖三十六年，一五五七）歿（箋證卷六第十二頁上）。他似乎未能在位十九年。以源流所記戊申年即位之說推之，不過九年而已。兩書相差十年。若按源流所記的生卒年代來推算，他享年三十九歲，與本書所說的僅多一歲，出入尚小；但這在位年代的問題，仍須再作考證。和田清氏在「察哈爾部之變遷」一文中，認為施密特德譯本蒙古源流作達賚遜汗庚辰年（正德十五年，一五二〇）生，歲次戊申（嘉靖二十七年，一五四八），年二十九歲即位之說為可靠（見東亞史研究蒙古篇五二二頁）。按施密特本所記，與勝教寶燈同，見註㊀。

㊄ 格根•阿勒坦•可汗（Gegen Altan Khaghan）就是明史和明代史料中的俺答。「格根」是光明之意，是他的尊稱。此外他還有一個尊稱是「賽因」，意思是良善。阿勒坦是他的名字，是黃金之意。他是統轄右翼三萬戶濟農•巴爾斯•博羅特的次子，濟農•袞必里克之弟。

蒙古源流說他「丁卯年〔正德二年，一五〇七年〕生，佔據十二土默特而居。」（箋證卷六第十五頁下）又說：「達賚遜•庫登台吉……歲次戊申〔嘉靖二十七年，一五四八〕，年二十九歲於白室前稱汗號，與右翼三萬人和睦相會而旋。阿拉克〔卽巴爾斯•博羅特又名賽因•阿拉克〕第二子阿拉坦來迎，向汗求賜號，云：「今統治已平，原有護衛汗治「索多」汗，小汗之號，祈卽將此號賜統。汗然之，遂與以「索多」汗之號。」（箋證卷六第十二頁）可知他的汗號是個小汗，是類似「濟農」的副可汗。最後源流說：「歲次乙卯〔萬曆七年，一五七九〕年七十六歲，大病，……又在位一年……七十七歲歿。」（同卷七第八頁上，第九頁下）。按源流所記，他是丙辰年（一五八〇）死的，與他年齡不合，如果他是七十七歲死的，那年是癸未（萬曆十一年，一五八三）纔對。勝教寶燈說他是七十七歲癸未年死的。（日譯本七十五頁）。明史韃靼傳說「萬曆十年〔壬午，一五八二〕春俺答死。」（三二七卷二十八頁）與蒙古方面的史料相距一年。

㊅ 聖父——Boghdo Echige 是指成吉思可汗說的。

㊆ 「五色四裔的外邦」曾見本書下卷第一〇七頁，說世界各國共分九色，語多荒誕不經。勝教寶燈，說：「成吉思可汗收撫的國家，有藍色的蒙古，紅色的漢國，黑色的西藏，黃色的畏吾兒，白色的高麗等五色國民，和女人國，胸前有眼目之人，左衽之人，和狗頭人等四種相異的國民。」（日譯本四十三頁）從這兩段，我們可以看出，這是在當時傳說上，後人又給加上一段神話之後的產物。

㊇ 忽魯克可汗（Külüg Khaghan）就是秘史續卷二，和本書第二部第二節所說的古余克（Güyüg）可汗，也就是定宗貴由可汗。許多蒙文史料中，都把他寫作「忽魯克」可汗。

㊈ 岱總可汗，本書以前都寫爲 Daisung Khaghan，惟有這裏（一八〇頁第六行）寫成了 Daisun。見前第二十五節。

㊉ 阿噶巴爾沁•濟農（Aghbarchin jinong），岱總可汗之弟，在前第二十五節中，本書都把他寫作阿卜乞爾臣（Abgirchin）。參照同節註㊂。

賽因・阿勒坦可汗 (Syain Altan Khaghan) 克服艱苦，去收服唐兀惕 (Tangghud)⑪，吐蕃⑫，和靠這邊的安多（Amdowa）⑬，以及沙喇・衞郭爾（Shirghor）⑭等國。捉住阿里克・桑吉爾・察思乞巴（Airagh-Sanggir-Chaskib），斡克羅布木・朝爾札（Oghlobum-choarja），亦思答克林・色楞・答爾（Isdaghring-sereng-dar）等三個勇士⑮，向他們征

---

⑪ 唐兀惕是指今甘肅、青海一帶藏族說的。

⑫ 吐蕃就是今天的西藏，明代的烏斯藏。蒙古語 Töbed 似是 Töben（吐蕃）的複數形。

⑬ 安多，原文（一八〇頁第七行）作 Emdüwe。按成吉思汗傳六十一頁上第九行，並喀本源流第四部二十五頁改正為 Amdowa，讀作 Amdoo。就是今青海、西康一帶的安多藏族。

⑭ 沙喇衞郭爾，原文一八〇頁第七行作 Shiruighur。按成吉思汗傳六十一頁上第十行，及喀本源流第四部二十五頁第三行改為 Shir-Uigur。這似乎是指現在居住甘肅青海祁連山脈的西喇古爾人（又稱黃蕃）說的。他們是回鶻的遺族，現在維吾爾族的分支。蒙古源流說：「〔阿拉坦汗〕六十八歲，歲次癸酉〔萬曆元年，一五七三〕行兵……將上下沙喇衞郭爾二部落，盡……行收服。」沈增植氏註解說：「安定四衞之亡，明史以為，正德亦不剌之寇，不知乃嘉靖俺答之兵也。此可補西域傳者。明諸司職掌禮部，主客部朝貢諸國，西域有撒立——畏吾爾。明史稿定安衞、阿端衞皆在甘州西。其地本名撒里——畏兀兒，廣袤千里，東近甘州，南接西蕃，居無城郭，以氈帳為廬舍。蓋漢之婼羌。撒里——畏兀兒卽此沙喇——衞郭爾也。今謂之撒剌回子。元史速不台傳，太祖征河西，速不台從渡大磧以往，攻下撒里——畏吾，特勤，赤憫部。聖武記甘肅有撒拉回子，亦謂之黑帽回。」（箋證卷六，二十一頁下二十二頁上）

按本節註⑦，可知蒙古人有用黃色——Shira 稱畏吾兒族之習慣；但那是廣義的，這裏所說的是狹義的。今日在大陸上的「肅南裕固族自治縣」就是為他們後裔設立的。

⑮ 關於這三個勇士，一時無法查出他們的來歷。鮑登（C.R. Bawden）在他英譯 Altan Tobchi 第一九四頁註六中，也曾論到這三個人名的寫法。蒙古源流說，他們是：「阿木多（Amdo）喀木（Kam）之阿哩・薩瑪爾・齊斯奇巴（Arigh-Samar-Chiskiba），喀嚕卜・倫布木（Karab-Lombom），薩爾唐・薩哩克・克卜（Sartang-Sarig-Keb）之三諾顏」按阿里克就是源流所說的阿哩克喇嘛。其第二人之「朝爾吉」也是喇嘛的尊稱。沈增植氏對這些人地名有註解可參考，但也有疑問。（箋證卷六第二十二頁上）

收貢賦。

襲擊瓦剌，殺死札拉滿・圖魯 (Jalaban-Törü) 收服了以他表哥爲首的一部份百姓㊅。

攻擊漢國，破壞〔他們的〕城市，漢國大明可汗非常害怕，就納了貢賦 (alba tatalgha)，

而且還給了阿勒坦可汗順義王 (Sui Wang) 的稱號㊆。

㊅ 阿勒坦可汗征瓦剌一事在蒙古歷史上是一件很重要的事。自從他遠征之後，今日外蒙古的大部份，纔入了喀爾喀族之手。同時瓦剌（卽衛拉特）族的活動，也就被限制在阿爾泰山脈以西的地區。

㊆ 順義王原文作 Sui Wang，是順義王的訛傳。蒙古源流說：「行兵中國，侵淩騷擾，明人大懼，遣使阿勒坦汗，給與「孫王」之號，並給金印講和。阿勒坦汗六十六歲，歲次辛未〔隆慶五年，一五七一〕與大明隆慶共攝大統。」（箋證卷六第二十一頁下） 明史韃靼傳說：「〔隆慶五年〕詔封俺答爲順義王，賜紅蟒衣一襲。……」（三二七卷二十七頁上）。玄覽堂叢書（第一冊）收有隆慶五年五月「北狄順義王俺答謝表」語極謙順，與源流及本書所說的態度正成對比。

第三十六節　札薩克圖・圖們可汗，附阿勒坦可汗及第三世達賴喇嘛的傳記

（下卷一八〇頁第十二行至一八五頁第三行）

其後札薩克圖・圖們・可汗（Jasaghtu Tümen Khaghan）坐了大位，宏揚寶法，攻伐自古有讐的漢國㈠，把遠征漢國遭遇敵兵時，曾出過力的阿郎乞（Alanggi）㈡封為「答兒罕」。

㈠　札薩克圖・圖們・可汗就是明史韃靼傳裏所說的土蠻。蒙古源流說：「庫登汗……生子圖們台吉，達賚・巴噶・達爾罕（Dalai Bagha Darkhan），岱青，台吉（Daiching Taiji）三人。圖們台吉己亥〔嘉靖十八年，一五三九〕年生。歲次戊午〔嘉靖三十七年，一五五八〕年二十歲卽位。歲次丙子〔萬曆四年，一五七六〕，年三十八歲，往見盤詰腰刀之噶爾瑪喇嘛〔Karma Lama〕遂受禪教，聚集六萬人，傳示大政，……遂稱為札薩克圖汗，共致大國統治太平。由珠〔爾〕齊特〔卽女真〕，額里古特（Erigud），達奇果爾（Dakighur）三部落，取其供賦，俾大衆安戢。在位三十五年，歲次壬辰〔萬曆二十年，一五九二〕，年五十四歲歿。」（箋證卷六第十二、十三頁）可知在圖們的時代，蒙古可汗再度皈依佛教，遂使蒙古大衆均以佛教為其信仰。同時也說明當時的女真仍向蒙古納貢。

當札薩克圖・圖們〔可汗在位的〕鐵羊兒年〔辛未，隆慶五年，一五七一〕賽因・格根・阿拉坦・可汗忽然生了法心，在木楚（Mchowa）地方的德格喇嘛（Sdeg Lama）㊂來的時候，可汗就向他詢問〔這事〕。他把能識一切索諾木・札木蘇（Bsod-nams rgya-mtso）㊃親身的〔法〕旨心意等等，都詳密的奏告可汗，於是可汗無量的信心，就像夏天的湖沼一樣，滿溢出

關於圖們可汗侵明之事，明史（三二七）韃靼傳說：「其年〔嘉靖三十五年，一五五六〕土蠻再犯遼東（二十一頁下）。……〔三十七年，一五五八〕土蠻亦數寇遼東（二十二頁下）。……四十一年〔一五六二〕夏土蠻入撫順爲總兵黑春所敗。冬復攻鳳凰城，春力戰二日夜死之。海、金殺掠尤甚。（二十三頁上）……明年〔一五六四〕土蠻入遼東（同頁下）。……隆慶元年〔一五六七〕……三衞勾土蠻同時入寇，薊鎮、昌黎、撫寧、樂亭、盧龍皆被蹂躪，遊騎至灤河，京師震動，三日乃引去（二十四頁下）。……〔隆慶五、六年，一五七一、二年〕東部土蠻數擁衆入寇遼塞，總兵李成梁敗之，……守備曹簠復敗之於長勝堡。神宗卽位，頻年入犯。萬曆六年〔一五七八〕，成梁率遊擊秦得倚等擊敵於東昌堡，斬部長九人，餘級八百八十四。總督梁夢龍以聞。帝大悅，祭告郊廟，御皇極門宣捷。七年冬，土蠻四萬騎入錦川營。夢龍、成梁及總兵戚繼光等已預受大學士張居正方略，併力備禦，敵始退。自是敵數入，成梁等數敗之，……敵畏之少戢。成梁遂以功封寧遠伯。」（二十七頁下）

㊁ 阿郎乞(Alanggi)人名。成吉思汗傳六十一頁第六行作 Nananggi。喀本源流第四部二十五頁十一行作 Nananggir。

㊂ 勝教寶燈稱他爲 Mdso-dge a-sen。（見日譯本第二二七頁）。

㊃ 索諾木・札木蘇卽第三世達賴喇嘛。也有人寫作索南嘉錯的。按藏語的正音應該是 Bsod-nams rgya-mtsho。rgya-mtsho 是海洋之意，或者這就是阿勒坦汗給他上「達賴喇嘛」(Dalai Lama) 尊號的原因。按黃教創始者宗喀巴大師弟子，根敦珠巴 (Dge-hdun grub-pa) 在黃教系統上，或理論上，認爲是達賴一世；但自阿勒坦汗贈達賴喇嘛法號之後，纔成爲這一系教宗的正式尊號。他在阿勒坦汗死後，曾來蒙古焚化其遺骨。他生於嘉靖二十二年（癸卯，一五四三），萬曆十六年（戊子，一五八八）在蒙古圓寂。請參照勝教寶燈第三代達賴喇嘛的傳記。（日譯本二一七～二四五頁）

來。因爲要使〔佛法〕在北方大地〔蒙古〕振興，就叫奏事人「大元護衞」(Dayon Kiya)㊄奉金册和大量的佈施前去邀請。

經〔他〕稟告之後，那稱爲呼圖克圖・觀世音・菩薩轉世，塔木齊特・木齊巴・索諾木・札木蘇 (Tamchidmchiba Bsod-nams rgya-m'cho) 的達賴喇嘛 (Dalai Lama) 以及呼圖克圖・瓦齊爾・巴尼 (Khutughtu Wachir Bani)㊅轉世的察木多・喇濟隆・呼圖克圖 (Tzamdoo Rjirong Khutughtu)㊆等，許多有智慧的僧伽都來了。〔阿拉坦可汗〕前去到青海湖 (Köke Na'ur) 迎接達賴喇嘛。見面之後，〔喇嘛〕把一切都詳細的傳下〔法〕旨，並派最上供養喇嘛「都勒巴」(Kdulba 法師?) 却吉・桑布 (Chos-rje bzangbo)㊇前來〔蒙古繼續宏法〕。

㊄ 大元護衞 (Dayon Kiya) 官名，就是大元國可汗的護衞之意。

㊅ 呼圖克圖・瓦齊爾巴尼。「呼圖克圖」是蒙古語「有福者」之意，是清代喇嘛的尊稱。瓦齊爾巴尼 (Vajrapani) 是佛名「金鋼手」菩薩。

㊆ 察木多 (Tzamdoo) 卽今西康藏區之中心昌都。清康熙五十八年，有敕封察木多・呼圖克圖，爲「大闡黄教・額爾德尼・諾們汗」之事。(見清代邊政通考蒙藏委員會民國四十八年版一九五頁) 可能就是他後來的轉世。鮑登氏在他英譯 Altan Tobchi 第一九五頁註五中，把 Rjirong 寫爲 Rjedrun。成吉思汗傳六十二頁下第九行，及喀本源流第四部二十五頁末行均作 Irchairong。

按成吉思汗傳和喀本源流除上述兩位喇嘛之外尚有文殊・呼圖克圖 (Manchushiri Khutughtu) 一人。

㊇ 勝教寶燈稱他是律師蒼結・桑布 (Rtison-hgrus bzan-po)。

〔索諾木・札木蘇〕在蒙古〔曆〕的十一月二十六日自哲蚌寺（Hbras-Spuns）㊈起身前來。在往這邊來的路上，在一個像白海螺的山崖旁邊的寶藏中，得到一個大〔法〕螺。從那裏再往這邊走的時候，那山地的封主，率二百名騎士，前來拜叩。〔他們〕在兩隻帶鎖的箱子上放好鑰匙，在它的上邊〔又〕放了白錦㊉，獻給〔喇嘛〕，傾聽觀世音菩薩的法戒。在〔黃〕河（Chuwa）⑪源頭的百姓，獻了三千兩黃金和其他物品，並有一千多人當了僧侶。這時在〔喇嘛〕所坐的石頭靠背上，自然的形成了四臂觀世音菩薩的〔法〕身。

從那裏再向這邊走，護法神顯出神通，使蒙古的諸天，鬼魅，和有馬，駝或貓頭的〔諸靈〕都發誓皈依了〔佛法〕。

從那裏再往這邊走，鄂爾多斯的徹辰・鴻・台吉（Sechen Khong Taiji）⑫士默特的達顏・諾延（Dayan Noyan）等率三千騎士前來叩拜，並奉獻了金銀緞匹等物。徹辰・鴻・台吉看見了四臂觀世音菩薩的法相。

㊈ 哲蚌寺與色拉、甘丹兩寺，是拉薩的三大寺，是喇嘛教的最高學府。按勝教寶燈索諾木・札木蘇離哲蚌寺的時日是丁丑年（萬曆五年，一五七七）蒙古曆十一月二十六日。

㊉ 直至蒙古、西藏爲共黨控制之前，獻白色錦綢——「哈達」（Khadagh）一方，是表示吉祥和致最上的敬意。

⑪ 藏語稱江河曰chu。

⑫ 徹辰・鴻・台吉是阿勒坦汗之兄，袞・畢里克・濟農之孫，其父名諾延・達喇・鴻・台吉，係濟農之第四子，明人稱爲吉能者。

格根•〔阿拉坦〕可汗自己，爲了使疆土以內的黑暗化爲光明，爲了吉照，身穿白衣⑬帶領一萬個隨從，和自己的伴當全體去歡迎喇嘛，大張宴會。〔作爲〕叩拜的禮品，呈獻一百五十兩的白銀「曼陀羅」（Mandali），用一隻大金碗盛滿珍玉，二十匹白黃紅綠〔等色〕的緞子，十匹白馬，一百頭備鞍子馬匹，〔和〕金銀錦緞布匹等物。

徹辰•鴻•台吉經固什•巴克什（Güshi Baghshi）⑭的通譯，稟告〔喇嘛〕說：「藉着上天的力氣，統轄了蒙古，吐蕃〔和〕漢土，藉着薛禪可汗，八思巴喇嘛的恩功，使佛教得以宏揚；〔但是〕自妥歡•帖木兒〔可汗〕之後，佛教斷絕，大犯罪愆。現在既有如日如月的喇嘛〔和〕可汗二人相遇的因緣，〔我〕願力行十善！」〔這樣〕誠懇的發下了宏願。

當喇嘛正在發下秘旨的時候，〔阿拉坦〕可汗失了一會兒知覺，在夢囈中說：「已往八思巴喇嘛建造寺廟的時候，我是薛禪可汗，你是八思巴喇嘛，你曾使那寺廟有了神靈；〔但〕那以後，我迷失路途，到那裏去了呢？」喇嘛就傳〔法〕旨，按照護身之神有五個源流的徵照，用五色絲絨結成金剛法結，加蓋〔法〕印，用一隻寶碗，盛滿五穀的種子，贈給可汗。〔可汗〕奉給索諾木•札木蘇•達賴喇嘛「瓦齊爾•達喇」（Wachir Dara）⑮的尊號。〔喇

⑬ 蒙古人以白色爲吉祥、純潔、幸福的象徵，所以稱正月爲白月。馬哥孛羅游記上也有忽必烈可汗於元旦朝賀時御白袍的記載。張德輝塞北紀行也有同樣的記載。

⑭ 固什•巴克什。固什（Güshi）喇嘛的尊稱，是由「國師」一語轉成的；但今已成爲普通的尊稱，並不再有「國師」的本意。巴克什（Baghshi）是師尊之意。此人真實姓名不詳。

⑮ 瓦齊爾•達喇（Wachir Dara～Vajradhara）即毘紐奴持金剛，也是持金剛者之意。

嘛〕贈給格根〔阿拉坦可汗〕「法王大梵天」(Nom-un Khaghan Yeke Esr-ün Tenggeri)的尊號。

圖們・札薩克圖可汗〔和〕喀爾喀的瓦齊爾・賽因可汗 (Wachir Sayin Khaghan) 都是佛教的奠基人。

格根・〔阿勒坦〕可汗的兒子是僧格・圖古隆可汗 (Senge Dögüreng Khaghan)。由他的兒子蘇密爾・台吉 (Sümer Taiji) 所轉世的，是蘊丹・札木索 (Yondan Jmch'o) ⑯。〔蘊丹・札木蘇〕的父親是蘇默爾・台吉。母親是合撒兒的後裔，大元・微青・諾顏 (Dayon Oiching Noyan) 的女兒，巴里干・卓拉 (Barighan Jola)。〔她〕懷着胎的時候，能從肚子裏，清清楚楚聽見〔唵嘛呢叭嚩吽〕六字眞言的聲音，房出彩虹，〔天〕降花雨，有種種〔佳〕兆。十個月之後，在土牛兒年〔己丑，萬曆十七年，一五八九〕轉世，降生爲達賴喇嘛。鐵兎兒年〔辛卯，萬曆十九年，一五九一〕土默特的可汗前來會面。贈給一百件細磚茶⑰作爲飲料。蒙古六大部的百姓也奉獻了無數的財產。

---

⑯ 蘊丹・札木素卽第四世達賴喇嘛。十四歲時迎至西藏。丙辰（萬曆四十四年，一六一六），在甘丹寺圓寂。當他掌教宗之時，喀爾喀土謝圖汗阿巴岱往謁，請派碩德高僧來蒙宏法，自是外蒙黃教振興。

⑰ 原文（一八四頁第十行）作 chaghajing chai，按 chaghajing 是磁碗或蒙盅之意。chai 是茶。

宗喀巴〔Jung Kaba〕㊇的〔黃〕敎像太陽一般在蒙古發出光輝。從那時，北方的諸顏們，對黃敎僧衆的供奉，〔大爲增加〕。從〔藏土的〕哲蚌（Brasbong）等三〔大〕寺㊈，和許多寺廟，都派使者前來，繼續〔宏法〕，叫它在這永存的大地之上興盛起來。

格根•〔阿勒坦〕可汗以珍寶金銀鑄造西方釋迦牟尼佛像，繼興絕滅的佛敎，整頓崩毀的社稷，正像古代薛禪可汗一般，在五色四裔的外邦，樹立了美名佳譽。

㊇ 宗喀巴（Jngkaba, Tson-kha-pa）元順帝至正十三年（一三五三）生於今青海塔爾寺一帶藏區之地。初就學於薩迦寺。嗣以舊教多重法術，而戒律不嚴，遂提倡宗教改革，嚴持戒律。舊教原重紅色，宗喀巴之新教則重黃色，因此稱他改革以後的新教爲黃教。宗喀巴於明永樂十七年（一四一九年）在西藏甘丹寺（Dge-ldan）圓寂。請參照勝教寶燈宗喀巴傳。（日譯本一九四至二〇二頁）關於他的生卒年代另有二說：一爲一三五七至一四一九，另一說爲一三七八至一四四〇。

㊈ 見註㊈。

第三十七節　布延・撤辰可汗

（下卷一八五頁第三行至第六行）

在那以後，布延・撤辰可汗又宏揚寶教經法，獲得岱總可汗失去的印璽，使太平的大國更鞏固，使廣大的國民更安樂。布延・撤辰可汗的兒子莽和克・台吉（Mongkhagh Taiji），〔他〕沒即汗位就殂歿了。㊀

㊀ 蒙古源流說：「〔札薩克圖・圖們汗〕生子布延台吉等兄弟共十一人。長布延台吉乙卯年〔嘉靖三十四年，一五五五年〕生，歲次癸巳〔萬曆二十一年，一五九三年〕三十九歲，即位。大衆稱爲徹辰汗，以政治佛教致大國於太平。歲次〔癸〕卯〔萬曆三十一年，一六〇三年〕年，四十九歲歿。」（箋證卷六第十三頁下）在明史韃靼傳中沒有提到他的名字，惟說：「〔萬曆〕二十五年〔一五七九〕冬，抄花糾土蠻諸部寇遼東，殺掠無算。明年夏，復寇遼東。遼東總兵李如松，遠出擣巢，死之。」（三二七卷二十九頁下）這時土蠻已死，所指當爲土蠻之子布延・撤辰可汗。

第三十八節　林丹・呼圖克圖可汗及其子嗣

（下卷一八五頁第六行至末行）

莽和克・台吉的兒子是林丹・呼圖克圖可汗㊀。林丹・呼圖克圖採用的名號是：「有洪福的

㊀　蒙古源流說：「莽和克・台吉……生子陵丹・巴圖爾・台吉，桑噶爾濟・鄂特罕台吉二人。長子陵丹・巴圖爾・台吉壬辰年〔萬曆二十年，一五九二〕生，歲次甲辰〔萬曆三十二年，一六〇四〕年十三歲卽位。大衆稱爲庫圖克圖汗，從邁達哩・諾們汗，卓尼・綽爾濟等承受秘密精深之灌頂，扶持經教。……在位三十一年歲次甲戌〔崇禎七年，一六三四〕，年四十三歲以壽終。」（箋證卷六第十四頁上下）

明人的記載中，因他的尊稱是呼圖克圖汗（Khutughtu Khan）就稱他爲虎墩兎。明史（三二七卷）韃靼傳說：「遼東虎墩兎者，居插漢兒地，亦曰插漢兒王子。元裔也。其祖打來孫始駐牧宣塞……徙帳於遼東，四傳至虎墩兎遂益盛。……明年〔萬曆四十三年，一六一五〕插〔漢兒〕部數犯遼東，已掠義州，攻陷大安堡，兵民死者甚衆。……四十六年，我大清兵起略撫順及開原，插部乘隙擁衆挾賞。……泰昌元年〔一六二〇〕……虎〔墩兎〕乃揚言助中國，邀索無厭。……崇禎元年〔一六二八〕虎墩兎攻哈喇嗔……諸部皆破之，遂乘勝入犯宣大塞，……因定歲予插金八萬一千兩，

成吉思・大明・薛禪，勝過各方敵人的岱總，諸天之天，宇宙的皇天上帝（Khormosta），轉金法輪的諸們可汗。」㈡〔他〕降下善旨，把許多佛經譯成蒙文使〔佛法〕發揚光大㈢。

以示羈縻。……明年秋，虎〔墩兎〕復擁衆至延綏紅水灘乞增賞，未遂，即縱掠塞外，總兵吳自勉禦却之。既而東附大清兵，攻龍門。未幾爲大清兵所擊。六年〔一六三三年〕夏，揷漢聞大清兵至，盡驅部衆渡河遠遁。是時韃靼諸部先後歸附於大清。明年大清兵遂大會於兀蘇河南岡，頒軍律焉。而虎〔兎墩〕已卒。乃追至上都城，盡俘揷漢妻孥部衆。」（三二七卷三十一頁上至三十三頁下）清史稿（關外本）太祖本紀說：「天命四年〔一六一九〕，蒙古察哈爾林丹汗使來，書辭多嫚，執其使。……五年，庚申，春正月，上報書林丹汗，斥其嫚，執我使臣，上亦殺其使。……十年十一月庚戌，科爾沁奧巴告有察哈爾之師，遣皇太極及阿巴泰以精騎五千赴之，林丹汗遁。」太宗本紀說：「天聰二年〔一六二八〕……二月，……以往喀喇沁使臣屢爲察哈爾多羅特部所殺，上率師親征……敗之。……九月……徵外藩兵，共征察哈爾，……獲人畜無算。冬十月……還師……五年……十一月……察哈爾侵阿魯—西拉—木倫地，貝勒薩哈康，豪格移師征之。會察哈爾已去。……六年……三月征察哈爾。……四月……率大軍西發。……察哈爾林丹汗聞我師至，大懼，驅歸化城富民牲畜渡河西奔。……八年……閏八月……察哈爾噶爾馬•濟農等遣使乞降。言其汗林丹病殂，子及國人皆欲來歸。……九年……二月……命多爾袞，岳託，豪格，薩哈廉將精騎一萬，收察哈爾林丹汗之子額爾克•孔果爾•額哲。……兵乇西喇—朱爾格格，遂抵……額哲所居。其母率額哲迎降。……貝勒多爾袞……以獲傳國玉璽聞。」

㈡ 這是喇嘛上給林丹汗的尊號。「諾們•可汗」是法王。

㈢ 現存蒙文佛經，多半是林丹汗時代所翻譯的。蒙文大藏經的翻譯，也是在他的時代（見勝教寶燈日譯本二五八頁）。從佛經蒙譯之後，蒙文纔正式定形，同時文字的傳播也隨佛教的振興而普及各地。因此有人稱之爲蒙古佛教文藝復興時代。（N. Poppe 蒙古文法— Grammar of Written Mongolian 第三頁）

林丹・呼圖克圖可汗的兒子是額哲・孔果爾（Eji Khogghor）㊃，他的兒子（?）是阿布鼐・王（Abunai Wang）㊄。阿布鼐・王娶了女眞（Jürchid）巴爾斯・車臣可汗（Bars Sechen Khaghan）㊅的女兒固倫公主（Gürün-i Güngji）㊆。由阿布鼐・王可敦公主所生的是布爾尼王（Burnai Wang）㊇和羅卜桑・台吉（Lobsang Taiji）㊈。

㊃ 額哲・孔果爾（Eji Khongghor）清史稿公主表，太守第二女條下額駙事略稱：「額哲，博爾濟吉特氏，察哈爾林丹汗子，號額爾〔克〕・孔果〔爾〕尚主，封察哈爾親王。〔順治〕六年卒。」

㊄ 阿布鼐・王，清史稿同表同條附載稱：「額哲弟阿布鼐亦尚主，生子布爾尼。主薨後，布爾尼以叛誅。阿布鼐亦坐死。詔仍收葬主墳園。」

㊅ 女真的巴爾斯・車臣可汗（Jürchid-un Bars Sechen Khaghan）就是清太宗。「巴爾斯」是虎。「車臣」是賢明，也就是元代「薛禪」一語。但一般多稱他爲「博克多・車臣・可汗」，意思是聖賢可汗。

㊆ 固倫公主（Gürün-i Gunji），清史稿公主表太宗第二女條稱：「孝端文皇后生，〔名〕馬喀塔。初封固倫公主。順治十三年，進固倫長公主。十六年封永寧長公主，復改溫莊長公主。天聰十年下嫁額哲。……〔額哲〕卒。額哲弟阿布鼐亦尚主，生子布爾尼。主薨後，布爾尼叛誅，……玉牒不列。」按「固倫」滿洲語國家之謂。

㊇ 布爾尼・王（Burnai Wang）是林丹汗之孫，額哲之姪，阿布鼐之子。其母爲清太宗之次女固倫公主。康熙十四年〔一六七五〕三月，乘江南的「三藩之亂」。聯合昭烏達盟奈曼旗的王爵札木山（Jamsan）等舉兵叛清；但其他蒙古王公不肯參與。五月清聖祖命信郡王鄂札爲「撫遠大將軍」，大學士圖海爲副將軍討之。布爾尼戰死。五月察哈爾左翼四旗降，餘軍亦潰。清廷封賞「助順」蒙古王、貝勒沙津（Shashin）以次各晉爵；罰「助逆」奈曼等部。廢除察哈爾蒙古王公自治的封建制度，改爲八旗總管制，隸屬於以滿人充任的察哈爾都統的管轄之下。並且把察哈爾的衆民，由義州一帶遷至今張家口外的地方。

㊈ 羅卜桑・台吉（Lobsang Taiji）在察哈爾叛清失敗之後，恐亦遭難，下落不詳。

摘要——可汗們的世系與各部各旗的關係

（下卷一八六頁首行至一九〇頁第四行）

頂禮僧伽！

一、成吉思可汗祖先的世系，並諸子諸弟及九將軍之子嗣

印度最初的可汗瑪哈・蘇瑪廸 (Makha Samadi)㊀的黃金子嗣，延續了若干世代之後，生了吐蕃的忽主袞・散達里圖・可汗 (Küjügün Sandalitu Khaghan)㊁。那以後生了上天之子

㊀ 瑪哈蘇瑪廸(Makha Samadi)蒙古源流說：「蒙古語則謂之鄂拉恩訥・額爾古克德森・哈干 (Olan-a Ergugdegsen Khaghan……是爲衆所推尊之汗。」（箋證卷一第四頁）

㊁ 忽主袞・散達里圖可汗 (Küjügün Sandalitu Khaghan) 字義是以頸項爲坐位的可汗，即蒙古源流所說的尼雅特・贊博汗（箋證卷一第十四頁）。

孛兒帖・赤那（Börte-Chino）。以後生了朶奔・蔑兒干（Dobun Mergen）。

朶奔・蔑兒干亡故以後，〔其妻〕阿蘭・豁阿（Along Ghoa）㊂沒有丈夫，生了孛端察兒（Bodonchar）。長生天之子孛端察兒〔的來歷是〕，長生天變化形狀臨到他的身上，使她懷孕生了乞兀惕（Ki'ud）㊃氏族的孛端察兒。

孛端察兒的兒子是合必赤・把阿禿兒（Khabchi Ba'atur）。他的兒子是巴乞兒・把阿禿兒（Bakir Ba'atur）㊄。他的兒子瑪哈・土敦（Makha Tüdün）㊅。他的兒子是合赤・曲魯克（Khachi Külüg）。他的兒子巴爾思・升豁兒・多克申（Bars Shongkhor Doghshin）㊆。他的兒子屯必乃・薛禪（Tombinai Sechen）。他的兒子合不勃可汗（Khabul Khaghan）。他的兒子把兒壇・勇士（Bartan Ba'atur）。他的兒子是也速該勇士（Yesügei Ba'atur）。

〔也速該勇士〕的兒子，是由訶額侖母親（Ögelen Eke）生的聖成吉思可汗（Boghda Chinggis Khaghan）。他的兒子是拙赤（Jochi），察阿歹(Chaghadai)，斡歌歹（Ögedei），**拖雷**（Tolui）這四位子嗣。

㊂ 阿蘭・豁阿按秘史的拼音當作 Alan Gho'a，本書此處作 Along Ghoa，本書上冊第九頁作 Alon Gho'a。

㊃ 乞兀惕（Kiud）即乞牙惕（Kiyad）訛轉。

㊄ 巴乞兒・把阿禿兒（Bakir Ba'atur），此人名不見秘史；但見本書上卷十七頁十一行。

㊅ 瑪哈・土敦（Makha Tüdün）即秘史所說的蔑年・土敦（Menen Tüdün）。

㊆ 巴爾思・升豁兒・多黑申(Bars Shongkhur Dogshin)即秘史的伯・升豁兒・多黑申(Bai-Shongkhur Doghshin)。

聖主的〔兒子〕拙赤的後裔，在托克木克（Toghmogh）㊇。察阿歹的後裔在俄羅斯察罕可汗（Chaghan Khaghan）㊈〔的地方〕。據說那察阿歹可汗要前來圖謀不軌，瓦齊爾・薛禪（Wachir Sechen）迎上前去施毒。他就和瓦齊爾・薛禪二人〔一同〕死了。斡歌歹沒有子嗣。拖雷的後裔是蒙古的可汗。

合撒兒的後裔失刺汗（Shira Khan）開始做科爾沁（Khorchin）部的「諾顏」（noyan）。現在有科爾沁右翼圖什業圖（Tüshiyetü）親王等㊉五旗，左翼卓里圖（Jorightu）親王等五旗⑪，計十旗⑫。另外有阿魯—科爾沁（Aru Khorchin）一旗⑬，烏拉特（Orad）三旗，四子

㊇ 托克木克（Toghmogh）原文下冊一八六頁十三行誤作 Tomogh。這一個地名屢見不鮮，似乎是指中亞一帶地方或今俄境土耳其斯坦地方說的。

㊈ 「察罕・可汗」（Chaghan Khaghan）是蒙古人對帝俄沙皇的稱呼。

㊉ 清張石州蒙古游牧記卷一，科爾沁右翼中旗條說：「奎蒙克・塔斯・哈喇（Küi Möngke Tas Khara）〔合撒兒之裔〕曾孫翁果岱（Onggodai）。翁果岱子奧巴（Oba）世爲察哈爾諾顏〔卽隸屬於蒙古正統的可汗之謂〕。天命十一年〔一六二八〕以奧巴先諸蒙古來降，妻以莊親王舒爾哈齊女孫，授「和碩額駙」，封「土謝圖汗」。子巴達禮（Badari），崇德元年〔一六三六〕敍功封「札薩克和碩土謝圖親王」，去汗號，詔世襲罔替，掌右翼五旗事。」

⑪ 蒙古游牧記卷一，科爾沁左翼中旗條說：「……奧巴叔父莽古斯（Mangghus）以女歸太宗文皇帝，是爲孝端文皇后，追封莽古斯和碩福親王。妻封福妃。孝端文皇后崩，莽古斯子宰桑（Jaisang），宰桑之長子烏古善（Ügshin）請以女弟爲繼室，是爲孝莊文皇后。追封宰桑和碩忠親王，妻封賢妃。烏克善封卓哩克圖親王。」但這卓哩克圖親王是不管旗的閒散王公之一，管旗的札薩克，是烏克善之弟滿珠習禮的子嗣達爾漢〔卽答兒罕〕親王。

⑫ 這十旗是：右翼科爾沁中、前、後三旗，及札賚特（Jalaid），杜爾伯特（Dörbed）各一旗；左翼科爾沁中、前、後三及郭爾羅斯前、後二旗旗，這十旗的諾顏，都是合撒兒的後裔。今屬內蒙哲里木盟。

⑬ 阿魯科爾沁一旗屬內蒙昭烏達盟。

部落（Dörben Keüked），茂明安（Mau-Mingghan）㊴等這十六旗是合撒兒的後裔。裏面還有輔佐岱總可汗（Daitsung Khanghan）歸順的若干科爾沁百姓和「諾顏」們。

別勒古台的子嗣，自札撒克圖可汗（Jasaghtu Khaghan）開始做萬戶（Tümen）的「諾顏」。這就是兩個阿巴嘎（Abagha）和〔兩個〕阿巴哈納爾（Abakhanar）等四旗㊵〔的祖先〕。

合赤溫（Khachiun）的兒子阿勒赤歹（Alchitai），圖魯根・諾顏（Tülügen Noyan），兀忽格・忽里也勒（Üküge Küriyel）㊶等〔的子嗣們〕是黑軍〔Khara Cherig〕㊷。和二翁牛

㊴ 烏拉特三旗俗稱中公、西公、東公三旗，地在陰山山脈迤北。茂明安旗在烏拉之東，今以該旗白雲敖包(Bayan Oboo)鐵礦著名。其地在百靈廟之西。四子部落亦稱四子王旗，在百靈廟之東。以上五旗均屬內蒙烏蘭察布盟。

㊵ 蒙古源流卷四，阿巴噶部右翼旗條說：「元太祖弟布格・博勒格圖之裔。……祖額爾德尼・圖們（Erdeni Tümen）號札薩克圖・諾顏。……父布達什哩（Budashiri）號車臣・札薩克圖。都思噶爾（Tosghar）初號巴圖爾・濟農。」與本書所記參照研讀，可能得到下列的一個接論：

在額爾德尼・圖們曾用過札薩克圖・可汗或諾顏的尊稱。他的後人曾用濟農作爲尊號。同時在額爾德尼・圖們的時代，把他的部屬編成了一個 Tümen 一萬户。

阿巴嘎左、右二旗，阿巴哈納爾左、右二旗均屬於內蒙錫林郭勒盟。阿巴嘎字義是叔父。阿巴哈納爾是叔父們。

㊶ 阿勒赤歹（Alchidai）見秘史二四二、二四三、二五五等節。他是元史宗室世系表合赤溫大王位，濟南王按只吉歹。其餘圖魯根・諾顏（Tülügen Noyan），兀忽格・忽里也勒（Üküge Küriyel）二人不詳。

㊷ 黑軍（Khara Cherig）見前三十三節註㊷。通常在是指漢族軍隊而言；但不知此處是究竟指何種軍隊所說的。應另行考證。

特（Ongni'ud）〔旗〕的王「諾顏」㊅們。其中色爾和先鋒（Serkeg Khadighuchi），圖爾吉總管（Torki Amban）等，也是合赤溫的後裔。

斡惕赤斤〔原文作 Ochigin 即 Odchigin〕的子嗣是格格台（Gegetei）。現在不知他的後裔是誰。有的歷史說〔他們〕是忽兒魯特（Kürlüd）的諾顏們。

九位將軍們的後裔如下。

札剌亦兒氏木華黎（Jalair-un Mukhalitai）的子嗣們在鄂爾多斯。

阿兒剌惕氏孛斡兒出（Arlad-un Boghurchi）的後裔是布兒海・王（Burkhai Ong）㊈。

主兒斤氏孛羅忽勒（Jürgin-u Borokhul）的後裔是在烏古新（Ügshin）的齊答兀特（Chida'ud）的「塔布囊」們。

速勒都思氏鎖兒罕・失剌(Suldustei-yin Torkhan-Shira)的後裔在畏兀惕(Uighud)㊉。

兀良罕氏者勒蔑（Uriyangkhan-u Jeleme）的後裔是兀良罕的諾顏們㊂。者勒蔑之弟速

㊅ 翁牛特左、右二旗，今屬昭烏達盟。地在赤峰圍場之間。據該旗人，及蒙古游牧記（卷三）昭烏達盟翁牛特部隊，均稱該旗諾顏爲成吉思汗末弟斡惕赤斤之裔。惟亦有蒙文史料稱爲屬於合赤溫一系者，本文已於前第二十九節註㊅中論及之。請參照。

㊈ 布兒海・王（Burkhai Ong）當然不是本書第二十五節所說的合撒兒之裔布喇海・王。不知是明史韃靼傳中所說的卜兒孩否？

㊉ 這裏所說的畏兀惕，不是指畏吾兒族說的，是指右翼三萬蒙古勒津（滿官嗔）的屬部畏吾兒（或威兀慎）部說的。

㊂ 這就是明代的兀良哈，是三衛中的朶顏衛，也是現代內蒙古喀喇沁三旗的濫觴。

別額台・勇士（Sübegetei Ba'atur）曾爲聖成吉思可汗的子嗣效力建功。

主兒赤惕的超・蔑兒堅（Jürcid-un Chou-Mergen）是主兒赤惕的「諾顏」們。

塔塔兒的失吉・忽禿忽（Tatar-un Shigi Khutugh）的後裔仍在塔塔兒㊁。他的兒子是失巴克・帖木兒（Shibagh Temür），脫歡・帖木兒（Toghon Temür）兩個人。他的後嗣是格格台（Gegetei）。

別速特氏者別（Besüd-Jebe）的子嗣保管聖主的胡琴，在鄂爾多斯萬戶。他的名字是拉琴的忽失兒台（Küshirtei）。

斡亦剌惕（Oirad即瓦剌）的哈剌・乞魯（Khara Kirü）㊂的後裔仍在斡亦剌惕。

二、達延可汗的子嗣

達延可汗十一個兒子的子嗣：

圖魯・博羅特的兒子是博廸・阿拉克可汗和闊闊齊台・諾顏（Kököchitei Noyan）。

〔其孫〕札薩克圖可汗。他的子嗣是現在察哈爾的「諾顏」們㊃。

㊁ 這裏所說的「塔塔兒」曾見本文第三十二節註㊅。

㊂ 哈剌・乞魯之名，不見秘史。但散見於其他蒙文史書之中。

㊃ 康熙間，察哈爾布爾尼親王叛清失敗，清廷廢止察哈爾的封建制度和王公。所以自那時起察哈爾不再有（封主）了。

烏魯斯・博羅特沒有子嗣。

巴爾斯・博羅特的兒子，是默爾根・哈喇・濟農，昆都楞・可汗（Köndülen Khaghan），阿勒坦可汗，拉布克・諾顏（Labugh Noyan），納琳・諾顏（Narin Noyan），布齊坦・豁濟乞爾台吉（Buchitan-Khojigir Taiji），塔喇海台吉（Tarakhai Taiji）㉕。這七個人的後裔是：博碩克圖・濟農可汗（Boshoghtu Jinong Khaghan）。他的兒子是哈爾古楚克・台吉（Kharghuchug Taiji）。

阿爾斯・博羅特的兒子是斡難（Onon），布濟乞爾（Bujigir）兩個人。斡難的兒子是僧格（Sengge）和孛爾克沁（Boroghchin）。布濟乞爾的兒子塔爾台諾顏（Tartai Noyan）。他們的後嗣是多倫・土默特（Dolon Tümed）和鄂爾多斯的諾顏們。

阿勒楚・博羅特的兒子，是喀爾喀・忽喇克齊・台吉（Khalkha Khuraghchi Taiji）。他的兒子是屯必乃・台吉（Tumbinai Taiji）。敖漢（Aukhan），巴林（Ba'arid）㉖的「諾顏」們，是阿勒楚・博羅特的後裔。

瓦齊爾・博羅特的兒子是克什克騰（Keshigten）的達里台吉（Dari Taiji），和五部喀爾喀的台吉們㉗。

㉕ 本書在此處脫落了一個人名，茲按蒙古源流補加塔喇海・台吉一名（箋證卷六第十五頁下）。

㉖ 原文（一八九頁第四行）作 Bagharid 係 Bagharid 之訛，卽 Ba'arin 的複數形。巴林秘史作把阿鄰。

㉗ 五部喀爾喀是指外蒙七部喀爾喀以外的喀爾喀說的。在清初以後，他們不再使用此名，所以現在在內蒙沒有五部喀爾喀的名稱了。

阿勒・布兀喇（Al-Bu'ura）的兒子是阿珠（Aju）和失剌（Shira）兩個人。他們的子嗣是察罕・塔塔兒（Chaghan Tatar）的諾顏們。

青・台吉的兒子是董錫（Tungshi）和青里（Chingli）兩人。他們的子嗣是哈剌・塔塔兒（Khara-Tatar）的諾顏們㉘。

格埒圖（Geretü）沒有子嗣。

兀魯特・台吉（Urud Taiji）的後裔是烏拉特（Urad）㉙的龍・諾顏（Lung Noyan）。

札賚爾・台吉（Jalair Taiji）的子嗣是七部喀爾喀的「諾顏」們㉚。

以後〔他們〕又分開，各佔百姓〔國土〕而居。默爾根・哈剌・濟農在鄂爾多斯。阿勒坦可汗在土默特。昆都楞可汗在喀喇沁。拉布克・諾顏在烏古新。納琳・諾顏在察罕・塔塔兒。博廸達喇（Bodidara）在永謝布。

達延可汗的後裔：現在這五十「札薩克」（Jasagh）㉛之內，兩個巴林（Ba'arin），兩個札魯特（Jarud），敖漢（Aukhan），奈曼（Naiman），克什克騰（Keshigten），兩個烏珠穆沁（Üjümüchin），兩個浩齊特（Khauchid），兩個蘇尼特（Sünid），東土默特（Jeün

㉘ 察罕・塔塔兒是白塔塔兒。哈喇・塔塔兒是黑塔塔兒。這兩部落現已不存，沿革不詳。

㉙ 烏拉特（Ürad）部屬是屬於哈撒兒系的，見前節註㉔。

㉚ 這是指外蒙喀爾喀部舊有的七「札薩克」說的。他們是後日四汗部的前身。

㉛ 「五十札薩克」之說，並不多見。清代通常說內蒙四十九札薩克。這裏所說的是包括歸化城土默特一旗在內說的。後來因叛變之故，清廷廢止這旗的封建制度，所以就成了四十九旗。

Tümed），歸化城土默特（Köke Khota-yin Tümed）六個鄂爾多斯（Ordos）㉜這二十一旗〔的「諾顏」〕都是達延可汗的子嗣。

在達延可汗的後裔之內，還有許多歸附並且輔佐聖主太宗㉝的，如兀魯特（Urud）㉞札魯特，喀喇沁，克什克騰，察哈爾等部的許多百姓。

喀爾喀七旗的「汗」、「諾顏」等都是達延可汗的子嗣。

㉜ 鄂爾多斯今為七旗，計：左翼中、前、後三旗，右翼中、前、後、前末四旗。均屬伊克昭盟，其中，右翼中末旗，是乾隆元年（一七三六年）增設的。（見蒙古游牧記卷六伊克昭盟鄂爾多斯右翼前末旗條。）田清波（A. Mostaert）神甫因此斷定這一部書是在一七三六年以前寫的。（見哈佛版原書田清波氏的序文第十頁）

㉝ 卽清太宗。

㉞ 兀魯特（Urud）一部現已不存。

附錄 喀喇沁部的世系㊀及其與滿清的締盟

（下卷一九〇頁第四行至一九二頁第六行）

又有另一部歷史說，巴爾斯・博羅特㊁的兒子是昆都楞可汗㊂。昆都楞可汗的兒子是白忽

㊀ 元史一二八卷土土哈傳說：「〔父〕班都察……嘗侍〔世祖〕左右尚方馬畜，歲時挏馬乳以進，色清而味美，號黑馬乳，因目其屬，曰哈剌赤（Kharachi）。」又說：「初世祖既取宋，命籍建康、盧、饒租戶爲哈剌赤戶。……二十八年，土土哈奏，哈剌赤軍以萬數，足以備用。……於是率哈剌赤軍萬人北獵於漢塔海，邊寇聞之皆引去。」後來到明代的史料中多稱爲哈剌嗔。本書下卷一〇七頁二至五行處說永謝布，阿速惕，喀喇沁三部爲一個萬戶，屬於右翼三個萬戶之一。阿速惕（Asud）是明初阿魯台所屬的一個部族，原是鹽海和裏海迤北的一個部族。本節說舊喀喇沁包括撒兒速惕（Sarsud）（即北高加索人）和阿速特兩部人。哈爾古特—喀喇沁包括歸順的蒙古人和漢人。這與元史的記載相近。前者的兩個部族都是欽察的鄰人。後來在這一部族中，曾出過左右蒙古全局，廢立可汗的權臣孛來。（明史韃靼傳第九頁至十一頁）到阿勒坦汗的時代，纔隸屬是他的弟弟昆都楞可汗，駐牧於張家口外之地。後來爲察哈爾部襲潰，與朶顏衛的兀良哈合流。兀良哈的貴族因係喀喇沁部的女婿，遂以「塔布囊」自稱，而以喀喇沁爲其部族的稱號。這便是今日內蒙卓索圖盟的喀喇沁三旗的先世。

㊁ 達延可汗之第三子巴爾斯・博羅特（Bars Bolod）。「巴爾斯」是「虎」。「博羅特」是「鋼」。即明人史料中的吉囊或賽那浪（Sayin-alagh）。

㊂ 昆都楞可汗（Köndülen Khaghan）「昆都楞」是「橫」字之意。就是明人史料中的崑都崙・哈；俺答之弟，老把都兒台吉；和「順義王俺答貢表」文中的都督同知把都兒。

台可汗（Baikhutai Khaghan）㊃，岱青・台吉（Daiching Taij），錫剌（Shira），賓圖（Bingtu），鄂特袞・楚胡爾（Odghun-Chükür），兀者特（Üched）等㊄。〔長子〕白忽台可汗的兒子是可汗・阿海・超思乞卜（Akhai-Choskib）。他的兒子拉思乞卜（Laskib）。他的兒子是諾爾布・胡爾木錫（Norbu Khurumshi）。諾爾布的兒子是巴楞（Barang）。

次子岱青沒有子嗣。

三子錫拉（Shira）之子阿拜（Abai）。阿拜「諾顏」的陵墓在亦馬圖（Imatu）。他的兒子是朝克圖（Choghtu），岱・答兒罕・布爾哈圖（Dai Darkhan Burkhatu）。朝克圖的兒子召勒賓（Jolbin）。他的兒子是布林（Bürin）和札木養・貢棟（Jamyang-Güngdüng）。岱・答兒罕・布爾哈圖的兒子是班春（Banchun）。他的兒子巴德瑪松（Badmasung）。

四子賓圖無嗣。

五子鄂特袞・楚胡爾的兒子是布延・阿海（Buyan-akhai）。他的兒子是必拉希（Birashi）他的兒子是多爾濟（Dorji）。他的兒子是必里格（Bilig）。

六子兀者特沒有子嗣。把他的女兒嫁給了延丹（Yangdan）。可汗〔一系〕都是屬於乞牙惕（Kiyad）族孛兒只斤（Borjigin）氏。撒兒速惕・阿速惕。

㊃ 白忽台可汗（Baikhutai Khaghan）似卽明人史料中的白洪大；但稱之爲老把都兒長子，黃・把都兒之子。

㊄ 本處所說昆都楞可汗諸子多與明人所記者不同，俟他日專文考之。

喀喇沁（Sarsud-Asud-Kharachin）的大臣和輔佐人員等都是舊來的百姓㊅。孛羅努特・喀喇沁（Boronud Kharachin）是來歸順的蒙古人和漢人。所以〔也〕稱爲哈爾古特・喀喇沁（Kharghud-Kharachin）。

原來察哈爾，喀喇沁兩部就不和。

以後喀喇沁的拉思乞卜（Laskib），布延・朝克圖（Buyan-Choghtu），布爾哈圖（Burkhatu）等，在國家泰平的時候，派了一個名叫烏勒濟台（Öljitei）的人到滿洲太宗「博克多」（Boghda）那裏，去說「滿洲和喀喇沁，我們兩個同心和睦，把國政合在一起吧。」這事被察哈爾聽見了。認爲：「喀喇沁與滿洲合在一起，必定成爲大害」。因此更趨惡劣。察哈爾與喀爾沁之間〔的局勢〕，也就陷入了這種狀態。

那以後，喀喇沁又派鄂米・車臣（Omi-Sechen）去見太宗「博克多」。「博克多」㊆派一個名叫都歹（Düdei）的人和鄂米・車臣一同到喀喇沁去，降旨說：「滿洲、喀喇沁我們兩個把國政統合起來。〔你們〕派一個好人，與都歹同來。」喀喇沁就派了敖巴里・車臣（Obali-Sechen）㊇〔前去〕。

㊅ 喀喇沁既包括這些北高加索一帶之民族，可能與明人史料中所說的黃毛兀良哈有些關係。關於黃毛兀良哈，和田清氏在論達延汗一文之「北方諸部落」一節中，曾引譯語說：「北曰兀良哈，甚驍勇，負瀚海而居，虜中呼爲黃毛，予嘗見一降者，黃鬚鬣鬖，髮如植竿，睛亦正黃，輕銳趫健，莫與倫比。」（東亞史研究蒙古篇四七七頁）

㊆ 博克多（Boghda～Boghdo）是聖者之意。

㊇ 這一人名，本書一九一頁第十三行作 khuilai。一九二頁首行作 Obalai。玆按後者譯之。

「博克多」就派鑲藍旗的旗主費揚古・吉札・貝勒（Fiyanggu Kija Beile）㈨，車臣・巴克什（Sechen Baghshi）㈩，阿希・答爾罕（Ashi Darkhan），諾木圖・札兒忽赤（Nomtu Jarghuchi）⑪等與敖巴里・車臣一同對天刑白馬，對他殺青牛，献祭叩拜，爲兩國同心和睦，立下誓言，於是喀喇沁的諸顏們就擧國歸附了大清⑫。

誓約書的詞句〔如下〕：

「我們滿洲，喀喇沁兩國爲要同心和睦，對天刑白馬，對地殺青牛，在一隻碗裏盛上酒，献祭叩拜，把國政合在一起！」

㈨ 費揚果・吉札・貝勒似卽清太祖第十六子費揚果，清史稿列傳五有傳，惟過簡單，無從查考。

㈩ 車臣・巴克什。「車臣」是聰明之意。「巴克什」是老師。但這裏是軍師之意。請參照本文第三十三節註㉓。清史稿太宗本紀有「改『巴克什』爲『筆帖式』，其尚稱『巴克什』者仍其舊。」一語（見關外本，本紀二，第九頁上）

⑪ 「札兒忽赤」是斷事官之意。見第二十九節註㈩。

⑫ 可能這是引起林丹汗攻擊喀喇沁部的直接原因。明史韃靼傳說：「崇禎元年〔一六二八年〕，虎墩兎〔卽林丹汗〕攻哈喇嗔及白言台吉，卜失兎（Boshigtu），土黙特汗諸部，皆破之。遂乘勝入犯宣大塞。」（三二七卷第三十二頁下）關於這一場戰爭，和田清氏曾作「論土黙特趙城之戰」考證之。（東亞史研究蒙古篇八八九頁至八九七頁）可參考。

總結

（下卷一九二頁第六行至第十行）

稱爲黃金史（Altan Tobchi），提綱領的，把古代可汗的根源，從印度，西藏敍述到蒙古最初的聖成吉思可汗，其孫忽必烈・薛禪可汗，再經達延可汗，降至林丹・呼圖克圖可汗的史書，至此終了㊀。

㊀ 成吉思汗傳六十二頁下，喀本源流第四部二十七頁均有類似這一段的結構，但極簡短。

發願文

（下卷一九二頁第十一行至一九三頁末行）

啊！持守佛教的（Shashin dhara）托鉢僧（ayagh kha takimligh）㈠，固什喇嘛（Güüshi Lama）㈡羅卜桑・丹津（Blo-bzan bstan-jin）㈢為了使偉大的國民能夠繼續讀閱起見，謹謹慎慎的，憑藉若干史書，把令人景仰的「呼必勒罕」（Khubilghan）聖可汗的源流寫完了。因此願衆生皆享善福，延長壽命，快樂平安！願上天和可汗們的神靈，多賜保祐，消除罪愆，財物豐盛，糧穀豐登，福壽並進，太平安樂，吉祥福澤綿長！

㈠ ayagh 是椀或是鉢，takimtigh 是「受供奉的」，兩字放在一起是「托鉢受供奉的」之意。即是漢文書的托鉢僧。喇嘛可受兩次戒。初次名 gesel-ün sakil 再次稱為 gelüng-ün sakil。受過這第二次戒的，藏語稱為「葛隆」（gelüng），蒙古語稱為 ayagh kha takimlig。

㈡ 「固什・喇嘛」（Güüshi Lama）是說明著者在喇嘛僧中的地位。Güüshi 似由漢字「國師」轉音而來。此字至晚近，已不具有那種崇高的敬意，而祇是對精通佛典之人所加的稱謂。例如，入據青海的固始汗的「固始」一語，正是此字，也是因他深明佛經而加的尊號。參照本書第三十六節註㈣。

㈢ 羅卜桑・丹津是本書的編著者，請參看本書第一冊。「蒙古黃金史與蒙古秘史之關係及其異同」第一節「黃金史題解」。

蒙古黃金史譯註

2020年5月二版
2021年11月二版二刷

Printed in Taiwan.

定價：新臺幣650元

譯註者　札奇斯欽

出版者	聯經出版事業股份有限公司
地址	新北市汐止區大同路一段369號1樓
台北聯經書房	台北市新生南路三段94號
電話	(02)23620308
台中分公司	台中市北區崇德路一段198號
暨門市電話	(04)22312023
台中電子信箱	e-mail：linking2@ms42.hinet.net
郵政劃撥帳戶第0100559-3號	
郵撥電話	(02)23620308
印刷者	世和印製企業有限公司
總經銷	聯合發行股份有限公司
發行所	新北市新店區寶橋路235巷6弄6號2F
電話	(02)29178022

副總編輯	陳逸華
總編輯	涂豐恩
總經理	陳芝宇
社長	羅國俊
發行人	林載爵

行政院新聞局出版事業登記證局版臺業字第0130號

本書如有缺頁，破損，倒裝請寄回台北聯經書房更換。　ISBN 978-957-08-5533-3 (精裝)
聯經網址 http://www.linkingbooks.com.tw
電子信箱 e-mail:linking@udngroup.com

國家圖書館出版品預行編目資料

蒙古黃金史譯註 / 札奇斯欽譯註．二版．
新北市．聯經．2020.05．336面．14.8×21公分．
ISBN　978-957-08-5533-3（精裝）
[2021年11月二版二刷]

1.蒙古族 2. 歷史

625.7　　　　109005774